T0289447

L'avenir du travail en Afrique

Exploiter le potentiel des technologies numériques pour un monde du travail plus inclusif

**Jieun Choi, Mark A. Dutz et Zainab Usman,
Éditeurs**

Ouvrage publié conjointement par l'Agence française de développement et la Banque mondiale

Collection « L'Afrique en développement »

Créée en 2009, la collection « L'Afrique en développement » s'intéresse aux grands enjeux sociaux et économiques du développement en Afrique subsaharienne. Chacun de ses numéros dresse l'état des lieux d'une problématique et contribue à alimenter la réflexion liée à l'élaboration des politiques locales, régionales et mondiales. Décideurs, chercheurs et étudiants y trouveront les résultats des travaux de recherche les plus récents, mettant en évidence les difficultés et les opportunités de développement du continent. Cette collection est dirigée par l'Agence française de développement et la Banque mondiale. Pluridisciplinaires, les manuscrits sélectionnés émanent des travaux de recherche et des activités de terrain des deux institutions. Ils sont choisis pour leur pertinence au regard de l'actualité du développement. En travaillant ensemble sur cette collection, l'Agence française de développement et la Banque mondiale entendent renouveler les façons d'analyser et de comprendre le développement de l'Afrique subsaharienne.

Membres du comité consultatif

Agence française de développement
Thomas Mélonio, directeur exécutif, direction « Innovations, recherche et savoirs »
Hélène Djoufelkit, directrice, département « Diagnostics économiques et politiques publiques »
Marie-Pierre Nicollet, directrice, département « Valorisation des savoirs sur le développement durable »
Sophie Chauvin, responsable, division « Édition et publication »

Banque mondiale
Albert G. Zeufack, chef économiste, région Afrique
Markus P. Goldstein, économiste spécialiste, région Afrique
Zainab Usman, spécialiste développement social, région Afrique

Afrique subsaharienne

IBRD 39472 | MAI 2019

Source: Banque mondiale.

Titres de la collection
« L'Afrique en développement »

2020

Les systèmes agroalimentaires en Afrique : Repenser le rôle des marchés (2020),
Food Systems in Africa : Rethinking the Role of Markets (2020), Gaëlle Balineau,
Arthur Bauer, Martin Kessler, Nicole Madariaga

2019

*Electricity Access in Sub-Saharan Africa: Uptake, Reliability, and Complementary
Factors for Economic Impact* (2019), *Accès à l'électricité en Afrique subsaharienne :
adoption, fiabilité et facteurs complémentaires d'impact économique* (2020),
Moussa P. Blimpo, Malcolm Cosgrove-Davies

*The Skills Balancing Act in Sub-Saharan Africa: Investing in Skills for Productivity,
Inclusivity, and Adaptability* (2019), *Le développement des compétences en
Afrique subsaharienne, un exercice d'équilibre : investir dans les compétences pour
la productivité, l'inclusion et l'adaptabilité* (2020), Omar Arias, David K. Evans,
Indhira Santos

*All Hands on Deck: Reducing Stunting through Multisectoral Efforts in
Sub-Saharan Africa* (2019), Emmanuel Skoufias, Katja Vinha, Ryoko Sato

2018

Realizing the Full Potential of Social Safety Nets in Africa (2018), Kathleen
Beegle, Aline Coudouel, Emma Monsalve (éds.)

Facing Forward: Schooling for Learning in Africa (2018), *Perspectives : l'école au
service de l'apprentissage en Afrique* (2019), Sajitha Bashir, Marlaine Lockheed,
Elizabeth Ninan, Jee-Peng Tan

2017

*Reaping Richer Returns: Public Spending Priorities for African Agriculture
Productivity Growth* (2017), *Obtenir de meilleurs résultats : priorités en matière de
dépenses publiques pour les gains de productivité de l'agriculture africaine* (2020),
Aparajita Goyal, John Nash

Mining in Africa: Are Local Communities Better Off? (2017), *L'exploitation
minière en Afrique : les communautés locales en tirent-elles parti?* (2020), Punam
Chuhan-Pole, Andrew L. Dabalen, Bryan Christopher Land

2016

Confronting Drought in Africa's Drylands: Opportunities for Enhancing Resilience (2016), Raffaello Cervigni, Michael Morris (éds.)

2015

Safety Nets in Africa: Effective Mechanisms to Reach the Poor and Most Vulnerable (2015), *Les filets sociaux en Afrique : méthodes efficaces pour cibler les populations pauvres et vulnérables en Afrique subsaharienne* (2015), Carlo del Ninno, Bradford Mills (éds.)

Land Delivery Systems in West African Cities: The Example of Bamako, Mali (2015), *Le système d'approvisionnement en terres dans les villes d'Afrique de l'Ouest : L'exemple de Bamako* (2015), Alain Durand-Lasserve, Maÿlis Durand-Lasserve, Harris Selod

Enhancing the Climate Resilience of Africa's Infrastructure: The Power and Water Sectors (2015), Raffaello Cervigni, Rikard Liden, James E. Neumann, Kenneth M. Strzepek (éds.)

Africa's Demographic Transition: Dividend or Disaster? (2015), *La transition démographique de l'Afrique : dividende ou catastrophe ?* (2016), David Canning, Sangeeta Raja, Abdo Yazbech

The Challenge of Fragility and Security in West Africa (2015), Alexandre Marc, Neelam Verjee, Stephen Mogaka

Highways to Success or Byways to Waste: Estimating the Economic Benefits of Roads in Africa (2015), Ali A. Rubaba, Federico Barra, Claudia Berg, Richard Damania, John Nash, Jason Russ

2014

Youth Employment in Sub-Saharan Africa (2014), *L'emploi des jeunes en Afrique subsaharienne* (2014), Deon Filmer, Louise Fox

Tourism in Africa: Harnessing Tourism for Growth and Improved Livelihoods (2014), Iain Christie, Eneida Fernandes, Hannah Messerli, Louise Twining-Ward

2013

The Political Economy of Decentralization in Sub-Saharan Africa: A New Implementation Model (2013), Bernard Dafflon, Thierry Madiès (éds.)

Empowering Women: Legal Rights and Economic Opportunities in Africa (2013), Mary Hallward-Driemeier, Tazeen Hasan

Les marchés urbains du travail en Afrique subsaharienne (2013), *Urban Labor Markets in Sub-Saharan Africa* (2013), Philippe De Vreyer, François Roubaud (éds.)

Securing Africa's Land for Shared Prosperity: A Program to Scale Up Reforms and Investments (2013), Frank F. K. Byamugisha

2012

Light Manufacturing in Africa: Targeted Policies to Enhance Private Investment and Create Jobs (2012), *L'Industrie légère en Afrique : politiques ciblées pour susciter l'investissement privé et créer des emplois* (2012), Hinh T. Dinh, Vincent Palmade, Vandana Chandra, Frances Cossar

Informal Sector in Francophone Africa: Firm Size, Productivity, and Institutions (2012), *Les entreprises informelles de l'Afrique de l'ouest francophone : taille, productivité et institutions* (2012), Nancy Benjamin, Ahmadou Aly Mbaye

Financing Africa's Cities: The Imperative of Local Investment (2012), *Financer les villes d'Afrique : l'enjeu de l'investissement local* (2012), Thierry Paulais

Structural Transformation and Rural Change Revisited: Challenges for Late Developing Countries in a Globalizing World (2012), *Transformations rurales et développement : les défis du changement structurel dans un monde globalisé* (2013), Bruno Losch, Sandrine Fréguin-Gresh, Eric Thomas White

2011

Contemporary Migration to South Africa: A Regional Development Issue (2011), Aurelia Segatti, Loren Landau (éds.)

L'Économie politique de la décentralisation dans quatre pays d'Afrique subsaharienne : Burkina Faso, Sénégal, Ghana et Kenya (2011), Bernard Dafflon, Thierry Madiès (éds.)

2010

Africa's Infrastructure: A Time for Transformation (2010), *Infrastructures africaines, une transformation impérative* (2010), Vivien Foster, Cecilia Briceño-Garmendia (éds.)

Gender Disparities in Africa's Labor Market (2010), Jorge Saba Arbache, Alexandre Kolev, Ewa Filipiak (éds.)

Challenges for African Agriculture (2010), Jean-Claude Deveze (éd.)

Tous les ouvrages de la collection L'Afrique en développement sont disponibles gratuitement à https://openknowledge.worldbank.org/handle/10986/2150 et https://www.afd.fr/fr/collection/lafrique-en-developpement.

Sommaire

Avant-propos   *xix*
Préface   *xxiii*
Remerciements   *xxvii*
À propos des contributeurs   *xxix*
Résumé   *xxxiii*
Sigles et acronymes   *xxxvii*

Présentation générale   1
  Messages-clés   8
  Poser les bases de la transformation économique à l'heure
  de la révolution numérique   19
  Notes   23
  Bibliographie   23

1 Promouvoir des technologies numériques inclusives   25
  Introduction   25
  Le RDM 2019 – cadre d'analyse et effets attendus pour l'Afrique
  subsaharienne   28
  La diffusion des technologies numériques en Afrique
  subsaharienne et leurs effets à ce jour   35
  L'offre de compétences numériques et ses facteurs déterminants   53
  La technologie et la structure de la production mondiale   63
  Recommandations et futur programme de recherche   73
  Annexe 1A. Les données LinkedIn : une source bienvenue
  mais à manier avec précaution   75
  Notes   77
  Bibliographie   79

2   Le Capital humain   85
    Introduction   85
    Le capital humain et le monde du travail de demain : quelles
    sont les spécificités de l'Afrique subsaharienne ?   92
    Le passage des technologies numériques à l'emploi grâce à un
    capital humain adéquat   104
    L'importance de l'innovation locale et des modèles
    « du bas vers le haut »   116
    Recommandations et futur programme de recherche   123
    Notes   127
    Bibliographie   128

3   Accroître la productivité du secteur informel   133
    Introduction   133
    Vue d'ensemble de la situation des entreprises et
    exploitations agricoles informelles   137
    L'avenir du travail informel dans l'économie numérique   158
    Recommandations et futur programme de recherche   169
    Notes   174
    Bibliographie   175

4   Élargir la couverture de la protection sociale   181
    Introduction   181
    Risques systémiques et contraintes budgétaires pesant sur la
    couverture de la protection sociale en Afrique subsaharienne   184
    L'importance de la gestion des risques, de l'exploitation des
    opportunités et de l'optimisation des ressources   214
    Conclusion   231
    Annexe 4A. Classification ASPIRE des programmes de la
    Banque mondiale   233
    Annexe 4B. Le RDM 2019 à propos de la protection sociale
    dans le monde du travail en mutation   235
    Annexe 4C. Illustration des politiques de protection sociale
    visant à réduire les risques et à tirer profit des opportunités   237
    Notes   239
    Bibliographie   242

Schémas

EPG.1.1   Comment exploiter le potentiel des technologies numériques   3

PG.1   Impact du progrès technologique sur les opportunités d'emploi
en Afrique subsaharienne   8

PG.2   Conditions préalables et mesures pour développer
le capital humain   12

1.1   Impact du progrès technologique sur les opportunités d'emploi
en Afrique subsaharienne   29

1.2   Exemple d'évolution des besoins en compétence entre 1986 et 2018   33

E2.3.1   Développement des compétences au cours du cycle de
vie en Afrique subsaharienne   91

2.1   Comment aider l'Afrique subsaharienne à récolter les fruits des
technologies numériques   105

2.2   Modèle du bas vers le haut et du haut vers le bas appliqué à
l'écosystème d'innovation de l'Afrique subsaharienne   117

4.1   Relever les défis du secteur informel   216

4B.1   Cadre de protection sociale et de réglementation du travail
pour gérer les défis du marché du travail   236

Encadrés

PG.1   Rapport sur le développement dans le monde 2019 :
Le travail en mutation   3

1.1   L'internet à haut débit crée également des emplois pour la
main-d'œuvre peu qualifiée   45

1.2   L'augmentation de la production crée de l'emploi peu qualifié   48

1.3   L'utilisation de M-Pesa entraine un changement d'activité   50

1.4   L'impact de l'automatisation dans les pays subsahariens   65

2.1   Investissements insuffisants dans le développement de la petite
enfance en Afrique subsaharienne   86

2.2   L'illettrisme en Afrique subsaharienne   89

2.3   Exploiter les opportunités du numérique : Investir dans les
compétences indispensables à l'économie moderne   91

2.4   Pistes pour développer les compétences dans le secteur informel   98

2.5   Réseaux canadiens de centres d'excellence : un succès et des
enseignements pour l'Afrique subsaharienne   103

2.6   Les programmes d'apprentissage des adultes et l'emploi : ce que
montrent les études   106

2.7   Donner libre cours à l'entrepreneuriat technologique en Afrique
       subsaharienne : l'ascension des start-ups technologiques,
       des pôles technologiques et de l'écosystème d'innovation   114

2.8   Vers une meilleure création d'emplois : le rôle du capital humain
       dans les pays en développement   121

3.1   L'« e-extension » accroît la productivité des petits agriculteurs en
       Afrique subsaharienne   162

3.2   Des services accroissant l'inclusion financière des agriculteurs 164

3.3   L'impact potentiel des écosystèmes d'innovation agricole au
       Kenya et au Nigeria   168

3.4   Des politiques mises en œuvre pour relever le défi de l'informalité 170

4.1   Les technologies numériques et les bouleversements dans
       le secteur minier en Afrique   186

4.2   Principes directeurs pour l'élaboration de régimes de pension du
       secteur informel   216

4.3   L'inclusion productive grâce au Programme de protection sociale
       adaptative au Sahel   228

4.4   La collaboration des bailleurs à travers le programme
       d'intervention dans le secteur de la protection sociale rapide 229

Graphiques

PG.1   Corrélation entre l'internet mobile et le PIB par habitant
       et la pauvreté en Afrique subsaharienne   9

PG.2   Impact de l'internet à haut débit sur l'emploi suivant les niveaux
       de qualification et d'éducation   10

PG.3   L'accroissement des compétences numériques en Afrique
       subsaharienne   11

PG.4   Emploi informel par région du monde et niveau
       de développement (2016)   14

PG.5   La protection sociale dans les différentes régions du monde   15

PG.6   Efficacité de différents impôts en Afrique subsaharienne   17

PG.7   Part de la PSE et d'autres investissements publics dans trois pays
       subsahariens   17

PG.8   Comparaison entre l'aide bilatérale du CAD de l'OCDE
       et les prêts chinois à l'Afrique (2016)   18

1.1   Automatisation, mondialisation et emploi industriel   34

1.2   Pénétration de l'internet mobile (haut débit) par région
         du monde de 2010 à 2018   37

1.3   Corrélation entre l'internet mobile ou la téléphonie mobile
         et les niveaux de revenu et d'inclusion sociale   40

E1.1.1   Impact de l'internet à haut débit sur l'emploi suivant les niveaux
         de qualification et d'éducation   45

E1.2.1   Impact de l'adoption de technologies numériques favorisant
         les plus qualifiés et de l'augmentation de la production sur l'emploi
         hautement et faiblement qualifié   48

E1.3.1   Effets de l'accès à M-Pesa sur les choix professionnels des individus   51

1.4   Les compétences numériques en Afrique subsaharienne par
         rapport aux autres régions du monde   55

1.5   Forte hétérogénéité de la pénétration relative des compétences
         numériques en Afrique subsaharienne   57

1.6   Pénétration relative de diverses compétences numériques dans
         plusieurs pays d'Afrique subsaharienne   58

1.7   Taux de pénétration de diverses compétences numériques dans
         plusieurs pays subsahariens et deux pays européens de référence   59

1.8   Évolution de l'offre des compétences numériques en Afrique
         subsaharienne   60

1.9   Corrélation entre les compétences numériques et des facteurs
         complémentaires   61

1.10   Exportations de matières premières et de produits à haute
         technologie dans les différentes régions du monde   70

1.11   Coûts unitaires de main d'œuvre et salaires dans les pays en
         développement fortement impliqués dans les chaînes de valeur
         mondiales   71

E2.2.1   Illettrisme chez les individus âgés de 15 ans et plus en Afrique
         subsaharienne   90

2.1   Mauvaises performances des pays subsahariens en termes
         de capital humain selon l'ICH de la Banque mondiale   93

2.2   Mauvais résultats des élèves dans de nombreux pays subsaharien   94

2.3   L'emploi salarié en Afrique subsaharienne   96

2.4   Le travail indépendant en Afrique subsaharienne   97

2.5   Impact sur la productivité de la forte augmentation du nombre
         d'emplois dans certains secteurs en Afrique subsaharienne,
         des années 1960 à 2015   98

E2.4.1 Niveaux de compétence dans plusieurs pays d'Afrique
        subsaharienne, par secteur professionnel   99

E2.4.2 Sources d'acquisition des compétences en Tanzanie dans
        le secteur informel, en 2006   99

2.6   Part de la population ayant achevé des études supérieures en
        Afrique subsaharienne et dans les autres régions du monde   101

2.7   Répartition par domaine d'étude des étudiants inscrits dans
        l'enseignement supérieur en Afrique subsaharienne   102

2.8   Part de la population qui gère son compte bancaire grâce à la
        téléphonie mobile et Internet   108

2.9   Proportion d'individus utilisant Internet en Afrique
        subsaharienne   116

2.10   Capacité à exploiter les TIC d'une sélection de pays d'Afrique
        subsaharienne, suivant cinq variables clés   119

E2.8.1 Répartition de l'emploi suivant la taille des entreprises en
        Afrique subsaharienne   121

E2.8.2 Taille des entreprises en Afrique subsaharienne   122

E2.8.3 Taux de survie des entreprises dans une sélection de pays,
        suivant l'âge et la taille   123

3.1   Corrélats-clés de l'informalité : états de développement,
        indicateurs fiscaux et gouvernance   141

3.2   Part de l'activité informelle dans trois économies d'Afrique
        de l'Ouest   144

3.3   Main-d'œuvre informelle généralisée en Afrique   145

3.4   Emploi formel, par âge des travailleurs et niveau de
        développement de l'économie, 2016   147

3.5   Informalité et dynamisme entrepreneurial, comparaison
        de l'Afrique subsaharienne avec les autres régions du
        monde et MEED   148

3.6   Répartition et caractéristiques des exploitations agricoles,
        Afrique subsaharienne et autres régions du monde   151

3.7   Internet en Afrique, par caractéristiques démographiques et
        socio-économiques, 2011-2012   161

E3.4.1 Réformes politiques visant à endiguer l'informalité, Afrique
        subsaharienne et autres régions du monde   171

E4.1.1 Contribution du secteur minier aux exportations et à l'emploi
        national dans une sélection de pays subsahariens   186

E4.1.2   Emploi dans l'exploitation minière formelle vs artisanale dans
         une sélection de pays subsahariens, 2017   188

E4.1.3   Emploi dans l'industrie minière par catégorie professionnelle en
         Afrique du Sud et en Zambie   189

4.1   Commerce extrarégional et intrarégional, 2017   190

4.2   Composition du commerce intra-africain vs composition des
         exportations africaines vers le reste du monde   191

4.3   Trajectoires d'ajustement consécutives à la libéralisation
         du commerce   192

4.4   Conflits à l'échelle mondiale et déplacés internes en Afrique   195

4.5   Transition démographique et urbanisation en
         Afrique subsaharienne   197

4.6   Destinations et motifs d'émigration des Africains   198

4.7   Couverture de la protection sociale et nombre de programmes   199

4.8   Couverture de différents groupes démographiques par les filets
         sociaux, par région et type de programmes   201

4.9   Plans d'assistance sociale et coût du revenu minimum universel   202

4.10   Programmes de protection sociale et d'emploi au Cameroun,
         en Côte d'Ivoire et en Tanzanie   203

4.11   Dépenses consacrées aux filets sociaux dans les différentes
         régions du monde   204

4.12   Part des filets sociaux financés par des bailleurs de fond dans les
         pays subsahariens   205

4.13   Recettes fiscales exprimées en part du PIB, par catégorie de
         revenu des pays   207

4.14   Comparaison entre les revenus des pays subsahariens
         non pétroliers et pétroliers   208

4.15   Efficacité fiscale et génération de recettes en Afrique
         subsaharienne et dans une sélection de pays   209

4.16   Taux de retenue en Afrique subsaharienne, 2016   211

4.17   Dépenses dans la protection sociale et l'emploi et autres
         investissements publics dans une sélection de pays   212

4.18   Les Africains considèrent qu'il est humiliant de recevoir
         de l'argent sans travailler pour l'obtenir   213

4.19   Fonds envoyés par les migrants et aide publique au
         développement dans une sélection de pays africains   220

4.20   Coût de l'envoi de fonds et coût des couloirs en Afrique
        subsaharienne, 2018   221

4.21   Tendances des droits d'accise, Afrique subsaharienne vs le
        reste du monde   224

4.22   Recouvrement de l'impôt foncier en Afrique subsaharienne   225

4.23   Comparaison entre l'aide bilatérale du CAD de l'OCDE et
        les prêts chinois à l'Afrique, 2016   230

Cartes

PG.1   Effet d'un réchauffement de 1 °C sur le produit réel par
        habitant au niveau du point de grille   16

E2.7.1 Vue d'ensemble des pôles technologiques en Afrique, 2018   115

4.1   Effet d'un réchauffement de 1 °C sur le produit réel par
        habitant au niveau du point de grille   194

Tableaux

PG.1   Principales recommandations du présent rapport   20

PG.2   Importantes questions de politique publique actuellement sans
        réponse   22

E1.2.1 Impact de l'adoption des technologies numériques et de
        l'augmentation de la production sur l'emploi et la productivité
        dans plusieurs pays d'Amérique latine   49

2.1   Investissement dans les compétences, production de
        connaissances et création d'emplois en Afrique subsaharienne   119

3.1   Cadre conceptuel de l'économie informelle   140

3.2   10 premières et 10 dernières économies du classement Doing
        Business, 2019   155

3.3   Utilisations des TIC par les entreprises informelles dans
        une sélection de pays d'Afrique de l'Est   159

4.1   Programmes de protection sociale et d'emploi   183

Avant-propos

La révolution numérique transforme les industries et modifie la nature du travail dans toutes les régions du monde, notamment en Afrique subsaharienne. Dans ce contexte de changement, il est à craindre que l'automatisation et d'autres innovations numériques entraînent des suppressions d'emplois à grande échelle dans les secteurs de la production manufacturière, du commerce de détail et d'autres encore. Dans les pays en développement, où une large part de la population active occupe des emplois informels, il est à craindre que l'automatisation puisse fermer la voie industrielle traditionnelle d'une transformation économique stimulée par l'emploi manufacturier à bas salaire. Parmi les pays à revenu faible, intermédiaire et élevé, les solutions numériques ont permis aux travailleurs chanceux de certaines industries de s'adapter rapidement au télétravail durant la pandémie de COVID-19. Quel sera l'avenir du travail en Afrique ?

La situation des pays africains est assez complexe mais elle est susceptible de s'améliorer à l'avenir. Comme le relève le présent rapport, qui prolonge le *Rapport sur le développement dans le monde 2019*, les pays africains sont en mesure de tirer profit de la révolution numérique par différents moyens. Tout d'abord, ils disposent d'une plus petite assise manufacturière, représentant moins de 10 % du produit intérieur brut (PIB), que les autres régions du monde. Par conséquent, il est peu probable que l'automatisation remplace instantanément autant d'emplois dans les pays africains que dans les régions du monde plus industrialisées, alors que, dans d'autres pays, la robotisation pourrait ralentir localement certaines opportunités d'emploi. Les innovations réalisées dans le secteur des services financiers numériques et la logistique se révèlent de nature à changer la donne dans la région : Kobo360 et Lori Systems ont investi dans des technologies logistiques de transport routier mobiles et à la carte ne recourant ni à l'argent liquide ni au papier ; ces technologies ont créé de nouveaux marchés, plus fonctionnels. Les technologies mobiles permettent aux jeunes entrepreneurs d'utiliser différentes plateformes numériques afin d'accéder à de plus grands marchés. Bien entendu, il existe un fort risque que de larges pans des populations pauvres, peu qualifiées et sans instruction soient abandonnés à ce que l'on appelle la fracture numérique, 60 % de la population active se composant d'adultes mal équipés et près de 90 % des emplois se situant dans le secteur informel.

Afin d'exploiter tout le potentiel des technologies numériques, les États africains et les autres parties prenantes essentielles, notamment le secteur privé et les partenaires de développement, doivent investir prioritairement dans plusieurs domaines. Ces priorités revêtent d'autant plus d'importance que l'Afrique fait face aux conséquences humanitaires, économiques et sociales de la pandémie mondiale de COVID-19 et pose les bases de la reprise indispensable qui s'ensuivra.

La première priorité consiste à améliorer la disponibilité des technologies numériques dans la région afin d'aider à accroître la productivité des travailleurs et des entreprises. Il importera de réduire l'écart actuel en matière d'infrastructure numérique en élargissant l'accès au haut débit à un coût abordable grâce à de meilleurs cadres de réglementation.

Deuxièmement, il est essentiel de développer le capital humain des pays africains afin de permettre à tous les segments de la population d'accroître leur participation à l'économie numérique. Il faudra pour cela former et accompagner une masse critique d'inventeurs et d'entrepreneurs à même de mettre au point et de développer à grande échelle des technologies numériques pour stimuler la productivité des travailleurs peu qualifiés, en complément d'investissements accrus dans l'éducation du jeune enfant et les soins de santé. Les investissements dans les infrastructures et solutions numériques, les installations et les personnels de la santé et de l'éducation sont d'autant plus fondamentaux que la région s'adapte à la COVID-19 et développe sa résilience face à d'éventuelles pandémies futures.

La troisième priorité consiste à créer un environnement des affaires propice à l'accroissement de la productivité et à l'amélioration des compétences des travailleurs et des entreprises du secteur informel, notamment en exploitant les solutions numériques de développement des compétences professionnelles destinées aux travailleurs peu qualifiés. Cette approche permet de répondre plus efficacement au problème de l'informalité dans les pays africains que la focalisation exclusive sur des politiques de formalisation. Bien que les mesures de soutien économique pendant la période d'intervention de la crise sanitaire de la COVID-19 doivent principalement viser à protéger les emplois existants du secteur formel et les revenus des travailleurs informels, un meilleur environnement des affaires combiné à de nouveaux investissements plus productifs dans l'adoption de technologies sera nécessaire pour créer et maintenir les bases de la reprise et de la prospérité économiques à venir.

Enfin, les gouvernements africains doivent renforcer et élargir les systèmes de protection sociale afin d'aider les travailleurs à faire face aux risques dans les économies formelle et informelle d'un monde du travail en mutation. Pour accroitre les investissements dans la protection sociale, de plus grands efforts seront nécessaires, aussi bien pour mobiliser davantage de recettes provenant de sources nationales que pour améliorer l'efficacité des dépenses sociales actuelles. L'argument d'un élargissement des systèmes de protection sociale et d'un renforcement de la gouvernance revêt d'autant plus d'importance qu'il faut veiller à protéger les moyens de subsistance pendant la période d'intervention de la crise sanitaire de la COVID-19, et accompagner la prise de risque entrepreneuriale nécessaire pour soutenir la reprise dynamique de demain.

Il ne fait aucun doute que la création d'emplois plus nombreux, plus inclusifs et de meilleure qualité dans les pays africains n'est pas chose aisée. Face à cette tâche colossale pour les décideurs politiques, les entreprises et les partenaires de développement, la révolution numérique est aussi bien porteuse d'opportunités que de risques considérables. La tâche sera encore plus imposante dans le monde d'après-COVID-19 ; s'il y a du bon en toute chose, il pourrait être lié dans le cas présent à une utilisation plus large et plus efficace des solutions numériques. Le rapport *L'avenir du travail en Afrique* aide l'ensemble des parties prenantes à tirer le meilleur profit de cette transformation. Ses leçons sont hautement instructives, en temps de crise comme de reprise.

Hafez M. H. Ghanem

Vice-président Afrique
La Banque mondiale

Préface

Comment créer 20 millions d'emplois par an pendant 20 ans en Afrique, alors que la pandémie de Covid-19 aura des conséquences humaines et économiques sévères et durables ? La stricte réplication des processus de transformation structurelle expérimentés antérieurement en Europe, en Asie ou dans les Amériques peut-elle être une option crédible ?

En analysant *L'avenir du travail en Afrique,* ce rapport co-édité par la Banque mondiale et l'Agence française de développement pose des questions fondamentales sur les stratégies de développement pertinentes pour le continent.

Si de nombreux pays asiatiques ont pu sortir de la pauvreté au cours des dernières décennies par une évolution rapide de la force de travail de l'agriculture vers l'industrie, provoquant une forte hausse de la productivité et des salaires, l'Afrique n'a pas encore enclenché ce mouvement de manière massive[1]. La part de l'industrie ne dépasse 10 % du PIB[2] que dans un nombre encore trop restreint de pays africains. Même si l'hypothèse d'une «désindustrialisation prématurée[3]» de l'Afrique ne semble s'appliquer qu'à l'Afrique australe[4], la capacité de l'Afrique à saisir l'opportunité historique qui se présente à elle, de prendre désormais toute sa place dans la division mondiale du travail industriel, reste un défi à relever. L'ampleur et la difficulté de la tâche qui l'attend invitent à imaginer des stratégies qui complètent la montée en puissance toujours souhaitable d'emplois industriels.

Ce rapport s'attelle précisément à cette tâche, en évaluant le potentiel des technologies numériques pour créer des emplois décents en nombre sur le continent africain. Il analyse les conditions nécessaires pour que l'usage de ces technologies passe à l'échelle, dès lors qu'un impact massif en est espéré.

L'un des enjeux majeurs pour le continent est d'ailleurs de préparer au mieux sa jeunesse à exercer les emplois de demain, à les créer ou à en bénéficier indirectement. Ce rapport fait donc écho à la publication désormais récurrente de l'*Indice de capital humain*[5], qui rappelle l'importance non seulement de la scolarisation large et équitable des jeunes, mais aussi d'une amélioration de la qualité de l'éducation qui leur est offerte et de son adéquation avec les marchés du travail locaux. Si l'Afrique subsaharienne a fait d'importants progrès en matière de scolarisation, avec une durée moyenne de scolarisation qui dépasse désormais les 8 ans, le continent conserve, avec l'Asie du Sud, la marge de progression la plus importante s'agissant des apprentissages effectifs par année de scolarité. Selon l'*Indice de capital humain*, les élèves d'Afrique subsaharienne obtiennent une moyenne de 374 points aux tests harmonisés d'apprentissage, comme l'Asie du Sud, contre 405 points en Amérique latine et aux Caraïbes, 479 en Europe et Asie centrale ou encore 523 points en Amérique du Nord. Une meilleure orientation des élèves et des étudiants vers les disciplines ou les filières permettant de maîtriser les compétences nécessaires à l'usage et au développement de nouvelles technologies fait également office de piste prioritaire.

L'économie numérique présente de nouveaux défis par rapport aux précédentes phases de rupture technologique. De nombreuses offres de services numériques peuvent être distribuées dans un pays donné avec un contenu local très limité en matière d'emplois, de valeur ajoutée et de ressources fiscales. Toutes les transformations produites par la digitalisation de l'économie nécessitent donc d'être accompagnées de la création d'un système de règles et d'une gouvernance inclusifs pour ses participants, particulièrement pour les plus vulnérables[6].

L'Afrique sera donc, comme d'autres continents, confrontée au double défi de réussir la localisation d'emplois manufacturiers liés aux industries numériques sur son territoire et de structurer dans le secteur des services l'accompagnement de plateformes numériques qui permettent une reconnaissance équitable du travail et une rétribution adéquate. De ce point de vue, disposer d'infrastructures numériques de qualité et d'une main-d'œuvre bien formée est essentiel pour attirer ou faire émerger des investissements dans le domaine du numérique. Cette logique d'attractivité n'exclut d'ailleurs pas que l'Afrique prenne toute sa place dans les négociations internationales pour assurer une juste contribution fiscale des géants du numérique dans chaque pays, dès lors qu'ils représentent aussi des marchés de consommation pour ces entreprises.

Si ces défis peuvent paraître considérables, des évolutions extrêmement rapides ont déjà été observées en Afrique subsaharienne ces dernières années. La possibilité de sauts technologiques[7] (*leapfrogging*) y est d'ailleurs avérée, non seulement dans le domaine strict des technologies de l'information et de la communication (TIC), mais aussi beaucoup plus largement dans l'ensemble des principaux secteurs productifs, y compris ceux de l'économie informelle. De la capacité du continent à se rapprocher de la frontière technologique globale dépendra en grande partie l'avenir du continent. Les services publics peuvent également bénéficier d'une adoption rapide et à grande échelle des outils numériques au service des citoyens.

Enfin, le rapport pose la question de la protection sociale des travailleurs africains, face à un avenir qui ouvre certes la possibilité d'accéder à de nouveaux emplois, mais sans exclure l'apparition de nouvelles formes de précarité. Il appelle donc à une extension de la couverture du système de protection sociale, pour mieux intégrer différentes populations et couvrir des risques comme ceux liés au chômage ou au sous-emploi et protéger plus généralement contre tous les risques de la vie. Dans un scénario central où l'essentiel des emplois resteront informels, des systèmes de protection sociale qui étendent la couverture et garantissent des prestations adéquates pour tous les travailleurs, y inclus ceux dans des conditions atypiques d'emploi ou sans contrat de travail, semblent les plus appropriés pour se rapprocher des objectifs de développement durable.

En conclusion, nous rappellerons ici que si le besoin d'améliorer les conditions de vie de la population ne se discute pas, l'urgence climatique et environnementale appelle à imaginer un cheminement africain qui, là encore, pourrait se distinguer de celui suivi dans d'autres continents. À terme, l'un des objectifs qui pourra être fixé à la transformation structurelle numérique proposée ici sera donc aussi de construire une voie de croissance décarbonée, avec un niveau de découplage qui reste à expérimenter. Mais impossible n'est pas africain.

<table>
<tr><td>

Thomas Mélonio
Directeur exécutif, direction
« Innovations, recherche et savoirs »
(Agence française de développement)

</td><td>

Albert G. Zeufack
Chef économiste, région Afrique
(Banque mondiale)

</td></tr>
</table>

Notes

1. Voir Balineau G. et Padieu Y. (2020), « L'industrialisation en Afrique et l'exemple éthiopien », in Agence française de développement, *L'économie africaine 2020*, La Découverte, collection « Repères », Paris.
2. Cadot O., De Melo J., Plane P., Wagner L. et Woldemichael M. T. (2015), « Industrialisation et transformation structurelle : l'Afrique sub-saharienne peut-elle se développer sans usines », *Papiers de recherche de l'AFD*, n° 10, Paris, https://www.afd.fr/fr/ressources/lafrique-subsaharienne-peut-elle-se-developper-sans-usines.
3. Rodrik D. (2015), "Premature deindustrialization", *Journal of Economic Growth*, vol. 21, n° 1, p. 1-33, Springer Science+Business Media New York.
4. Nguimkeu P. et Zeufack A. (2019), "Manufacturing in Structural Change in Africa", *World Bank Policy Research Working Paper* No 8992, Banque mondiale, Washington D.C., https://openknowledge.worldbank.org/bitstream/handle/10986/32317/WPS8992.pdf?sequence=4&isAllowed=y.

5. Banque mondiale (2020), The Human Capital Index 2020 Index: Human Capital in the Time of Covid-19, World Bank, Washington D.C., https://openknowledge .worldbank.org/handle/10986/34432?cid=GGH_e_hcpexternal_en_ext.

6. Ng'weno A. et Porteous D. (2018), "Let's be real: The informal sector and the gig economy are the future, and the present, of work in Africa", CGD Note, October.

7. Banque mondiale (2017), Leapfrogging, the key to Africa's development?, Banque mondiale, Washington D. C., http://documents1.worldbank.org/curated /en/121581505973379739/pdf/Leapfrogging-the-key-to-Africas-development- from-constraints-to-investment-opportunities.pdf.

Remerciements

Cette publication est l'œuvre d'une équipe dirigée par Jieun Choi, Mark A. Dutz et Zainab Usman avec le soutien d'Albert Zeufack, économiste en chef pour la région Afrique à la Banque mondiale. Le chapitre 1 a pour auteur principal Jieun Choi, avec les contributions de César Calderón et Catalina Cantú sur les analyses liées à l'infrastructure numérique, de Jan Orlowski sur l'analyse de données LinkedIn, aidé de Mar Carpanelli, Di Mo et Alan Fritzler, tous de LinkedIn, et de Jakob Engel et Girum D. Abate sur l'intégration des chaînes de valeur mondiales et les investissements directs étrangers. Le chapitre 2 a pour auteurs principaux Moussa P. Blimpo et Solomon Owusu. Le chapitre 3 a pour auteurs principaux Pierre Nguimkeu et Cedric Okou, avec la contribution de Jeehye Kim sur les technologies agricoles disruptives. Le chapitre 4 a pour auteur principal Zainab Usman, avec les contributions de Jan Loeprick sur la mobilisation des recettes et de Woubet Kassa, ainsi que les commentaires d'Indhira Vanessa Santos et Dhushyanth Raju.

Cette publication a bénéficié de l'aide et des conseils avisés de Haroon Bhorat, Mary Hallward-Driemeier, Jacques Morisset, Philip Schellekens et d'autres personnes présentes lors des réunions de lancement et de décision ou qui ont formulé de manière indépendante d'utiles remarques, notamment Diego Arias, Kathleen Beegle et Ejaz Ghani. L'équipe a également bénéficié de discussions avec Federica Saliola, qui a présidé le groupe de travail du *Rapport sur le développement dans le monde 2019*, et avec Ian Walker sur le cadre et la trame principale de la présente publication. L'équipe leur exprime sa gratitude pour leurs suggestions utiles.

Maura Leary a apporté un soutien précieux en matière de communication. Sandra Gain a fourni une aide à la rédaction efficace. La production de cette publication a été assurée par Susan Mandel, du programme des publications officielles de la Banque mondiale ; Jewel McFadden, du service Économie du développement, a été la responsable éditoriale des acquisitions. Yaneisy Martinez, qui appartient également au programme des publications de la Banque mondiale, a été la coordinatrice d'impression.

À propos des contributeurs

Girum D. Abate est économiste dans le département des risques pays de la Banque mondiale. Il est titulaire d'un doctorat en économie de l'université d'Aarhus, au Danemark. Il a contribué au chapitre 1.

Moussa P. Blimpo est économiste au Bureau de l'économiste en chef pour la région Afrique de la Banque mondiale. Il est titulaire d'un doctorat en économie de l'université de New York. Il est coauteur du chapitre 2.

César Calderón est économiste principal au Bureau de l'économiste en chef pour la région Afrique de la Banque mondiale. Il est titulaire d'un doctorat en économie de l'université de Rochester. Il a contribué au chapitre 1.

Catalina Cantú est conseillère au Bureau de l'économiste en chef pour la région Afrique de la Banque mondiale. Elle est titulaire d'un doctorat en politique publique de l'institut Tecnológico de Monterrey, au Mexique. Elle a contribué au chapitre 1.

Mar Carpanelli est scientifique des données et économiste auprès de l'initiative Economic Graph de LinkedIn. Elle est titulaire d'un master d'administration publique en développement international de la Harvard Kennedy School et d'un master en économie de l'université Torcuato Di Tella, en Argentine. Mar a mis au point la méthodologie et les ensembles de données de LinkedIn employés pour mesurer les compétences numériques au chapitre 1.

Jieun Choi était économiste au Bureau de l'économiste en chef pour la région Afrique de la Banque mondiale lors de l'élaboration de cette publication. Elle est à présent économiste pays pour la république populaire de Chine. Jieun est titulaire d'un doctorat de l'université d'Oxford. Elle est l'un des principaux rédacteurs de cette publication, l'auteur principal du chapitre 1 et coauteur de la présentation générale. Elle a également contribué aux autres chapitres.

Mark A. Dutz est économiste principal au Bureau de l'économiste en chef pour la région Afrique de la Banque mondiale. Il est titulaire d'un doctorat en économie de l'université Princeton. Il est l'un des principaux auteurs de cette publication et le coauteur de la présentation générale. Il a également contribué aux autres chapitres.

Jakob Engel est économiste et se consacre au commerce et à l'intégration régionale dans le pôle mondial Macroéconomie, commerce et investissement de la Banque mondiale. Il termine actuellement son doctorat consacré à la géographie commerciale et économique à l'université d'Oxford. Il a contribué au chapitre 1.

Alan Fritzler est scientifique des données auprès de l'initiative Economic Graph de LinkedIn. Il a obtenu son master à l'université Northwestern. Alan a prodigué ses conseils sur la mesure des compétences numériques au chapitre 1.

Woubet Kassa est analyste de recherche au Bureau de l'économiste en chef pour la région Afrique de la Banque mondiale. Il est titulaire d'un doctorat en économie de l'American University. Il a contribué au chapitre 4.

Jeehye Kim est économiste de l'agriculture pour la région Afrique à la Banque mondiale. Elle est titulaire d'un master en économie de l'université de Glasgow. Jeehye a contribué au chapitre 3.

Jan Loeprick est économiste au service Politique budgétaire et croissance durable de la Banque mondiale. Il est titulaire d'un doctorat en économie de l'université d'affaires et d'économie de Vienne, en Autriche. Il a contribué au chapitre 4.

Di Mo est chercheuse en économie et scientifique des données au sein de l'équipe Economic Graph, chez LinkedIn. Elle a obtenu son doctorat en économie à l'université de Louvain, en Belgique. Di a prodigué ses conseils sur la mesure des compétences numériques au chapitre 1.

Pierre Nguimkeu est maître de conférences en économie à l'université d'État de Géorgie. Il est titulaire d'un doctorat en économie de l'université Simon Fraser, au Canada. Il est coauteur du chapitre 3.

Cedric Okou est économiste du Groupe des perspectives de développement à la Banque mondiale. Il est titulaire d'un doctorat en économie financière de HEC Montréal. Il est coauteur du chapitre 3.

Jan Orlowski est conseiller en économie quantitative à la Banque mondiale. Il est titulaire d'un doctorat en économie de l'université de Sydney. Jan a contribué à l'analyse des compétences LinkedIn au chapitre 1.

Solomon Owusu est doctorant en économie au Centre de recherche et de formation économique et sociale de Maastricht pour l'innovation et la technologie de l'université des Nations unies, aux Pays-Bas. Il est coauteur du chapitre 2.

Zainab Usman est spécialiste du secteur public au Bureau de l'économiste en chef pour la région Afrique de la Banque mondiale. Elle est titulaire d'un doctorat en développement international de l'université d'Oxford. Elle est l'un des principaux rédacteurs de cette publication, l'auteur principal du chapitre 4 et coauteur de la présentation générale. Elle a aussi contribué aux autres chapitres.

Résumé

Le *Rapport sur le développement dans le monde 2019 : Le travail en mutation* révèle que l'avenir du travail, à l'échelle mondiale, sera déterminé par la tension qui s'exerce entre les destructions d'emploi dans les secteurs manufacturiers « traditionnels », exposés à l'automatisation, et les créations d'emploi générées par l'innovation dans les « nouveaux » secteurs. Est-ce à cela que ressemble l'avenir du travail en Afrique ? Pour répondre en un mot, non. Au contraire, la région – en raison de sa situation actuelle – a l'opportunité d'emprunter une voie différente de celle du reste du monde. L'adoption des technologies numériques, si elle est exploitée efficacement, est en mesure de transformer la nature du travail pour tous les Africains.

L'Afrique subsaharienne se différencie des autres régions du monde sous plusieurs aspects et notamment par son plus faible degré d'adoption des technologies. Son assise manufacturière est aussi beaucoup plus resreinte, de sorte qu'il est peu probable que l'automatisation supprime les emplois d'un grand nombre de travailleurs dans les années à venir – même si, dans d'autres pays, l'adoption des technologies puisse ralentir localement la croissance de l'emploi ou verrouiller certaines nouvelles opportunités d'emploi. On observe encore, dans la plupart des économies africaines, un faible niveau de demande concernant des produits ordinaires ailleurs, tels que les aliments transformés et les offres touristiques, le commerce de détail et les services hôteliers. Par conséquent, dans la région, la plus grande sensibilité des consommateurs aux réductions de coût et de prix, qui découlent de l'adoption des technologies, est susceptible d'aider les entreprises à croître, créer davantage d'emploi pour tous et fabriquer des produits plus abordables – tant que la production se situe dans des pays d'Afrique. Enfin, étant donné que la plupart des travailleurs africains ont un niveau d'instruction limité et ont tendance à occuper une activité dans le secteur informel, les technologies exploitables destinées à répondre à leurs besoins en matière de production doivent pouvoir les aider à apprendre davantage et à être mieux rémunérés. Dans la plupart des économies africaines, il n'existe pas de secteurs « nouveaux » ni « traditionnels » ; il existe en revanche une grande latitude pour l'innovation et la croissance dans tous les secteurs.

Pourquoi concentrer les efforts sur l'adoption des technologies numériques en Afrique ? Parce qu'elles sont à même de développer des compétences, non pas pour quelques privilégiés seulement, mais pour tous les travailleurs – y compris ceux qui ont un faible niveau d'éducation et des opportunités limitées –, de stimuler la productivité et de créer de meilleurs emplois dans toutes les entreprises, y compris celles du secteur informel. Une étude récente a révélé que l'arrivée d'un internet plus rapide en Afrique augmentait le nombre d'emplois, non seulement parmi les travailleurs qui avaient étudié à l'université, mais aussi parmi ceux dont le niveau d'éducation ne dépassait pas l'école primaire.

Faire de la promesse des technologies numériques une réalité n'est possible qu'à la condition de mettre en œuvre les bonnes politiques de soutien : ce que cette publication et d'autres appellent des « compléments analogiques ». Ces compléments sont la concurrence, le capital et la capacité : les « trois C » de l'Afrique. Les États doivent veiller à ce que la concurrence sur les marchés soit suffisante pour inciter et mettre en capacité les entreprises rivales à adopter les nouvelles technologies, afin qu'elles augmentent leur production à des prix abordables, générant, ce faisant, une demande d'emplois de la plupart des types de compétences. Les entreprises ont besoin de plus que de l'argent pour croître sur les marchés existants et pénétrer de nouveaux marchés. Elles ont besoin d'un meilleur capital humain d'entrepreneurs et de travailleurs ainsi que d'un meilleur capital infrastructurel physique : un réseau de distribution électrique, des infrastructures de transport et des infrastructures numériques fiables. Enfin, les pays doivent renforcer leur capacité afin d'accroître les investissements dans la protection sociale. Une telle protection favorisera la prise de risques des entrepreneurs et des travailleurs et viendra en aide aux travailleurs en phase de transition entre deux emplois. Ce n'est pas une mince affaire : encore plus qu'ailleurs, l'élargissement de la protection sociale représente en Afrique un défi considérable, puisque le niveau initial de couverture y est faible, les besoins sont considérables et les ressources budgétaires limitées.

Par quoi les pays africains devraient-ils commencer pour s'engager sur la voie de la transformation numérique ? Trois axes sont à privilégier. Premièrement, encourager l'entrepreneuriat : permettre que fleurissent les bonnes idées, d'où qu'elles proviennent, afin que les entrepreneurs d'Afrique mettent au point des solutions technologiques permettant aux travailleurs africains de développer leurs compétences au travail. Deuxièmement, accroître la productivité dans le secteur informel : créer un environnement des affaires qui permette de stimuler la productivité des entreprises et des travailleurs du secteur informel plutôt que de chercher uniquement à les formaliser. Troisièmement, élargir la protection sociale : améliorer le recouvrement des impôts, rééquilibrer les dépenses publiques et mieux coordonner l'aide au développement.

Le monde du travail en Afrique pourrait être promis à un brillant avenir. Il ne tient qu'aux décideurs politiques et aux entreprises de faire preuve de courage dans leurs choix et leurs investissements actuels pour ouvrir la voie à la prochaine génération de travailleurs, inventeurs et entrepreneurs africains et lui permettre d'innover et de prospérer.

Sigles et acronymes

AEA	apprentissage et éducation des adultes
ALT	apprentissage sur le lieu de travail
APD	aide publique au développement
ASPIRE	Atlas de la protection sociale : Indicateurs de résilience et d'équité
C	Celsius
CAD	Comité d'aide au développement
CEA	Centre d'excellence africain
CIST	Conférence internationale des statisticiens du travail
CIT	commerce informel transfrontalier
CVM	chaîne de valeur mondiale
DPE	Développement de la petite enfance
EDS	Enquête démographique et de santé
EFTP	Enseignement et formation techniques et professionnels
IDE	investissement direct étranger
LBC	Lutte contre le blanchiment de capitaux
LFT	Lutte contre le financement du terrorisme
MEED	Marchés émergents et économies en développement
MRI	mobilisation des ressources intérieures
OCDE	Organisation de coopération et de développement économiques
OMC	Organisation mondiale du commerce
PAM	Plateforme adaptative de mathématiques
PAMT	Politiques actives du marché du travail
PASET	Partenariat pour le développement des compétences en sciences appliquées, ingénierie et technologies
PIB	produit intérieur brut

PPA	parité de pouvoir d'achat
PSE	Protection sociale et Emploi
R&D	recherche et développement
RCE	Réseaux de centres d'excellence
RDM	*Rapport sur le développement dans le monde*
RMU	revenu minimum universel
RNB	revenu national brut
RSE	Responsabilité sociale des entreprises
STIM	science, technologie, ingénierie et mathématiques
TI	technologies de l'information
TIC	technologies de l'information et de la communication
TVA	taxe sur la valeur ajoutée
UEMOA	Union économique et monétaire ouest-africaine
UNESCO	Organisation des Nations unies pour l'éducation, la science et la culture
ZLECAf	Zone de libre-échange continentale africaine

Présentation générale

Jieun Choi, Mark A. Dutz et Zainab Usman

En 2013, un hôpital de l'État d'Ogun, dans le sud-ouest du Nigéria, faisait appel à une start-up locale, Paga, pour revoir son système de recouvrement des paiements. Avec le nouveau système, les patients n'allaient plus remettre de l'argent en espèces au personnel administratif mais payer par voie électronique. Les transactions seraient ainsi enregistrées immédiatement, ce qui permettrait d'éviter les fraudes sur le prix fixé ou l'effectivité du paiement. Résultat : les recettes de l'hôpital ont été multipliées par six en deux mois. Aujourd'hui, Paga a presque treize millions de clients et un réseau national de plus de 21 500 agents qui veillent sur des systèmes de paiement comme celui de l'hôpital de l'État d'Ogun. Au cours de son développement, Paga a créé des emplois peu qualifiés dans les petits négoces familiaux, les pharmacies et les épiceries où l'on a désormais accès à des services financiers. Paga continue de former des gens sur leur lieu de travail, d'améliorer les compétences des employés et de les préparer à des emplois plus qualifiés (voir Kordunsky, 2017[1]).

Clementina Achieng, poissonnière dans le Kenya rural, devait faire une demi-journée de marche jusqu'à l'agence bancaire la plus proche pour pouvoir virer de l'argent à son mari qui achète du poisson à Lodwar, petite localité près du lac Turkana. Depuis qu'elle utilise le système de paiement électronique M-Pesa, elle peut virer de l'argent plus fréquemment à un coût bien moindre, ce qui permet à son mari d'envoyer chaque jour du poisson plus frais et en plus grande quantité, et à la poissonnerie de prospérer. Clementina Achieng utilise M-Pesa également pour payer les frais de scolarité de ses enfants. Elle n'est pas un cas isolé au Kenya, loin de là : au moins une personne par foyer utilise M-Pesa dans plus de 95 % des ménages en dehors de Nairobi, et plus de 50 % de la population le fait au moins une fois par mois. Si les rapides progrès des systèmes de paiement électroniques comme M-Pesa ont détruit environ 6 000 emplois bancaires au Kenya entre 2014 et 2017, le nombre d'agents affectés au paiement électronique a augmenté de presque 70 000 ; l'impact sur l'emploi est

donc positif. Les services financiers électroniques ont permis de créer indirectement d'autres emplois – non seulement dans les hôpitaux et les poissonneries
mais dans d'autres secteurs formels et informels de l'économie – en donnant
l'accès au crédit à ceux qui n'avaient pas de compte bancaire, en suscitant des
investissements, en réduisant les coûts et en développant l'activité économique.
Les chiffres montrent que le recours à M-Pesa a permis de réduire la pauvreté
et d'augmenter le niveau de consommation des ménages au Kenya. L'impact est
semble-t-il le plus sensible dans les ménages dirigés par une femme : grâce à
M-Pesa, plus de 185 000 femmes ont pu quitter l'agriculture de subsistance et
occuper une activité dans les affaires ou le commerce, ou, comme Clementina
Achieng, ont fait prospérer leur négoce.

Voilà deux exemples parmi tant d'autres de la transformation de la nature
du travail provoquée par l'arrivée des technologies numériques en Afrique
subsaharienne. Ils montrent que les technologies modernes ne sont pas seulement destructrices d'emplois comme on le craint souvent. L'encadré PG.1
reprend les principaux enseignements et recommandations du *Rapport sur
le développement dans le monde 2019 : Le travail en mutation* (RDM 2019),
dont la présente publication est un prolongement. Celui-ci montre, sur la
base de diverses études, que le futur monde du travail tel qu'il est présenté
dans le RDM 2019 ne prendra probablement pas la même forme en Afrique
subsaharienne que dans le reste du monde à cause des conditions socio-économiques particulières qui y règnent, notamment à cause de la persistance
du faible niveau de capital humain, d'un secteur informel surdimensionné,
et de l'insuffisance et l'inefficacité des systèmes de protection sociale. Dans
le contexte subsaharien, la diffusion des technologies numériques pourrait
avoir un impact plus grand et créer plus d'emplois, au vu du faible niveau
d'éducation et de compétences de la main-d'œuvre, que dans les pays au
revenu plus élevé.

La transformation de la nature du travail dans un contexte de révolution
numérique, parmi d'autres grands bouleversements, est l'une des principales
préoccupations des responsables politiques et des chercheurs. Plusieurs études
sur le sujet ont été publiées et d'autres sont en cours. Elles font appel à différentes méthodologies pour analyser divers aspects du monde du travail de
demain, notamment sur le continent africain. Par exemple, un rapport du
Forum économique mondial (FEM) de 2017 a déterminé à partir de données
LinkedIn que ce sera probablement dans les domaines de la conception numérique, de la création et de l'ingénierie que les bénéfices à long terme seront les
plus importants pour les emplois axés sur les technologies de l'information et
de la communication en Afrique (FEM, 2017). Le rapport invite les spécialistes africains de l'éducation à concevoir des programmes tournés vers l'avenir
qui développent l'esprit critique, la créativité et l'intelligence émotionnelle et
qui accélèrent l'acquisition de compétences numériques et en STIM (sciences,

Rapport sur le développement dans le monde 2019 : Le travail en mutation

Le Rapport sur le développement dans le monde 2019 (RDM 2019) étudie la manière dont les progrès technologiques bouleversent la nature du travail. On peut distinguer cinq aspects dans cette transformation :

1. Les plateformes numériques comme Amazon et Airbnb dominent la concurrence face aux entreprises traditionnelles comme les magasins de détail et les hôtels. Elles créent un effet réseau qui met en relation clients, producteurs et fournisseurs, et leur business model multiforme facilite les interactions.
2. Les nouvelles technologies transforment les compétences nécessaires pour trouver un emploi. Les besoins en compétences de base déclinent tandis que la demande en compétences de niveau supérieur – cognitives, socio-comportementales et d'adaptation – augmente. Ainsi, non seulement de nouveaux emplois en remplacent d'anciens, mais, de plus en plus souvent, les emplois existants requièrent un nouveau profil de compétences.
3. La menace sur l'emploi que représentent les nouvelles technologies est exagérée et varie d'une catégorie de pays à l'autre. Si l'emploi industriel a régressé dans les économies développées, il augmente dans certains pays en développement (par exemple dans certaines parties d'Asie orientale) et il est stable dans d'autres pays.

Schéma EPG.1.1 Comment exploiter le potentiel des technologies numériques

Source : Banque mondiale, 2019.

(Suite page suivante)

ENCADRÉ P G . 1 (suite)

4. Dans de nombreux pays en développement, environ deux tiers de la main-d'œuvre continuent à occuper des emplois à faible productivité, souvent dans des entreprises du secteur informel qui n'ont guère accès aux technologies modernes. Le secteur informel fait preuve d'une remarquable stabilité malgré la croissance économique et la mutation du travail. Résoudre le problème de l'informalité, notamment de l'absence de protection sociale de la main-d'œuvre, est une nécessité pressante dans les marchés émergents.

5. Les nouvelles technologies, notamment les réseaux sociaux, donnent le sentiment que les inégalités croissent, une perception qui souvent n'est pas corroborée par les données sur les inégalités de revenus. Le monde virtuel du numérique expose à d'autres styles de vie, une meilleure qualité de vie et des opportunités, il crée ainsi des attentes, des frustrations et peut inciter à l'émigration ou causer une fragmentation de la société.

Le RDM 2019 formule trois recommandations de politique publique pour permettre à tous les pays d'exploiter le potentiel des technologies numériques (voir schéma EPG.1.1) :

1. Investir dans le capital humain, notamment dans l'éducation de la petite enfance, afin de développer des compétences supérieures – cognitives et socio-comportementales – en plus des compétences de base.

2. Renforcer la protection sociale en instituant un solide revenu minium garanti et en renforçant l'assurance sociale ; en complément, dans certaines économies émergentes, réformer la législation du marché du travail.

3. Créer un espace budgétaire pour l'investissement dans le développement du capital humain et la protection sociale en renforçant les instruments fiscaux sous-utilisés, en luttant contre l'évasion fiscale et en améliorant la gestion des impôts.

---

technologie, ingénierie et mathématiques) pour préparer les élèves à la manière dont on travaillera et collaborera demain.

Un rapport de 2018 sur les perspectives africaines dans le monde du travail de demain affirme que les nouvelles technologies joueront un rôle de plus en plus important dans la transformation économique de l'Afrique dans les domaines de l'agriculture, de l'industrie, des services, du contenu local et des infrastructures (Banque africaine de développement *et al.*, 2018). Actuellement, cependant, l'Afrique est mal préparée. Elle ne dispose pas de la main-d'œuvre qualifiée nécessaire pour profiter des opportunités exceptionnelles qu'amèneront les bouleversements technologiques. Un article du Fonds monétaire international de 2018 conjugue des données historiques, une modélisation économique, des résultats empiriques et une analyse de scénarios pour évaluer les défis posés par les technologies numériques et les opportunités qu'elles offrent dans un contexte de croissance de la population, de changement climatique et de mutation de l'environnement commercial (Abdychev *et al.*, 2018). L'article plaide pour des politiques d'action énergiques en faveur des investissements dans les infrastructures, de systèmes éducatifs souples, d'une urbanisation intelligente, du renforcement de l'intégration commerciale et de l'élargissement de la protection sociale. Une étude de 2019 du Centre africain pour la transformation économique (ACET) part d'enquêtes de terrain pour évaluer le degré de sensibilisation et de préparation des responsables politiques africains dans le domaine des nouvelles technologies, ainsi que de l'enseignement et de la formation techniques et professionnels (ACET, 2019). Selon l'étude, des réformes dans les systèmes d'éducation et de formation, le développement d'un cadre réglementaire et d'infrastructures, des partenariats public-privé pour le développement technologique et les transferts de technologies sont autant de domaines d'intervention pour les politiques publiques et les investissements afin de permettre l'absorption annuelle des millions de nouveaux entrants sur le marché du travail.

Tout en s'appuyant sur le RDM 2019, le présent rapport adopte une approche différente et met en évidence plusieurs sujets essentiels pour l'avenir du travail en Afrique subsaharienne, sujets autour desquels il est structuré. Le chapitre 1 dresse un état des lieux des compétences numériques, des infrastructures et des nouvelles technologies en Afrique subsaharienne et examine le potentiel qu'ils recèlent. Le chapitre 2 étudie les besoins en capital humain d'une main-d'œuvre jeune qui s'accroît. Le chapitre 3 s'intéresse à la prévalence du secteur informel et à ses acteurs, travailleurs et entreprises. Le chapitre 4 identifie les politiques de protection sociale permettant d'atténuer et de gérer les risques liés aux bouleversements du marché du travail. Par ailleurs, le présent rapport contient des recommandations pour les politiques d'action afin que les promesses des technologies numériques deviennent réalité. Il exploite les résultats d'études phares de la Banque mondiale sur l'Afrique, publiées récemment, et d'autres travaux connexes [2]. Il met en lumière d'importantes questions de politiques publiques restées sans réponse où des recherches supplémentaires et de nouvelles informations pourraient livrer de précieux enseignements. Il ne s'attarde pas sur l'examen des diverses voies possibles pour engager une transformation structurelle des pays africains parce que cela a été traité ailleurs. En revanche, il analyse les opportunités et les défis que représentent les technologies numériques ainsi que les politiques de soutien destinées à exploiter leur potentiel. Dans cette présentation générale sont résumés les messages-clés et les recommandations de l'analyse, dans son ensemble puis chapitre par chapitre. Sont également mises en évidence certaines questions de politiques publiques laissées en suspens, en vue de futures études.

La présente analyse montre que les travailleurs peu qualifiés d'Afrique subsaharienne risquent de bénéficier davantage de l'adoption des technologies numériques que d'autres régions du monde pour trois raisons.

- Premièrement, du côté de l'offre, il semble y avoir un moment opportun à saisir. Le niveau de la production et de l'emploi industriels étant faible par rapport à d'autres régions du monde, les technologies numériques qui permettent l'automatisation de tâches spécifiques au secteur industriel sont peu susceptibles de mettre au chômage de nombreux travailleurs dans les prochaines années – mais l'adoption de ces technologies dans d'autres pays pourrait avoir un impact négatif sur les emplois locaux. Le secteur industriel est de petite taille, il représente 8 % de l'emploi en moyenne, la majeure partie de la main-d'œuvre étant sous-employée dans le secteur informel (l'agriculture et les services). De plus, le coût de nombreux travailleurs peu qualifiés étant toujours relativement bas presque partout en Afrique subsaharienne, la plupart des entreprises n'ont peut-être pas encore intérêt financièrement à investir dans l'automatisation.

- Deuxièmement, du côté de la demande : les gains de productivité obtenus grâce à l'adoption des technologies numériques pourraient augmenter la demande pour de nombreux produits. Ce potentiel d'augmentation tient au fait qu'en Afrique subsaharienne, la demande intérieure est encore relativement faible pour de nombreux produits de grande consommation comme les aliments industriels, les offres touristiques, les produits de détail et les services d'hôtellerie (le tableau est différent dans les pays à revenu élevé où la demande pour les mêmes produits est plus ou moins satisfaite et par conséquent moins dépendante des réductions de prix associées à une amélioration de la productivité). C'est une bonne nouvelle pour l'emploi (même avec la diffusion de technologies numériques favorisant les plus qualifiés, comme Internet) si une production compétitive peut se mettre en place en Afrique, car les baisses de coûts et les réductions de prix induits par les gains de productivité grâce à l'adoption des technologies numériques peuvent ensuite permettre d'augmenter la production de manière suffisante pour créer des emplois pour un large éventail de salariés.

- Troisièmement, du côté des dotations (compétences) : le faible niveau de capital humain dans les entreprises d'Afrique subsaharienne laisse un espace important pour le développement de technologies numériques qui améliorent la qualification de la main-d'œuvre dans les secteurs formel et informel. De nombreuses technologies numériques accessibles sur Internet – services financiers numériques pour entrepreneurs à faible revenu et personnes sans compte bancaire, services électroniques d'assistance vocale et vidéo pour les entreprises et exploitations agricoles informelles, plateformes de type Uber qui ne nécessitent pas de savoir lire ni calculer – sont particulièrement bien adaptées pour la main-d'œuvre à faible niveau d'éducation et de compétences qui est bien plus nombreuse en Afrique subsaharienne que dans les régions du monde à revenu plus élevé.

Il est important de bien mesurer les bénéfices que peuvent apporter les technologies numériques et de les mettre en regard du risque que les pays africains manquent cette opportunité ou, pire, que la fracture numérique s'aggrave sans que la pauvreté ne soit réduite. Une condition préalable pour pouvoir profiter de cette opportunité est que tout le monde puisse avoir accès aux infrastructures numériques à un prix abordable grâce à une politique publique volontariste. L'expérience montre qu'un cadre réglementaire qui favorise la concurrence est primordial dans le secteur des infrastructures numériques, de même que des subventions efficaces pour permettre un accès universel et une intégration accrue pour créer des marchés plus vastes. Les services Internet nécessitent aussi des infrastructures complémentaires comme un réseau de distribution d'électricité. Pour éviter le risque d'une aggravation de la fracture numérique, les services Internet doivent être accessibles à un prix abordable dans les zones rurales comme dans les zones urbaines, dans les villes secondaires comme dans les métropoles, aux femmes comme aux hommes, aux personnes âgées comme aux jeunes.

Les politiques publiques visant à promouvoir les technologies numériques pour obtenir des gains de productivité doivent être accompagnées de mesures pour soutenir les entrepreneurs qui créent des applications locales, et les entreprises et les employés qui doivent s'adapter. Il faut notamment accroître l'investissement dans le développement des compétences ; mettre en place des procédures pour stimuler la productivité dans les entreprises informelles ; instituer une protection sociale efficace ; mettre en œuvre une politique sociale qui protège la main-d'œuvre contre ces risques qui menacent l'Afrique subsaharienne plus que les autres régions du monde, qui permette aux entrepreneurs et aux travailleurs de prendre plus de risques et qui facilite la mobilité fonctionnelle des travailleurs. Des mesures supplémentaires seront nécessaires pour protéger les consommateurs contre les fraudes en tout genre et les ménages pauvres et mal informés contre le surendettement, et pour assurer la confidentialité des données et la cybersécurité.

L'arrivée de nombreuses technologies numériques va de pair avec le risque d'une concentration excessive du pouvoir économique et de pratiques anti-concurrentielles – les entreprises dominantes acquièrent leurs rivaux potentiels plutôt que de permettre à de nouveaux entrants de grandir puis de leur faire concurrence. Il existe aussi un risque de concentration horizontale ou d'intégration verticale d'un marché à l'autre, les grosses entreprises cherchant à prévenir une concurrence plus féroce. Les politiques publiques devront veiller à ce qu'il y ait suffisamment de concurrence dans la structure et les pratiques du marché dans tous les secteurs industriels pour permettre à des entreprises offrant de nouveaux produits et services d'entrer sur le marché et de croître, et pour faire en sorte que les prix restent le plus bas possible, que la qualité se maintienne à un haut niveau (y compris pour ce qui est de la protection des données) et qu'il n'y ait pas d'entrave à l'innovation. En l'absence de garde-fous, le risque existe qu'une concentration excessive du pouvoir économique permette à des entreprises dominantes d'empêcher l'adoption de politiques visant l'intérêt général des économies.

Messages-clés

Chapitre 1 : Promouvoir des technologies numériques inclusives

Selon le RDM 2019, le futur monde du travail sera caractérisé par la tension entre, d'une part, l'automatisation dans les secteurs « traditionnels » et d'autre part, l'innovation dans les « nouveaux » secteurs. L'adoption des nouvelles technologies peut cependant permettre aux pays subsahariens de créer de nouveaux emplois dans tous les secteurs et pour tous les niveaux de qualification, pour deux raisons : tout d'abord, parce que l'utilisation de technologies qui renforcent les compétences de la main-d'œuvre augmente la productivité des travailleurs peu qualifiés dans tous les secteurs, notamment l'agriculture et les services ; ensuite, parce que le secteur industriel, souvent qualifié de « traditionnel » dans les économies plus avancées, y demeure restreint et peu automatisé. Ainsi les conditions sont-elles réunies pour une croissance significative de la production et de l'emploi (schéma PG.1[3]).

Schéma PG.1 Impact du progrès technologique sur les opportunités d'emploi en Afrique subsaharienne

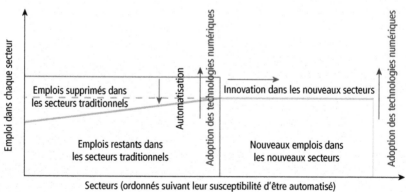

Source : Adapté de Banque mondiale, 2019.
Note : Les flèches rouges illustrent le potentiel d'adoption des technologies numériques qui accroissent la productivité des travailleurs peu qualifiés dans tous les secteurs, baissent les coûts, augmentent la production et stimulent l'emploi. La ligne en pointillés montre que les emplois supprimés dans les secteurs traditionnels devraient être moins nombreux en Afrique subsaharienne qu'ailleurs dans le monde.

Rattraper le retard dans l'équipement en infrastructures et l'offre de services numériques abordables en Afrique subsaharienne peut influer sur la croissance et réduire la pauvreté (graphiques PG.1). Des études menées dans cette région du monde montrent qu'un meilleur accès à un internet plus rapide stimule la

Graphiques PG.1 **Corrélation entre l'internet mobile et le PIB par habitant et la pauvreté en Afrique subsaharienne**

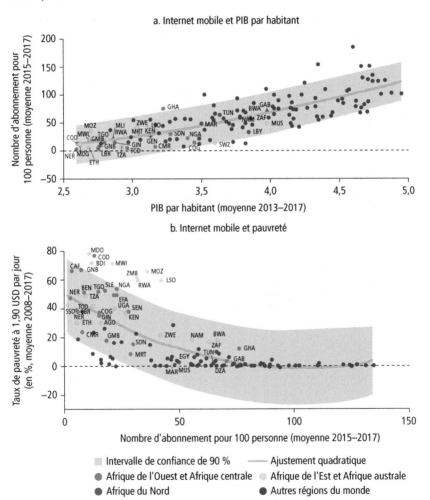

Source : Base des Indicateurs du développement dans le monde (Banque mondiale).
Note : L'indicateur d'économie numérique est le nombre d'abonnés à l'internet mobile pour 100 personnes (moyenne des trois années 2015–2017). Les variables de développement sont le revenu (le produit intérieur brut [PIB] réel par habitant en dollars à prix constants, exprimé en logarithme) et le taux de pauvreté.

création et la diffusion de nouveaux outils numériques locaux qui permettent de pallier les défaillances du marché local et les problèmes de coordination entre ses acteurs, d'accroître la productivité et d'améliorer l'inclusion sociale. L'énorme succès des comptes d'argent mobile dans certains pays en est la meilleure illustration à ce jour.

L'arrivée d'un internet à haut débit en Afrique subsaharienne à la fin des années 2000 et au début des années 2010 a augmenté la probabilité qu'un individu soit employé de 3,1 % à 13,2 % suivant les études et le groupe de pays, par rapport aux endroits non reliés aux câbles sous-marins (graphique PG.2).

L'impact sur l'emploi pour les personnes à faibles compétences et faible niveau d'éducation a été plus important que dans des pays à revenu plus élevé. Suivant les catégories professionnelles, la probabilité qu'une personne ait un emploi qualifié a augmenté de 1,4 % à 4,4 %, tandis que la probabilité d'avoir un emploi non qualifié n'a pas diminué (elle n'était pas différente de zéro statistiquement). L'augmentation du taux d'emploi s'est révélée à peu près identique quel que soit le niveau d'éducation (primaire, secondaire ou supérieur).

Les avancées technologiques font évoluer la demande en compétences des entreprises et l'Afrique subsaharienne doit s'y adapter. Parmi les utilisateurs de LinkedIn familiers des technologies numériques, les compétences numériques telles que l'habileté numérique et la programmation web ont progressé, mais

Graphique PG.2 Impact de l'internet à haut débit sur l'emploi suivant les niveaux de qualification et d'éducation

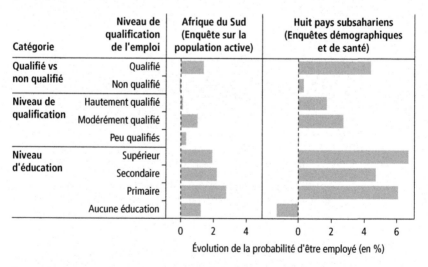

Source : Hjort et Poulsen, 2019.

de grandes différences demeurent entre les différents types de compétences (graphique PG.3) et les pays.

Les pays subsahariens, s'ils agissent vite, auront peut-être le temps de tirer profit de la mondialisation et de suivre la voie traditionnelle de la croissance, alimentée par l'industrialisation. Les évaluations des effets des technologies numériques sur les lieux de production demeurent spéculatives, bien que la relocalisation suscite certaines craintes. Pour stimuler la production et l'emploi dans les secteurs industriels, les pays subsahariens doivent mieux s'intégrer aux marchés mondiaux en participant aux chaînes de valeur mondiales et en attirant les investissements directs étrangers. Ces efforts doivent s'accompagner d'améliorations dans l'environnement des affaires : il faut notamment des investissements public-privé dans le réseau de distribution d'électricité et les infrastructures de transport et de logistique, et des politiques commerciales favorables.

Chapitre 2 : Développer le capital humain
Il est essentiel de développer le capital humain en Afrique subsaharienne, encore plus que partout ailleurs (schémas PG.2). La région subsaharienne a

Graphique PG.3 **L'accroissement des compétences numériques en Afrique subsaharienne**

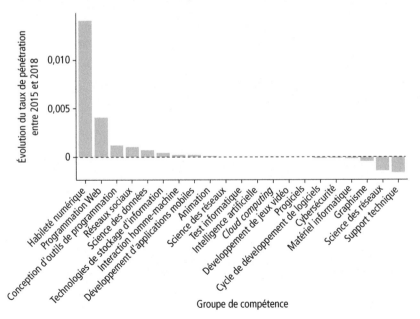

Source : Banque mondiale, d'après des données LinkedIn de vingt-sept pays subsahariens ayant au moins 100 000 inscrits sur le site.

Schémas PG.2 **Conditions préalables et mesures pour développer le capital humain**

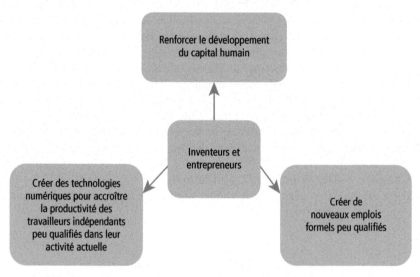

a. Conditions préalables pour aider l'Afrique subsaharienne
à récolter les fruits des technologies numériques

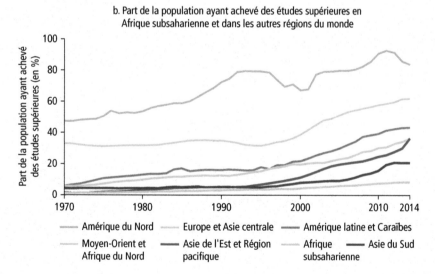

b. Part de la population ayant achevé des études supérieures en
Afrique subsaharienne et dans les autres régions du monde

Source : Roser et Ortiz-Ospina, 2020.

(Suite page suivante)

Schémas PG.2 Conditions préalables et mesures pour développer le capital humain (suite)

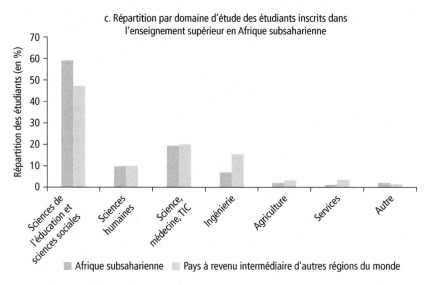

c. Répartition par domaine d'étude des étudiants inscrits dans l'enseignement supérieur en Afrique subsaharienne

■ Afrique subsaharienne   ■ Pays à revenu intermédiaire d'autres régions du monde

Source : Banque mondiale ; Roser et Ortiz-Ospina, 2020 ; Arias, Evans et Santos, 2019.
Note : TIC = technologies de l'information et de la communication.

non seulement le plus bas niveau de capital humain du monde mais sa population est aussi la plus jeune et celle qui croît le plus rapidement. Les pays africains doivent suivre les recommandations générales du RDM 2019 et donner la priorité aux politiques publiques qui favorisent le développement de solides compétences fondamentales et numériques, le fondement d'un apprentissage continu tout au long de la vie.

Les technologies numériques peuvent servir d'outil à l'Afrique subsaharienne pour accélérer l'acquisition de capital humain et le revaloriser. À cet effet, il est nécessaire d'améliorer la qualité de l'éducation et son accessibilité, ainsi que l'efficacité et la productivité des personnels soignants.

Par son fort contingent de personnes peu qualifiées, travaillant souvent dans le secteur informel à faible productivité, l'Afrique subsaharienne se démarque du reste du monde et nécessite des mesures supplémentaires. Elle doit développer et diffuser les technologies numériques pour augmenter la productivité de la main-d'œuvre peu qualifiée. L'acquisition des compétences numériques de base aiderait cette main-d'œuvre à tirer profit des nouvelles opportunités du monde de l'emploi.

Les technologies numériques génèrent de nouvelles tâches qui fournissent de nouvelles perspectives d'emploi pour des millions de personnes peu qualifiées. Leur adoption crée ainsi une nouvelle demande de main-d'œuvre peu qualifiée, stimule directement et indirectement la création d'emplois liés au numérique et représente un levier efficace pour employer la main-d'œuvre africaine actuelle.

Mais pour créer de l'emploi lié au numérique et augmenter la productivité, il faut des inventeurs et des entrepreneurs locaux et l'Afrique subsaharienne n'en forme pas suffisamment à l'heure actuelle. Outre qu'elle doit investir dans le développement des infrastructures physiques et améliorer le cadre réglementaire, comme le recommande le RDM 2019, il lui faut rapidement mettre en place des mesures ciblées pour donner naissance à une masse critique d'inventeurs et d'entrepreneurs et ainsi créer les conditions qui permettront de générer de l'emploi dans le secteur formel privé.

Chapitre 3 : Accroître la productivité du secteur informel

De toutes les régions du monde, l'Afrique subsaharienne est celle qui a la plus forte proportion d'emplois informels. Son secteur informel diffère de celui d'autres régions en développement non seulement par sa taille – il représente presque 90 % de l'emploi total (graphique PG.4) – mais aussi par sa composition : il comprend non seulement des petites entreprises, mais aussi des grandes. Les réformes n'ont que très faiblement permis de faire reculer le secteur informel malgré des investissements relativement lourds dans des programmes de formalisation.

Graphique PG.4 **Emploi informel par région du monde et niveau de développement (2016)**

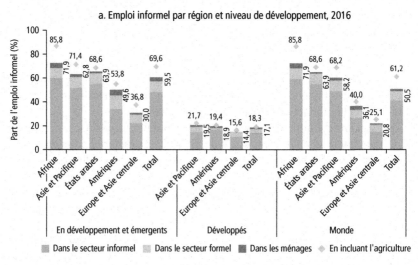

Source : OIT, 2018.

À l'avenir, les politiques publiques à court et moyen terme devront mettre davantage l'accent sur l'augmentation de la productivité et l'amélioration des compétences de la main-d'œuvre peu qualifiée et des petites entreprises et exploitations agricoles de l'économie informelle. Les politiques de formalisation, telles qu'elles sont recommandées par le RDM 2019, doivent être davantage ciblées à court terme sur les grandes entreprises informelles qui font fortement concurrence aux entreprises formelles. Le recours aux technologies numériques pour stimuler la productivité et la création d'emplois, favoriser l'accès au crédit et augmenter l'inclusion financière dans le secteur informel devrait faciliter la formalisation avec le temps.

Chapitre 4 : Élargir la couverture de la protection sociale
Les programmes de Protection sociale et emploi (PSE) se développent en Afrique subsaharienne depuis le début des années 2000 mais la couverture demeure faible du fait de contraintes fiscales et réglementaires (graphique PG.5). Indépendamment des risques présentés par les technologies numériques et identifiés dans le RDM 2019, les besoins en protection sociale sont particulièrement importants en Afrique subsaharienne où d'autres bouleversements affectent le monde du travail comme les catastrophes climatiques, la fragilité, les transitions démographiques, les processus d'intégration économique.

Graphique PG.5 La protection sociale dans les différentes régions du monde

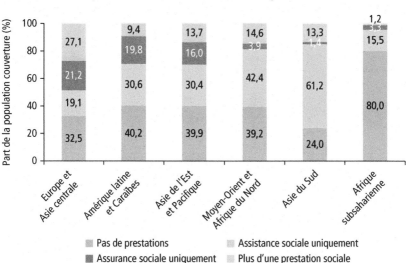

Source : Base de données ASPIRE (Atlas de la protection sociale : Indicateurs de résilience et d'équité), http://datatopics.worldbank.org/aspire/region/sub-saharan-africa.

Comme le souligne le RDM 2019, dans leur politique de protection sociale les gouvernements subsahariens doivent s'attaquer en priorité aux risques auxquels sont confrontées les populations les plus pauvres et les plus vulnérables. Pour atténuer les bouleversements liés aux technologies numériques et aux effets négatifs du commerce mondial, il va falloir étendre les systèmes de sécurité sociale pour couvrir les travailleurs informels. Des programmes de protection sociale adaptés au contexte local (des formules conçues pour les pays durement touchés par les catastrophes climatiques et au revenu extrêmement faible, par exemple les pays du Sahel) peuvent permettre de réduire les vulnérabilités à l'égard du changement climatique (carte PG.1) et des conflits, augmenter la résilience des ménages face aux chocs et les accompagner dans l'après-crise.

Pour limiter les risques auxquels sont exposées les populations en transition, des filets de protection sociale à court terme et en complément, des interventions actives sur le marché du travail dans les zones urbaines pourront favoriser l'emploi productif.

Étendre les programmes de protection sociale aux populations pauvres et vulnérables nécessitera de mobiliser davantage les recettes de l'État, comme le recommande le RDM 2019 (voir l'efficacité des différents types d'impôt sur le graphique PG.6), et de rééquilibrer les dépenses (graphique PG.7). Les efforts en faveur d'un renforcement de la protection sociale des pauvres se heurtent souvent à une résistance au niveau politique. Pour briser cette résistance, les gouvernements doivent communiquer plus efficacement sur les conclusions des rapports sur la dépense publique et notamment sur la nécessité de rééquilibrer

Carte PG.1 **Effet d'un réchauffement de 1 °C sur le produit réel par habitant au niveau du point de grille**

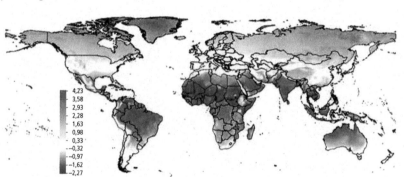

Source : FMI 2017. © Fonds monétaire international. Reproduit avec l'autorisation du Fonds monétaire international ; toute réutilisation devra faire l'objet d'une nouvelle autorisation.
Note : C = Celsius.

Graphique PG.6 **Efficacité de différents impôts en Afrique subsaharienne**

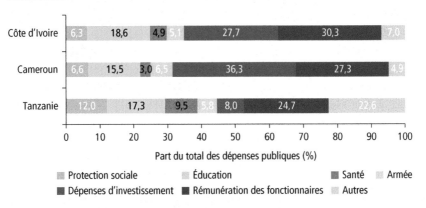

Recettes fiscales exprimées en part du PIB, moyenne sur cinq ans (%)

— Impôt sur le revenu   — Impôt sur les sociétés   — Impôt foncier
— Droits d'accise   — Taxe sur les échanges commerciaux
— Taxe sur la valeur ajoutée   — Autres impôts et taxes

Sources : Calculs de la Banque mondiale d'après des données de l'UNU-WIDER (Institut mondial pour le développement des recherches économiques de l'Université des Nations unies).
Note : PIB = Produit intérieur brut.

Graphique PG.7 **Part de la PSE et d'autres investissements publics dans trois pays subsahariens**

Part du total des dépenses publiques (%)

■ Protection sociale   ■ Éducation   ■ Santé   ■ Armée
■ Dépenses d'investissement   ■ Rémunération des fonctionnaires   ■ Autres

Source : Calculs de la Banque mondiale sur la base d'analyses des dépenses publiques.

les ressources en faveur des populations les plus vulnérables et d'avoir recours à des instruments plus efficaces.

Il faut également que les programmes de protection sociale, au lieu de demeurer des initiatives isolées, s'inscrivent dans une stratégie économique nationale plus vaste sur l'emploi, la réduction de la pauvreté et la transformation économique. Cette approche globale peut permettre d'optimiser les ressources, qui sont limitées, et de contrer les résistances au niveau politique. L'augmentation de l'investissement public dans des filets sociaux plus efficaces doit être associée à une stratégie plus large d'offre de biens publics régionaux à une époque d'intégration croissante.

Une bonne coordination des différents acteurs est cruciale pour élargir la couverture sociale en Afrique subsaharienne. Au niveau transnational, les organisations régionales doivent jouer un rôle plus important dans cette coordination pour mettre en place des politiques fiscales communes qui doivent permettre de mobiliser des recettes. Les organismes de régulation financière, au niveau africain et au niveau mondial, doivent réduire les frais de transferts de fonds. Les partenaires du développement, notamment le Comité d'aide au développement (CAD) de l'OCDE (Organisation de coopération et de développement économiques) et de nouveaux acteurs, doivent harmoniser leur aide dans le domaine de la protection sociale tout en tenant compte de leurs avantages comparatifs et en les alignant sur les stratégies économiques des pays bénéficiaires (voir la comparaison de l'aide au développement du graphique PG.8).

Graphique PG.8 **Comparaison entre l'aide bilatérale du CAD de l'OCDE et les prêts chinois à l'Afrique (2016)**

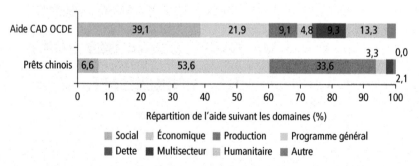

Répartition de l'aide suivant les domaines (%)

■ Social   ▨ Économique   ■ Production   ▨ Programme général
■ Dette   ■ Multisecteur   ▨ Humanitaire   ■ Autre

Source : Calculs de la Banque mondiale d'après des données de la China-Africa Research Initiative (Johns Hopkins University School of Advanced International Studies) et de l'OCDE (Organisation de coopération et de développement économiques).
Note : Les données du Comité d'aide au développement (CAD) de l'OCDE comprennent les données relatives aux bailleurs bilatéraux et à l'aide fournie par les institutions de l'Union européenne. Le domaine social comprend la santé, l'éducation, le soutien à la gouvernance et à la société civile, l'eau et la population. Le domaine économique comprend les communications, l'énergie, les affaires, les transports et le secteur bancaire. Le domaine de la production comprend l'agriculture, les forêts, l'industrie, l'exploitation minière et le commerce.

Poser les bases de la transformation économique à l'heure de la révolution numérique

La marche à suivre : les « 3 C »

L'adoption des technologies numériques ne pourra être bénéfique que si les gouvernements l'accompagnent de mesures complémentaires indispensables (tableau PG.1).

Ces mesures renvoient aux « 3 C » représentant les besoins de l'Afrique au regard de sa transformation numérique : la concurrence, le capital et la capacité.

1. La concurrence. Elle est nécessaire pour inciter les entreprises rivales à adopter les technologies les plus récentes ou les plus adaptées au contexte local, ce qui leur permettra d'augmenter la production à un coût raisonnable. Pour une plus grande diffusion des technologies numériques, il faut garantir des investissements suffisants dans les infrastructures numériques, conformément aux besoins des consommateurs. Et il est essentiel de pousser toutes les entreprises à adopter ces technologies, qui permettent de réduire les coûts et d'augmenter la qualité, en facilitant l'accès au haut débit.

2. Le capital. Il ne s'agit pas ici seulement du financement dont ont besoin les entreprises pour se développer sur les marchés existants et sur de nouveaux marchés ; les entreprises ont également besoin d'un capital humain de meilleure qualité, au niveau entrepreneurial et au niveau de la main-d'œuvre, ainsi que d'un capital en infrastructures physiques plus performant (distribution d'électricité, transports, infrastructures numériques) – ce que la concurrence accrue favorisera également. Pour renforcer le capital, la clé est de stimuler l'entrepreneuriat. Les décideurs doivent créer un environnement des affaires où les bonnes idées peuvent prospérer sans entraves, quelle que soit leur provenance, de manière à ce que les entrepreneurs locaux inventent des applications qui permettent à la masse d'actifs peu qualifiés d'Afrique subsaharienne, qui travaillent le plus souvent dans le secteur informel, d'améliorer leur capital humain. Quant à la prépondérance du secteur informel : plutôt que de mettre l'accent sur la formalisation des entreprises informelles, les gouvernements devraient créer les conditions économiques qui permettent d'accroître leur productivité et celle de leurs travailleurs, notamment encourager l'adoption de technologies qui pourront les rendre plus efficaces.

3. La capacité. Les gouvernements ont besoin de renforcer leur capacité d'action. Pour élargir la couverture sociale, il est nécessaire d'améliorer le recouvrement des impôts, de rééquilibrer les dépenses et d'assurer une meilleure coordination de l'aide au développement. Le filet de sécurité de la

Tableau PG.1 Principales recommandations du présent rapport

Objectif	Les politiques publiques à mettre en œuvre
Promouvoir des technologies numériques inclusivesa	• *Rattraper le retard* dans les infrastructures numériques et étendre l'accès à un haut débit abordable en améliorant le cadre réglementaire. Une meilleure harmonisation entre les pays subsahariens et une plus grande capacité d'action administrative grâce à de grands centres régionaux devraient permettre de financer plus facilement l'accès universel à Internet et ainsi réduire la pauvreté. Par ailleurs, une meilleure réglementation des infrastructures numériques qui encourage la concurrence permettra de créer des marchés plus vastes. L'interaction positive entre les subventions (pour stimuler la demande) et la baisse des coûts (grâce à un partage et un échange des ressources, ainsi qu'à des économies d'échelle) devrait permettre à plus d'acteurs de prospérer sur des marchés plus vastes et ouverts à tous, où la concurrence encourage l'innovation. • *Soutenir l'apprentissage des compétences numériques.* Un partenariat public-privé pourrait permettre de financer des programmes de formation pour la main-d'œuvre : compétences numériques de base pour tous et compétences numériques plus spécifiques pour certains métiers. • Investir dans les équipements complémentaires. Des investissements public-privé seront nécessaires dans les domaines de la distribution d'électricité, des transports et des infrastructures logistiques. Des politiques commerciales favorables et des réformes plus larges de l'environnement des affaires demeurent cruciales pour augmenter la participation des entreprises subsahariennes aux chaînes de valeur mondiales et attirer les investissements directs étrangers.
Développer le capital humain	• *Mettre en place des mesures ciblées pour donner naissance à une masse critique d'inventeurs et d'entrepreneurs* capables de développer les technologies numériques qui augmenteront la productivité de toute la main-d'œuvre, notamment des travailleurs peu qualifiés, et amélioreront la qualité de l'éducation et des services de santé. • *Accompagner les inventeurs et les entrepreneurs* en soutenant les écosystèmes et en atténuant les risques liés à leur financement, auxquels fait face le secteur privé. • *Promouvoir les compétences numériques de base pour tous* afin qu'une plus large partie de la population puisse participer à l'économie numérique.
Accroître la productivité du secteur informel	• *Mettre l'accent sur la productivité et le renforcement des compétences* de la main-d'œuvre peu qualifiée et des petites entreprises et exploitations agricoles informelles. Faire appel à des technologies numériques conçues pour les peu qualifiés afin de leur donner accès à des informations et au crédit, promouvoir l'inclusion financière, développer des compétences et stimuler la productivité, la production et l'emploi, ce qui facilitera la formalisation à mesure que grandiront les entreprises informelles productives. • *Diriger la politique traditionnelle de formalisation vers les entreprises informelles* de grande taille qui font concurrence aux entreprises formelles.
Élargir la couverture de la protection sociale	• *Créer un environnement adéquat* pour la mise en place de systèmes d'alerte précoce, notamment un marché d'assurances, afin d'identifier les risques à temps et de permettre d'y faire face. • *Accroître les investissements publics dans les systèmes de protection sociale* en améliorant le recouvrement des impôts, en publiant les rapports sur la dépense publique pour justifier la nécessité de rééquilibrer les dépenses et en coordonnant l'aide au développement. • *Intégrer les politiques de protection sociale dans des stratégies nationales et transnationales à long terme* pour stimuler la transformation économique et l'emploi, et réduire la pauvreté. • *Coordonner les organisations subsahariennes, les organismes de régulation financière et les partenaires d'aide au développement* autour d'objectifs communs sur la politique fiscale, la réduction des frais de transferts de fond s et l'utilisation de l'aide au développement pour renforcer la protection sociale.

Source : Banque mondiale.
a. L'importance que revêt la diffusion des technologies numériques est abordée au chapitre 1. Ce chapitre dresse un état des lieux général des infrastructures et des compétences numériques. Il évoque certaines politiques d'action spécifiques mais sans rentrer dans les détails, il s'agit simplement de suggestions. Des recherches supplémentaires seraient utiles pour étudier les bénéfices potentiels de leur mise en œuvre.

protection sociale encouragera les entrepreneurs et travailleurs à prendre plus de risques et facilitera la mobilité fonctionnelle. Le défi que représente l'élargissement de la protection sociale en Afrique est bien plus grand qu'ailleurs à cause de la faible couverture actuelle, des énormes besoins et de ressources fiscales limitées.

Comment procéder : Trois axes prioritaires

Alors que l'Afrique s'apprête à amorcer sa transformation numérique, les gouvernements vont devoir faire des choix audacieux. Les risques liés aux chocs climatiques, à la fragilité, à l'intégration économique et à la transition démographique transforment le monde du travail. La rapide croissance de la population jeune rend encore plus urgente la nécessité que l'Afrique investisse dans des technologies qui créeront des emplois plus nombreux et de meilleure qualité. Compte tenu de la persistance d'un taux de pauvreté élevé, il est impératif de trouver des moyens de réduire la fracture numérique. L'engagement de l'Union africaine à promouvoir les technologies numériques fournit une occasion d'élargir le débat sur les mesures à prendre. Il faut agir dès maintenant pour faciliter l'adoption de tous les types de technologie – y compris les technologies analogiques complémentaires des numériques – afin de créer des emplois et d'alimenter la transformation économique dont l'Afrique a besoin.

Par quoi les pays africains devraient-ils commencer pour s'engager sur la voie de la transformation numérique ? Trois axes sont à privilégier. Premièrement, encourager l'entrepreneuriat : permettre que fleurissent les bonnes idées, d'où qu'elles proviennent, afin que les entrepreneurs d'Afrique mettent au point des solutions technologiques permettant aux travailleurs africains de développer leurs compétences au travail. Deuxièmement, accroître la productivité dans le secteur informel : créer un environnement des affaires qui permette de stimuler la productivité des entreprises et des travailleurs du secteur informel plutôt que de chercher uniquement à les formaliser. Troisièmement, élargir la protection sociale : améliorer le recouvrement des impôts, rééquilibrer les dépenses publiques et mieux coordonner l'aide au développement.

Des études supplémentaires pourraient livrer des enseignements extrêmement bénéfiques dans plusieurs domaines (tableau PG.2). Le programme de recherche « Transformation numérique pour l'Afrique », lancé récemment par le bureau de l'économiste en chef responsable de l'Afrique subsaharienne à la Banque mondiale, devrait contribuer à combler certaines lacunes dans les connaissances actuelles et répondre à quelques questions encore en suspens sur le bénéfice potentiel des technologies numériques pour tous les Africains.

Tableau PG.2 **Importantes questions de politique publique actuellement sans réponse**

Objectif	Axes de recherches supplémentaires
Promouvoir des technologies numériques inclusives	• Mieux comprendre l'argument économique en faveur d'une harmonisation de la réglementation sur les infrastructures numériques entre les pays subsahariens, conjuguée à plus de concurrence, une meilleure gestion du spectre et des solutions innovantes qui pourraient rendre les technologies numériques plus faciles d'accès et plus abordables pour les populations rurales à faible revenu (par exemple des satellites basse orbite à moindre coût).
	• Mieux comprendre l'impact des différents types de technologies numériques, notamment celles qui renforcent les compétences de la main-d'œuvre peu qualifiée (comme l'assistance par intelligence artificielle), sur la création nette d'emplois et la composition de l'offre de compétences.
	• Mieux comprendre, d'une part, les répercussions de certaines technologies numériques sur les avantages comparatifs de l'Afrique subsaharienne et d'autre part, les mécanismes qui expliquent que l'impact des technologies numériques sur la main-d'œuvre à faible niveau d'éducation et de compétences puisse ne pas être le même que dans les pays à revenu plus élevé.
	• Mieux utiliser les mégadonnées et l'apprentissage automatique pour nourrir les réflexions sur les politiques publiques.
Développer le capital humain	• Déterminer la meilleure méthode pour identifier, former et accompagner les inventeurs et les entrepreneurs les plus prometteurs.
	• Utiliser les technologies numériques pour promouvoir l'accès aux services du capital humain et étudier leur impact sur la qualité de prestation de ces services. Ces technologies permettent-elles surtout à des travailleurs déjà performants d'être encore plus performants ou peuvent-elles améliorer les performances des moins performants ? Dans quelle mesure peuvent-elles se substituer à certaines tâches ou les compléter dans les emplois nécessitant de faibles compétences et ceux nécessitant des compétences élevées ?
	• Mieux évaluer les compétences de la main-d'œuvre, des inventeurs et des entrepreneurs, notamment les compétences comportementales et la capacité d'adaptation.
Accroître la productivité du secteur informel	• Mieux comprendre l'influence des diverses politiques d'adoption et de diffusion des technologies numériques sur la répartition (inégale) des compétences et des ressources dans les différents secteurs économiques, grâce à une modélisation des différents canaux par lesquels le goût du numérique peut façonner les choix professionnels et d'entrepreneuriat dans un contexte informel.
	• Évaluer dans quelle mesure les grandes stratégies de développement pour l'Afrique, comme les Objectifs de développement durable 2030 et l'Agenda 2063, sont responsables de la forte prépondérance du secteur informel sur le continent.
	• Identifier les ajustements nécessaires pour améliorer la mise en œuvre de ces stratégies et atteindre leurs ambitieux objectifs de développement.
	• Étudier comment les incubateurs d'entreprises numériques et les joint-ventures peuvent aider les entreprises à s'internationaliser et stimuler leurs exportations.
Élargir la couverture de la protection sociale	• Comprendre plus précisément les conséquences des bouleversements en cours sur la dynamique du travail dans certains pays et groupes de pays.
	• Évaluer rigoureusement l'efficacité d'une protection sociale naissante et des mesures visant à étendre la couverture sociale au secteur informel et à l'économie des petits boulots (« *gig economy* »).

(Suite page suivante)

Tableau PG.2 Importantes questions de politique publique actuellement sans réponse (suite)

Objectif	Axes de recherches supplémentaires
Élargir la couverture de la protection sociale	• Déterminer comment améliorer la collaboration avec le secteur privé en vue de concevoir et mettre en œuvre des politiques d'emploi efficaces qui résolvent les problèmes liés à la pauvreté urbaine, au chômage des jeunes et à la transition démographique.
	• Mieux tirer parti des transferts d'argent informels, y compris les fonds reçus de l'étranger et les transferts liés à l'aumône religieuse, de sorte qu'ils contribuent à un meilleur partage des risques et assurent une fonction de coassurance, notamment dans les zones fragiles.
Élaborer un agenda sur les données pour créer une croissance plus productive et inclusive avec les technologies numériques	• Élaborer un agenda sur la question des données aux niveaux national, régional et continental, identifiant le type de données à recueillir et le type d'analyses à produire pour des politiques d'action qui saisissent les opportunités des technologies numériques et en atténuent les risques, l'objectif étant une croissance plus productive et inclusive. Au nombre des risques figurent la probabilité que des entreprises recueillent des données pour consolider et étendre leur domination sur le marché, les dangers liés aux questions de confidentialité des données, de cybersécurité et de protection des consommateurs contre les fraudes en tout genre.

Source : Banque mondiale.

Notes

1. Voir aussi le site Internet de Paga : https://www.mypaga.com/.
2. La disponibilité de ces documents rend ce rapport complémentaire possible et opportun. Ses auteurs n'ont pas entrepris de recherche supplémentaire sauf pour l'analyse, élaborée à partir de données LinkedIn, du niveau des compétences numériques, au chapitre 1, et de l'emploi dans le secteur de l'exploitation minière, au chapitre 4.
3. Les dynamiques qui sous-tendent la figure 1 du RDM 2019 sont également pertinentes pour l'Afrique subsaharienne parce que l'innovation crée de l'emploi dans les « nouveaux » secteurs en suscitant une demande de nouveaux produits et services.

Bibliographie

Abdychev, A. *et al.* 2018. « The Future of Work in Sub-Saharan Africa ». *Departmental Paper* n° 18/18. Fonds monétaire international, Washington.

ACET (Centre africain pour la transformation économique). 2019. *The Future of Work in Africa: The Impact of the Fourth Industrial Revolution on Job Creation and Skill Development in Africa*. Accra : ACET.

Arias, O., Evans, D. K. et Santos, I. 2019. *The Skills Balancing Act in Sub-Saharan Africa: Investing in Skills for Productivity, Inclusivity and Adaptability*. Série Forum du développement en Afrique. Washington : Banque mondiale.

BAfD, BAD, BERD et BID (Banque africaine de développement, Banque asiatique de développement, Banque européenne pour la reconstruction et le développement et Banque interaméricaine de développement). 2018. *The Future of Work: Regional Perspectives*. Washington : BAfD, BAD, BERD et BID.

Banque mondiale. 2019. *World Development Report 2019: The Future of Work*. Washington : Banque mondiale.

FEM (Forum économique mondial). 2017. « The Future of Jobs and Skills in Africa: Preparing the Region for the Fourth Industrial Revolution ». Note de synthèse. FEM, Genève.

FMI (Fonds monétaire international). 2017. « The Effects of Weather Shocks on Economic Activity: How Can Low Income Countries Cope? ». In *World Economic Outlook. Seeking Sustainable Growth: Short-Term Recovery, Long-Term Challenges*, octobre 2017, p. 117–183. Washington : FMI.

Hjort, J. et Poulsen, J. 2019. « The Arrival of Fast Internet and Employment in Africa ». *American Economic Review*, vol. 109, n° 3, p. 1032–1079.

Kordunsky, A. 2017. « In Africa, a Broadband Boom ». *Ideas and Insights*, 20 janvier. Columbia Business School, New York. https://www8.gsb.columbia.edu/articles/ideas-work/africa-broadband-boom.

OIT (Organisation internationale du travail). 2018. *Women and Men in the Informal Economy: A Statistical Picture*, 3e édition. Genève : OIT.

Roser, M. et Ortiz-Ospina, E. 2020. « Tertiary Education ». *Our World in Data*. Global Change Data Lab, Université d'Oxford. https://ourworldindata.org/tertiary-education.

Chapitre 1

Promouvoir des technologies numériques inclusives

Jieun Choi

Introduction

Le *Rapport sur le développement dans le monde 2019* (RDM 2019) se penche sur l'avenir du travail à un moment où l'on s'interroge avec une inquiétude grandissante sur le risque que les robots et autres technologies de l'automatisation exécutent bientôt des millions de tâches mécaniques et ainsi réduisent les besoins en travailleurs peu qualifiés (Banque mondiale, 2019b). Le RDM 2019 explique que le progrès technologique crée des risques et des opportunités pour les réseaux de production mondiaux et pour l'emploi dans les économies développées et en développement.

Le présent rapport répond à ces inquiétudes dans le contexte de l'Afrique subsaharienne, en accordant une place centrale aux caractéristiques propres aux économies de cette région du monde, qui sont notamment le faible niveau de capital humain, un vaste secteur informel et une protection sociale insuffisante. Dans ce chapitre introductif, nous allons poser les bases de l'étude en examinant :

- Le niveau d'équipement en infrastructures numériques et l'offre de compétences numériques en Afrique subsaharienne, et ce que cela signifie pour le monde du travail
- Le risque que l'automatisation dans les économies développées entrave en Afrique subsaharienne une croissance traditionnellement alimentée par l'industrie.

Nous plaidons dans ce chapitre pour modifier le cadre analytique du RDM 2019 afin de le rendre plus pertinent dans le contexte de l'Afrique subsaharienne. Le RDM 2019 présente l'automatisation des processus de fabrication et l'innovation comme les facteurs déterminants de l'évolution du monde du travail. Il prédit que l'automatisation va réduire les besoins en main-d'œuvre

peu et moyennement qualifiée et que la création de produits innovants va augmenter les besoins en personnel hautement qualifié. Le monde du travail de
demain prendra probablement un visage différent en Afrique subsaharienne
étant donné : le faible niveau de capital humain ; les vastes dimensions des
secteurs de l'agriculture et des services, pour l'essentiel informels et à faible productivité, et les petites dimensions du secteur industriel ; enfin, les énormes
besoins, largement insatisfaits, en protection sociale. L'adoption dans les entreprises de technologies numériques comme Internet est susceptible de générer
aussi des emplois peu qualifiés en Afrique subsaharienne, contrairement à ce
qui se passe dans d'autres régions du monde, si les gains de productivité réalisés avec le numérique augmentent suffisamment la production. La probabilité
de cet effet mécanique est plus grande qu'ailleurs car le niveau de la demande
intérieure est encore relativement faible pour de nombreux produits de grande
consommation, plus dépendants de la productivité et de l'évolution des prix –
cela suppose cependant que la production ait lieu en Afrique. La situation diffère
donc de celle des pays à revenu élevé où la demande est relativement satisfaite et
moins dépendante des variations de la productivité et d'une évolution des prix
(Bessen, 2019).

Dans les pays subsahariens qui ont fait progresser l'accès à l'internet à
haut débit, la demande en personnel qualifié a augmenté sans que ne baisse
la demande en main-d'œuvre peu qualifiée, et la croissance de l'emploi a été
à peu près la même pour tous les niveaux d'éducation : primaire, secondaire
et supérieur (Hjort et Poulsen, 2019). Plus important pour l'inclusion sociale,
l'adoption de technologies numériques conçues pour la main-d'œuvre peu qualifiée et lui permettant de développer ses compétences, accessibles sur Internet,
peut stimuler la productivité de nombreux travailleurs agricoles peu qualifiés.
Ce processus est pratiquement achevé dans les économies développées, ainsi
que dans l'industrie et les services. Un internet universellement accessible
et à un prix raisonnable ne peut que faciliter l'adoption des technologiques
numériques.

Enfin, ce que l'on considère comme le secteur traditionnel de l'industrie
manufacturière dans les pays développés représente une petite part de l'emploi
seulement en Afrique subsaharienne. À ce jour, l'automatisation de ce secteur
est limitée dans cette région du monde, sans doute parce que les entreprises
n'ont pas encore jugé rentable d'investir massivement dans des machines. Le
niveau d'adoption de nouvelles technologies de production étant faible dans
tous les secteurs, il est erroné de distinguer des secteurs « traditionnels » et
« nouveaux ». Il faut plutôt voir que l'Afrique subsaharienne a la capacité de
rattraper son retard et de tirer les leçons des erreurs des pays développés – si
les entreprises adoptent des technologies numériques permettant à la main-
d'œuvre de développer ses compétences, baissent les coûts de production et
stimulent ainsi la demande et l'emploi dans tous les secteurs de l'économie.

Nous montrons dans ce chapitre que si les pays subsahariens comblent rapidement leur retard en infrastructures et compétences numériques, l'adoption des technologies numériques peut avoir un effet bénéfique sur la création d'emplois. En partie à cause d'un accès limité aux services Internet et à leur prix, l'automatisation de tâches spécifiques n'est guère répandue dans l'agriculture et l'industrie et les technologies numériques attendent d'être adoptées dans toute l'économie.

Parmi les autres facteurs incidents figurent les caractéristiques-clés de l'Afrique subsaharienne : le faible niveau de capital humain, l'envergure du secteur informel et l'insuffisance des mesures de protection sociale. Nous verrons dans le cours du chapitre que le haut débit, et pas seulement la téléphonie mobile, a un effet positif sur divers aspects du monde du travail : il contribue notamment à une hausse des revenus et à une meilleure inclusion sociale. Par ailleurs, l'adoption des technologies numériques de base comme la téléphonie mobile stimule localement l'innovation, par exemple la création de systèmes de paiement mobile. Ces services financiers numériques ont commencé à résoudre des déficiences et des problèmes de coordination répandus dans les économies africaines et ont ainsi permis de doper la productivité, d'augmenter les revenus, de créer des emplois, et de réduire la vulnérabilité de la population.

L'Afrique subsaharienne est en train de s'adapter à l'évolution de la demande de compétences provoquée par le développement technologique. Nous verrons dans ce chapitre que les compétences numériques progressent rapidement, même si elles partent de très bas, parmi les utilisateurs de LinkedIn, plus familiers des technologies numériques. Les disparités sont grandes entre les types de compétence et suivant le niveau de revenu des pays. Par exemple, le Kenya, le Nigéria et l'Afrique du Sud ont des compétences numériques plus diversifiées dans leur population que les autres pays subsahariens. Par ailleurs, le niveau d'équipement numérique, notamment le haut débit, est étroitement lié à l'offre et à la demande en matière de compétences numériques dans chaque pays. Des facteurs complémentaires comme la fourniture d'électricité et le capital humain sont déterminants pour développer les équipements et les compétences numériques.

Malgré l'inquiétude grandissante que l'automatisation des pays développés entrave une croissance traditionnellement alimentée par l'industrialisation dans les économies en développement, les pays subsahariens ont encore le temps, s'ils agissent rapidement, de tirer profit de la mondialisation pour stimuler la productivité et l'emploi dans l'industrie. Les évaluations des effets de l'adoption des nouvelles technologies sur l'implantation géographique des unités de production demeurent spéculatives. Jusqu'ici, au niveau mondial, peu d'éléments permettent d'attester que les technologies numériques comme l'analyse du big data, l'impression 3D et la fabrication additive ou la robotisation ont un impact significatif sur l'implantation des unités de production et sur l'investissement direct étranger (IDE). On n'a guère pu observer de tendance mondiale à la relo-calisation, ainsi s'attend-on à ce que l'Afrique subsaharienne soit peu affectée par ce phénomène pour l'instant. Par ailleurs, le risque de destruction d'emplois est limité à cause du faible nombre d'entreprises qui délocalisent dans cette région du monde. Un aspect plus essentiel est la meilleure intégration des entreprises subsahariennes dans le marché mondial, où elles sont peu présentes, en les fai-sant participer aux chaînes de valeur mondiales (CVM) et en attirant l'IDE, ce qui dans les deux cas facilite les transferts de technologie. De manière corollaire, il faut se demander si les pays subsahariens pourront maintenir le coût du tra-vail en phase avec les gains de productivité parce que de ce coût dépendra la décision des entreprises d'automatiser la production ou de la déplacer ailleurs. Pour l'heure, les déterminants traditionnels de la compétitivité – une politique économique et un environnement des affaires favorables – restent cruciaux pour la croissance. La connectivité numérique et des liens plus forts entre industrie et services devraient venir les renforcer.

Le RDM 2019 – cadre d'analyse et effets attendus pour l'Afrique subsaharienne

Le RDM 2019 montre comment les nouvelles technologies affectent la nature du travail. Il considère que l'avenir du travail sera déterminé, d'une part, par l'automatisation dans les secteurs traditionnels, qui détruira certains emplois, et d'autre part, par l'innovation dans les nouveaux secteurs, qui créera de nouveaux emplois permettant de donner naissance à de nouveaux produits et de nou-veaux services (schéma 1.1). Les nouvelles technologies numériques, comme la robotisation, le big data, l'impression 3D, l'Internet des objets, le cloud, la blockchain et les plateformes émergentes, transforment l'industrie, les entre-prises et l'emploi. Le RDM 2019 prédit que l'automatisation réduira la demande en main-d'œuvre peu et moyennement qualifiée pour les tâches répétitives dans les secteurs traditionnels et que l'innovation augmentera la demande en per-sonnel hautement qualifié dans les nouveaux secteurs, ainsi que la demande en compétences techniques, en capacité d'adaptation et en formation continue aux nouvelles technologies.

Parmi toutes les nouvelles technologies, ce sont aux technologies numé-riques que s'intéresse le présent rapport, parce que leur adoption à grande échelle, notamment l'adoption de celles qui permettent à la main-d'œuvre peu qualifiée d'améliorer ses compétences et d'en acquérir de nouvelles au travail, offre la perspective d'une productivité et d'une croissance de l'emploi particu-lièrement fortes[1]. Ce qui suit montre, preuves à l'appui, comment l'arrivée des technologies numériques a stimulé la croissance et l'inclusion sociale en Afrique subsaharienne.

Schéma 1.1 Impact du progrès technologique sur les opportunités d'emploi en Afrique subsaharienne

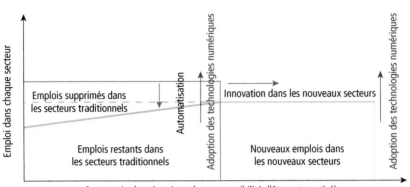

Source : Adapté de Banque mondiale, 2019.
Note : La ligne en pointillés montre que les emplois supprimés dans les secteurs traditionnels devraient être beaucoup moins nombreux en Afrique subsaharienne qu'ailleurs dans le monde.

La dynamique que l'on observe dans le schéma 1.1 est pertinente dans le contexte de l'Afrique subsaharienne parce que l'innovation crée des emplois dans les nouveaux secteurs en alimentant la demande en nouveaux produits et en nouveaux services. Au Kenya, par exemple, une rapide adoption des paiements mobiles a provoqué la fermeture de trente-neuf agences bancaires entre 2016 et 2018 (*Bloomberg Markets*, 2018) et des pertes d'emplois en conséquence. La Banque du Kenya indique que 6 020 emplois bancaires ont été perdus entre 2014 et 2017. En parallèle, cependant, le nombre d'agents dans les services de paiements mobiles a augmenté de 69 342 durant la même période (Ndung'u, 2018), ce qui montre l'effet largement positif qu'ont les nouvelles technologies sur l'emploi.

En revanche, les tendances illustrées par le graphique 1.1 prennent une forme différente en Afrique subsaharienne parce que celle-ci diffère des autres régions du monde s'agissant de la répartition de la production et de l'emploi dans les divers secteurs, de la probable répercussion des améliorations de la productivité sur la demande et du biais technologique. Pour plusieurs raisons, les technologies numériques risquent d'avoir un effet inclusif plus fort sur la main-d'œuvre à faible niveau de compétence ou d'éducation dans les pays subsahariens à faible revenu que dans les pays en développement et les pays développés à revenu plus élevé. Parmi ces raisons, trois sont examinées ici : (1) du côté de l'offre, les effets de la répartition de la production et de l'emploi entre les différents secteurs, associés au coût relativement bas de la main-d'œuvre peu qualifiée (l'automatisation destinée à remplacer la main-d'œuvre risque de ne pas être encore rentable et, même si elle est adoptée, ne détruira pas beaucoup d'emplois) ; (2) du côté de la demande, les effets de l'élasticité de la demande aux améliorations de la productivité (l'effet positif des technologies numériques en termes d'augmentation de la production risque d'être particulièrement fort) ; (3) la conception et l'adoption de technologies numériques adaptées aux faibles compétences de la population active d'Afrique subsaharienne, qui risquent d'avoir un impact plus fort[2].

Premièrement, s'agissant de la répartition sectorielle de la production et de l'emploi en Afrique subsaharienne : la part de l'emploi dans l'agriculture continue d'être très élevée (31 % de l'emploi total contre 18 % pour les pays en développement d'autres régions du monde et 2 % pour les pays développés, en 2017), tandis que la part de l'emploi dans l'industrie est exceptionnellement bas (8 %[3]). Malgré une part de l'emploi dans les services comparable à celle des autres régions du monde (34 %, contre 35 % dans les autres pays en développement et 42 % dans les pays développés), le secteur des services est différent en Afrique subsaharienne parce qu'il est pour l'essentiel informel (Banque mondiale, 2020). Il n'y a pas eu de rapide automatisation du secteur traditionnel de l'industrie comme dans les pays développés, en partie à cause du manque d'infrastructures numériques de base[4]. La faible proportion d'emplois industriels en Afrique subsaharienne fait que les technologies numériques de l'automatisation destinées à remplacer la main-d'œuvre à faible compétence, ne chasseront probablement pas encore beaucoup d'employés de leur poste même si elles sont adoptées (la ligne en pointillés du graphique 1.1 montre que la perte d'emplois dans les secteurs traditionnels sera probablement bien moindre en Afrique subsaharienne qu'ailleurs) – mais l'automatisation dans d'autres pays pourrait réduire les offres d'emploi locales. Le coût relativement bas de la main-d'œuvre à faible niveau d'éducation et de compétence dans la plupart des pays de la région signifie que les entreprises ne trouvent sans doute pas encore rentable d'investir dans des technologies numériques destinées à remplacer certaines catégories de personnel, même si les pays à revenu élevé utilisent de plus en plus ces technologies pour automatiser les tâches répétitives.

Deuxièmement, les effets, sur la main-d'œuvre peu qualifiée, de l'adoption par les entreprises de technologies numériques, dépendent de la réactivité de la demande à la baisse des prix qui découle de la réduction des coûts induite par ces technologies. Une concurrence suffisante sur le marché économique, qui permet une baisse des prix plus importante que dans un monopole, et une demande suffisamment élastique auront pour effet d'augmenter sensiblement la production. Tant que l'augmentation de la production est suffisamment importante pour contrebalancer le remplacement d'une main-d'œuvre à faible compétence par de nouvelles technologies, le nombre d'emplois augmentera non seulement pour le personnel hautement qualifié mais aussi pour la main-d'œuvre peu qualifiée[5]. En Afrique subsaharienne, le niveau encore relativement

faible de la demande intérieure pour de nombreux produits de grande consommation fait que l'évolution de la productivité et des prix risque d'avoir un effet
plus sensible sur cette demande que dans les pays à revenu élevé où la demande
est relativement satisfaite pour ces produits et donc moins sujette aux variations
de la productivité[6].

Troisièmement, au vu du faible niveau de capital humain et de l'étendue du
secteur informel dans les pays à faible revenu d'Afrique subsaharienne par rapport aux pays à revenu plus élevé, les entreprises ont probablement une plus
grande marge pour se développer et adopter des technologies numériques à
destination de la main-d'œuvre peu qualifiée. Adopter ces technologies, accessibles sur Internet, peut stimuler la productivité des vastes contingents de main-
d'œuvre peu qualifiée dans l'agriculture – un processus pratiquement achevé
dans les pays développés –, ainsi que dans l'industrie et les services. Les technologies numériques comme les applications qui permettent d'améliorer ses
compétences en calcul, de se familiariser avec de meilleures méthodes agricoles
et de vendre ses produits de manière plus efficace sur les marchés, peuvent
permettre aux personnes ayant de faibles compétences en lecture et calcul de
développer ces compétences et donner aux petits agriculteurs du secteur informel et aux vendeurs de rue des informations précieuses qui leur permettront
d'augmenter leur productivité. Cette catégorie de main-d'œuvre à faible niveau
d'éducation et de compétence est moins représentée dans les pays à revenu plus
élevé. Si l'on considère le chemin tout tracé qui mène de l'adoption des technologies numériques à des emplois plus productifs pour la main-d'œuvre peu
qualifiée et au faible niveau d'éducation, la division en secteurs traditionnels
et nouveaux a moins de sens en Afrique subsaharienne. L'important est plutôt
l'adoption de technologies numériques permettant à la main-d'œuvre, qualifiée
et non qualifiée, de renforcer ses conférences, car il y a là un potentiel pour stimuler la productivité, la production ainsi que l'emploi des travailleurs peu qualifiés dans tous les secteurs de l'économie, comme l'illustrent les flèches rouges
du schéma 1.1.

L'adoption des technologies numériques devrait avoir des effets positifs sur
l'inclusion sociale en Afrique subsaharienne si elle provoque une augmentation suffisante de la production et si les entrepreneurs peuvent investir pro-
fitablement dans des technologies destinées à la main-d'œuvre peu qualifiée
pour améliorer ses compétences. Mais ces effets se matérialiseront seulement
dans un environnement des affaires propice, où la législation est favorable à
la concurrence et où des subventions ciblées garantissent un accès universel
à Internet et à un prix abordable. Un accès universel à Internet suppose des
infrastructures complémentaires comme un réseau de distribution d'électricité, des transports et une logistique. Pour éviter le risque d'une plus grande
fracture numérique, Internet doit être accessible à un prix abordable aussi bien
dans les zones rurales que dans les zones urbaines, dans les villes moyennes

comme dans les métropoles, par les femmes et les hommes, par les personnes âgées et les jeunes. Toutefois, les effets attendus du numérique sont de simples moyennes. Certaines entreprises réaffecteront le capital productif et la main-d'œuvre en réaction à l'augmentation de la productivité, d'autres non, ce qui n'ira pas sans frictions. Ainsi les bénéfices d'une concurrence et d'une efficacité accrues ne seront pas distribués également. La population pauvre profitera certes des prix plus bas du panier moyen. Cependant, certains pourraient être perdants s'ils sont employés dans des entreprises qui n'utilisent pas les nouvelles technologies numériques et qui sont mises en difficulté par les entreprises qui les ont adoptées. Même si, globalement, les bénéfices du numérique devraient être significatifs, il y aura probablement des effets négatifs dans toute l'Afrique subsaharienne au niveau industriel, notamment pour la main-d'œuvre peu qualifiée. Les politiques publiques en faveur du numérique destinées à stimuler la productivité doivent donc être accompagnées de mesures qui aident les entreprises et la main-d'œuvre à s'adapter. Il faut notamment : un plus fort investissement dans le développement des compétences (ce sera abordé au chapitre 2) ; des mesures visant à accroitre la productivité des entreprises informelles (ce sera abordé au chapitre 3) ; une protection sociale ciblée et des mesures pour l'emploi, notamment une aide à la recherche d'emploi (ce sera abordé au chapitre 4).

L'adoption des technologies numériques par les entreprises s'accompagne d'un changement de leurs besoins en compétences, et particulièrement en compétences numériques. Cette évolution du profil de compétences recherché par les entreprises touche tous les domaines d'activité. Pour illustrer l'importance croissante de la maîtrise de l'informatique ces vingt dernières années, le RDM 2019 montre l'évolution des conditions requises pour un stage en gestion dans un hôtel Hilton (schéma 1.2). Cependant, compte tenu du faible niveau de capital humain en Afrique subsaharienne, l'évolution des besoins en compétences pourrait ne pas prendre la même tournure que dans d'autres régions du monde. Ce chapitre étudie le stock disponible des compétences numériques les plus demandées dans le petit contingent des utilisateurs de LinkedIn, plateforme Internet qui met en réseau professionnels et entreprises. On verra que les économies d'Afrique subsaharienne semblent s'adapter progressivement à l'évolution des besoins en compétences. Les compétences numériques se développent, même si le niveau de départ est bas et s'il y a de grandes différences suivant les types de compétences et les pays. On observe une forte corrélation entre l'offre de compétences numériques d'une population et disponibilité du haut débit, mais pas entre compétences numériques et disponibilité de la téléphonie mobile.

Le RDM 2019 aborde également les inquiétudes sur le risque que le progrès technologique encourage l'automatisation dans les pays développés, qui cherchent à relocaliser, ce qui signifie que les pays africains pourraient ne jamais

Schéma 1.2 **Exemple d'évolution des besoins en compétence entre 1986 et 2018**

Conditions requises pour un stage en gestion dans un hôtel Hilton de Shanghai (Chine)

1986

- Excellent caractère, volonté d'apprendre
- Avoir entre 20 et 26 ans
- Licence ou équivalent
- Maître de l'anglais
- Bonne santé
- Habiter près de l'hôtel

2018

- Attitude positive et bonne capacité de communication
- Aptitude à travailler de manière indépendante et en équipe
- Bonne maîtrise de l'informatique
- Bac+4 et au moins 2 ans d'expérience

Sources : 1986 : *Wenhui News,* 17 août 1986, http://www.sohu.com/a/194532378_99909679 ; 2018 : http//www.hosco.com/en/job/waldorf-astoria-shanghai-on-the-bund/management-trainee-front-office.

emprunter la voie traditionnelle d'une croissance portée par l'industrialisation. Le passage à l'automatisation est plus rapide là où le coût du travail est élevé – si l'on suppose que les avantages d'une réduction du coût du travail sont supérieurs à ceux d'autres leviers de rentabilité rendus possibles par les différences entre les pays. Le graphique 1.1, qui figure aussi dans le RDM 2019, illustre comment l'automatisation et la mondialisation affectent l'emploi industriel dans le monde. Appliqué à l'Afrique subsaharienne, ce graphique aurait probablement des courbes plus plates dans la mesure où la proportion du secteur formel et de l'emploi industriel est bien plus faible dans la plupart des pays subsahariens. Les choses vont demeurer ainsi parce que la main-d'œuvre qui quitte le domaine de l'agriculture va très probablement se reconvertir dans les services.

Ce chapitre pose la question de savoir si l'adoption dans les pays développés de technologies numériques permettant de réduire la masse salariale peut être un obstacle au modèle traditionnel de croissance portée par l'industrie en Afrique subsaharienne, dans la mesure où l'avantage compétitif de la région en matière de coût du travail diminue. Le fait est que l'on ne peut guère tirer de conclusion définitive, à l'heure actuelle, quant aux effets potentiels des technologies numériques sur les réseaux de production mondiale et sur l'emploi. La fin annoncée des délocalisations semble très exagérée, du moins dans un avenir proche. Jusqu'à maintenant, la robotisation, dans les pays développés, est concentrée dans quelques secteurs très techniques comme l'automobile, le caoutchouc, les matières plastiques, les métaux et l'électronique. Elle est limitée dans des secteurs qui nécessitent une main-d'œuvre abondante comme le textile. À noter que les progrès de l'automatisation dans les pays riches sont susceptibles d'augmenter la productivité et le revenu, et ainsi de stimuler la demande en biens intermédiaires et autres produits en provenance de pays en développement. Les nouvelles technologies numériques comme

Graphique 1.1 **Automatisation, mondialisation et emploi industriel**

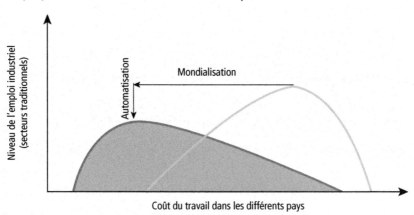

Source : Glaeser, 2018.
Note : Les courbes, des U inversés, reflètent une régularité empirique : l'emploi industriel représente une part plus importante de l'emploi total dans les pays à revenu intermédiaire ; les pays à revenu élevé ont tendance à se spécialiser dans les services ; et la part de l'agriculture est plus importante dans les pays à faible revenu.

l'impression 3D peuvent fournir de nouvelles opportunités à l'Afrique sub-saharienne en facilitant la naissance de chaînes de valeur africaines et de liens industrie-services performants. Une grande source d'inquiétude est en effet le faible niveau d'intégration de la région dans les marchés mondiaux par le biais de chaînes de valeur et d'investissements directs étrangers, considérés comme les canaux par lesquels les entreprises étrangères de pointe opèrent les transferts de technologie.

Comme nous l'avons déjà noté, le futur monde du travail risque de ne pas prendre la même forme en Afrique subsaharienne que dans le reste du monde. Les spécificités subsahariennes – notamment un faible niveau de capital humain dans la plupart des pays, un secteur informel particulièrement vaste, des systèmes de protection sociale insuffisants et inefficaces, des imperfections dans la mise en place et la disponibilité du haut débit et autres technologiques numériques ainsi qu'un déficit de compétences numériques – feront l'objet d'un examen plus détaillé dans les prochains chapitres.

Les pays subsahariens ont un contingent important d'actifs peu qualifiés et un faible niveau de capital humain. Cette situation risque de perdurer bien que les gouvernements redoublent d'efforts pour rehausser le niveau de capital humain. Point positif, les technologies numériques peuvent renforcer l'offre éducative et les services de santé, améliorer leur qualité, et ainsi stimuler la revalorisation du capital humain. Elles peuvent également permettre aux actifs peu qualifiés d'apprendre à accomplir des tâches plus sophistiquées dans leur emploi et générer de nouveaux emplois. Les liens entre les technologies numériques, le capital humain et l'avenir du travail seront étudiés au chapitre 2.

En Afrique subsaharienne, le secteur informel, où le niveau de productivité est le plus faible, représente une énorme part de l'emploi total (presque 90 %). Il est susceptible de demeurer important dans les prochaines années dans la mesure où les efforts pour faire passer les exploitations agricoles et les entreprises du côté formel connaissent un succès limité.

Des technologies numériques bien conçues peuvent augmenter la productivité des entreprises et exploitations agricoles du secteur informel, en permettant aux entrepreneurs et travailleurs non seulement d'apprendre mais aussi d'avoir accès au crédit et à des produits d'assurance. La formalisation devient ainsi plus probable à terme pour ces entreprises qui se développent et commencent à bénéficier de davantage de services formels. Les liens entre les technologies numériques, le secteur informel et l'avenir du travail seront étudiés au chapitre 3.

Outre la technologie, d'autres facteurs comme les progrès de l'intégration économique, le changement climatique, la fragilité des populations et la transition démographique vont bouleverser le marché du travail en Afrique subsaharienne. Ces facteurs créent des opportunités mais aussi des risques pour les entreprises et les travailleurs. Ils augmentent ainsi les besoins d'une protection sociale à même de mutualiser ces risques. À l'heure actuelle, cependant, la couverture sociale est très insuffisante en Afrique subsaharienne à cause des contraintes fiscales, de l'inefficacité de la dépense publique et des conflits de priorités dans les politiques d'action alors que les investissements publics sont limités. Au chapitre 4 sera examinée la manière dont les pays subsahariens peuvent améliorer leur politique de protection sociale – en mobilisant plus efficacement les ressources domestiques et internationales – afin de se préparer au monde du travail de demain.

La diffusion des technologies numériques en Afrique subsaharienne et leurs effets à ce jour

Aujourd'hui, l'automatisation et l'innovation sont alimentées par des technologies numériques qui s'appuient pour la plupart sur Internet et les télécommunications mobiles. Il a été largement démontré, au niveau mondial, que ces technologies réduisent les coûts économiques liés à la recherche, la duplication, le transport, le suivi et la vérification (Goldfarb et Tucker, 2019). Ainsi renforcent-elles l'inclusion (en facilitant l'accès au marché pour les individus et les entreprises), l'efficacité (en stimulant la productivité), et l'innovation (en suscitant la création de nouveaux business models, entre autres) (Deichmann,

Goyal et Mishra, 2016 ; Banque mondiale, 2016). Nous allons examiner ici le degré de diffusion de ces technologies numériques en Afrique subsaharienne et leurs effets à ce jour.

Les infrastructures numériques existantes

Le nombre d'utilisateurs de la téléphonie mobile augmente rapidement en Afrique subsaharienne et les réseaux se développent[7]. Entre 2010–2012 et 2015–2017, le nombre d'abonnements à la téléphonie mobile a été multiplié par quinze. Suite à une rapide expansion depuis 2010, presque 86 % de la population subsaharienne est couverte par les réseaux de téléphonie mobile. Cependant, ce chiffre est encore inférieur à celui d'économies émergentes d'autres régions du monde comme l'Asie de l'Est, qui a atteint une couverture réseau de 100 % à la fin de 2017. Par ailleurs, la qualité des services de téléphonie mobile est mauvaise en Afrique subsaharienne par rapport à d'autres régions du monde. En 2015–2017, le taux d'appels échoués (2,2 %) et d'appels interrompus (1,1 %) était plus élevé en Afrique subsaharienne que dans les pays à revenu intermédiaire de la tranche inférieure (1,5 % et 0,8 %). Par ailleurs, le coût de la téléphonie mobile est problématique. Le prix de l'abonnement et le tarif d'une communication d'une minute ont sensiblement baissé mais sont toujours relativement élevés par rapport au revenu moyen. Le graphique 1.2.a présente le pourcentage d'abonnés au bas débit (voix analogique et SMS) sur la base de chiffres trimestriels, depuis le premier trimestre 2010 jusqu'au troisième trimestre 2018. Dans les pays développés, on dénombrait 1 348 abonnements pour 1 000 personnes ; en Afrique subsaharienne 806 pour 1 000 en 2017, en forte hausse par rapport à 2007 (226 pour 1 000).

Malgré les progrès de la téléphonie mobile en Afrique subsaharienne, l'accès au haut débit, qui permet l'utilisation d'Internet et de services de données, continue d'être limité. La plupart des Africains n'ont pas accès à Internet depuis leur téléphone. En 2017, le niveau de bande passante Internet internationale sur tout le continent africain (7 314 gigabits par seconde) représentait seulement 1 % du total mondial, un tiers du niveau du Moyen-Orient et un niveau à peu près équivalent à celui du Chili ou de la Roumanie (TeleGeography, 2018). Parmi les vingt pays les moins connectés du monde aux réseaux sans fil en 2017, dix-huit étaient subsahariens (GSMA, 2018).

Le nombre d'abonnés au haut débit fixe est très faible : leur total représentait moins de 0,6 % de la population subsaharienne en 2015–2017. Si le haut débit fixe garantit une connexion stable et permet de gros transferts de données, il occasionne des coûts plus importants que l'internet mobile : le déploiement nécessite de gros travaux d'installation. Il est en moyenne trois fois plus cher que l'internet mobile : pour un gigaoctet de données, le fixe coûte en moyenne 134 dollars en parité de pouvoir d'achat (PPA) dans les pays les moins développés contre 40 dollars PPA pour l'internet mobile[8].

Graphique 1.2 **Pénétration de l'internet mobile (haut débit) par région du monde de 2010 à 2018**

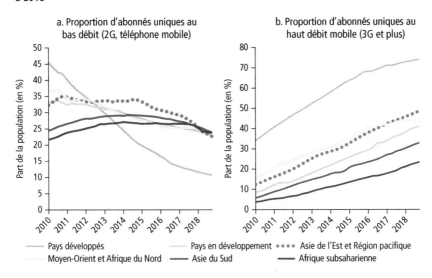

a. Proportion d'abonnés uniques au bas débit (2G, téléphone mobile)

b. Proportion d'abonnés uniques au haut débit mobile (3G et plus)

——— Pays développés   ——— Pays en développement   •••• Asie de l'Est et Région pacifique
········ Moyen-Orient et Afrique du Nord   ——— Asie du Sud   ——— Afrique subsaharienne

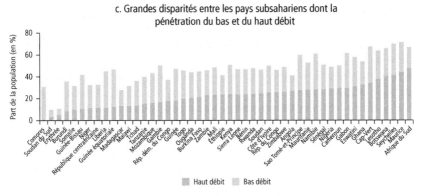

c. Grandes disparités entre les pays subsahariens dont la pénétration du bas et du haut débit

■ Haut débit   ■ Bas débit

Source : GSMA.
Note : Dans le graphique a, les chiffres annuels de chaque région du monde sont des moyennes entre les pays. Le nombre d'abonnés uniques représente le total des utilisateurs qui se sont abonnés à un service de téléphonie mobile pendant la période donnée, à l'exclusion des services de communication de machine à machine. Dans le graphique b, le nombre d'abonnés uniques à l'internet mobile représente le total des utilisateurs qui ont utilisé des services Internet sur leur(s) appareil(s) mobile(s) pendant la période donnée. Les services Internet mobiles renvoient à toute activité consommant des données mobiles (à l'exclusion des SMS, des MMS – messagerie multimédia –, et des conversations téléphoniques). 2G = deuxième génération ; 3G = troisième génération. Le Swaziland s'appelle officiellement Eswatini depuis avril 2018.

La part d'abonnés à l'internet mobile en Afrique subsaharienne est plus grande : elle représente 30 % de la population (24 % d'utilisateurs uniques, c'est-à-dire en comptant une seule personne lorsqu'un utilisateur a de multiples connexions). Mais elle est bien plus faible que dans d'autres régions du monde :

elle était par exemple de 68 % en Asie et Région pacifique et de 90 % en Europe à la fin de 2018 (GSMA, 2018). En Afrique subsaharienne, la rapide expansion des réseaux de téléphonie mobile et la modernisation en cours des réseaux de télécommunication réalisée par des opérateurs de réseaux mobiles ouvrent des perspectives de développement de l'internet mobile (Mahler, Montes et Newhouse, 2019). Si la plupart des opérateurs continuent d'offrir un réseau de deuxième ou troisième génération permettant des transferts de données limités, onze des quarante-huit pays subsahariens sont désormais couverts par un réseau de quatrième génération (TeleGeography, 2018).

Les graphiques 1.2.a et 1.2.b illustrent l'évolution du nombre d'abonnés de téléphonie mobile à bas débit et haut débit dans différentes régions du monde. On observe un large fossé dans l'internet mobile entre l'Afrique subsaharienne, qui n'a pas encore remplacé le bas débit, et les pays développés où le haut débit s'est imposé. Le graphique 1.2.c montre, à partir de la proportion d'abonnés par pays, les grandes disparités dans la pénétration de l'internet mobile entre les divers pays subsahariens.

L'effet des technologies numériques sur la croissance et l'inclusion sociale

Les technologies numériques peuvent réduire la pauvreté et renforcer l'inclusion sociale de façon significative pour peu qu'elles soient appuyées par des politiques publiques appropriées. Des mesures sont nécessaires pour atténuer le risque d'élargissement de la fracture numérique, pour relever le défi de l'internet à un prix abordable pour tous (c'est-à-dire aussi pour les femmes, les personnes âgées, dans les zones rurales, les petites villes, en fournissant suffisamment de contenus locaux pertinents) et pour s'attaquer au faible niveau de compétences, particulièrement sensible dans le vaste secteur informel d'Afrique subsaharienne. Les technologies numériques sont susceptibles de renforcer l'inclusion sociale dans la mesure où elles permettent de créer des emplois, d'augmenter les revenus de la main-d'œuvre peu qualifiée, de générer des bénéfices plus importants pour les petits entrepreneurs, d'accroître l'efficacité des aides gouvernementales pour les populations pauvres, de baisser les prix des produits et des services de grande consommation, et d'améliorer l'accès aux services de santé et à l'offre éducative.

Les technologies numériques influent sur le développement de l'Afrique subsaharienne par le biais de divers canaux. Les données sont rares au niveau global, mais elles commencent à émerger au niveau des entreprises et des individus dans différents pays. Au niveau global, les technologies numériques peuvent renforcer la croissance et réduire la pauvreté. S'il existe un grand nombre d'études sur la croissance et la productivité dans les économies développées[9], les données empiriques sur l'effet des technologies numériques dans les pays subsahariens, notamment dans l'industrie, sont rares. Cependant, une

étude récente montre que l'internet mobile et le haut débit ont un impact positif significatif sur la croissance du produit intérieur brut (PIB) réel par habitant et contribuent à réduire la pauvreté. Atteindre les objectifs numériques de
l'Union africaine fixés dans le programme « Transformation numérique pour
l'Afrique » – Internet pour tous à un prix abordable et une pénétration globale
de la téléphonie mobile – augmenterait la croissancedollars pour l'année fiscale
s'achevant en du PIB réel par habitant de deux points de pourcentage par an
et réduirait le taux de pauvreté d'un point de pourcentage par an dans les pays
subsahariens. Avec des investissements appropriés en capital humain, l'effet
pourrait plus que doubler : la croissance du PIB réel par habitant augmenterait
d'environ cinq points de pourcentage par an et le taux de pauvreté diminuerait
d'environ deux points et demi de pourcentage par an (pour découvrir la méthodologie qui a permis d'aboutir à ces résultats, voir Banque mondiale [2019a],
3.4 et annexe 3B).

On observe une corrélation entre l'utilisation des technologies numériques et
des résultats économiques positifs dans divers pays n'ayant pas le même niveau
de revenu. Si une relation de causalité est difficile à établir, il semble que l'accès
aux technologies numériques joue un rôle complémentaire pour la croissance
et l'inclusion sociale. Plus précisément, plus le pourcentage de la population
utilisant la téléphonie et l'internet mobiles est élevé, plus les niveaux de revenu
par habitant et de capital humain sont élevés, et plus la fourniture en électricité
est fiable (graphiques 1.3).

Fait intéressant, ces indicateurs économiques sont en rapport linéaire avec
l'internet mobile mais non linéaire avec la téléphonie mobile, ce qui reflète
sans doute l'usage presque généralisé du téléphone cellulaire à partir d'un
certain niveau de revenu. La plupart des pays subsahariens sont cependant
en dessous de ce niveau de revenu à partir duquel l'usage est généralisé. Par
ailleurs, être abonné à un service de téléphonie mobile ou à l'internet mobile
est associé négativement à la pauvreté. Tandis que l'utilisation de l'internet
mobile est associée négativement à l'inégalité des revenus (selon l'indice de
Gini), il ne se dégage pas de tendance nette entre l'utilisation des services de
téléphonie mobile et les niveaux d'inégalité dans les pays subsahariens. Tous les
graphiques 1.3 révèlent de fortes disparités dans l'inégalité des revenus entre
les différents pays.

Au niveau de l'entreprise et de l'individu, les données s'accumulent, notamment celles provenant d'expériences randomisées, sur les effets des technologies
numériques sur la productivité et l'inclusion sociale. Fait important, de nouveaux résultats empiriques recueillis en Afrique subsaharienne indiquent que
l'adoption des technologies numériques ne réduit pas forcément les besoins
en main-d'œuvre peu ou moyennement qualifiée. Comme cela est expliqué de
manière plus détaillée dans l'encadré 1.1, l'arrivée d'un internet plus rapide en
Afrique subsaharienne a permis d'évaluer empiriquement l'impact de l'adoption

Graphiques 1.3 Corrélation entre l'internet mobile ou la téléphonie mobile et les niveaux de revenu et d'inclusion sociale

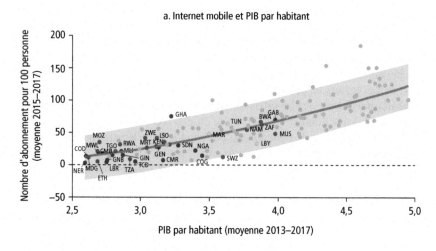

a. Internet mobile et PIB par habitant

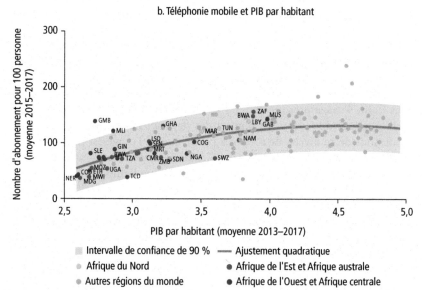

b. Téléphonie mobile et PIB par habitant

(suite page suivante)

Graphiques 1.3 Corrélation entre l'internet mobile ou la téléphonie mobile et les niveaux de revenu et d'inclusion sociale (suite)

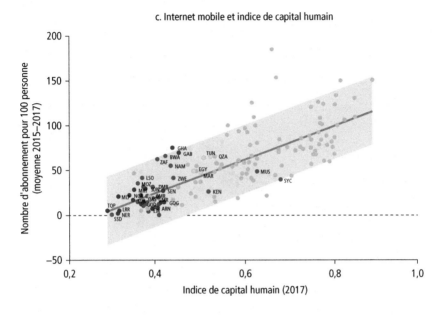

c. Internet mobile et indice de capital humain

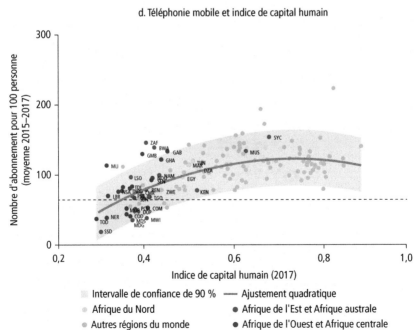

d. Téléphonie mobile et indice de capital humain

Intervalle de confiance de 90 % — Ajustement quadratique
Afrique du Nord ● Afrique de l'Est et Afrique australe
Autres régions du monde ● Afrique de l'Ouest et Afrique centrale

(suite page suivante)

Graphiques 1.3 Corrélation entre l'internet mobile ou la téléphonie mobile et les niveaux de revenu et d'inclusion sociale (suite)

e. Internet mobile et réseau de distribution d'électricité

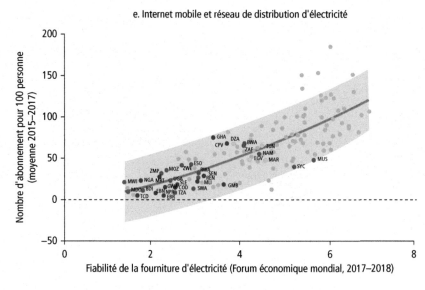

f. Téléphonie mobile et réseau de distribution d'électricité

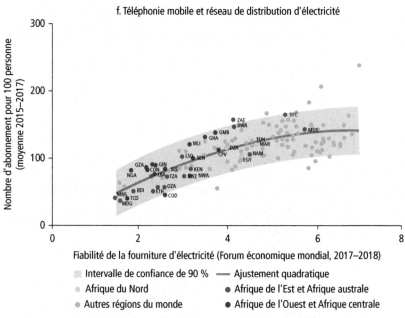

(suite page suivante)

Graphiques 1.3 **Corrélation entre l'internet mobile ou la téléphonie mobile et les niveaux de revenu et d'inclusion sociale (suite)**

g. Internet mobile et indice de Gini

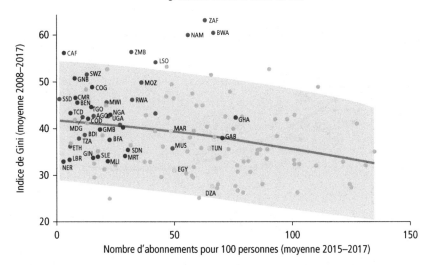

h. Téléphonie mobile et indice de Gini

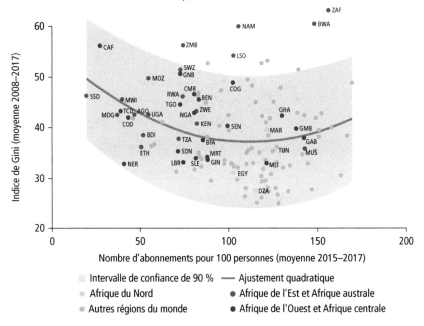

(suite page suivante)

Graphiques 1.3 **Corrélation entre l'internet mobile ou la téléphonie mobile et les niveaux de revenu et d'inclusion sociale (suite)**

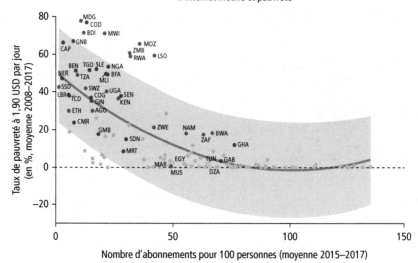

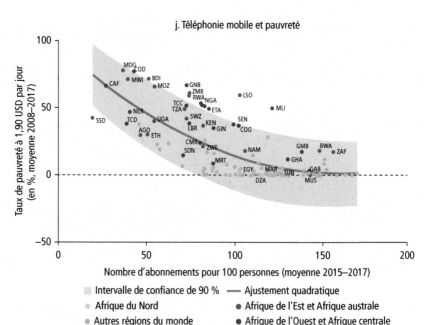

Source : Base des Indicateurs du développement dans le monde.
Note : L'indicateur d'économie numérique est mesuré suivant le nombre d'abonnements à l'internet mobile pour 100 personnes et le nombre d'abonnements à la téléphonie mobile pour 100 personnes, en moyenne sur la période 2015–2017. Les variables de développement sont le revenu (le produit intérieur brut [PIB] réel par habitant en dollars, à prix constants, exprimés en logarithmes), des valeurs complémentaires (l'indice de capital humain de la Banque mondiale et l'indicateur de fiabilité de la fourniture en électricité du Forum économique mondial), l'indice de l'inégalité de Gini et le taux de pauvreté. USD = dollar américain.

L'internet à haut débit crée également des emplois pour la main-d'œuvre peu qualifiée

Avec l'arrivée de l'internet à haut débit en Afrique subsaharienne, la probabilité qu'une personne trouve un emploi a augmenté de 6,9 % d'après les Enquêtes démographiques et de santé (EDS, étude portant sur un échantillon de huit pays), de 13,2 % selon l'Afrobaromètre (étude portant sur un échantillon de neuf pays) et de 3,1 % en Afrique du Sud, par rapport aux zones non raccordées aux câbles sous-marins[a]. Il est important de noter que l'augmentation de l'emploi dans ces pays n'est pas due à une délocalisation de postes dans des zones non connectées. On peut attribuer à l'internet à haut débit une création nette d'emplois d'assez grande ampleur (Hjort et Poulsen, 2019[b]).

Ces résultats globaux peuvent être analysés par catégorie – l'emploi qualifié, l'emploi non qualifié – pour en mesurer l'impact social. En Afrique du Sud et dans les pays de l'étude EDS, la probabilité qu'une personne ait un emploi qualifié augmente respectivement de 1,4 et 4,4 % avec l'internet à haut débit, comme on peut le voir dans la partie supérieure du graphique E1.1.1. La probabilité qu'elle ait un emploi non qualifié

Graphique E1.1.1 Impact de l'internet à haut débit sur l'emploi suivant les niveaux de qualification et d'éducation

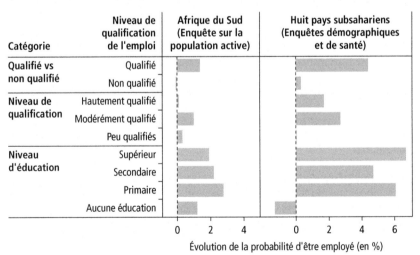

Évolution de la probabilité d'être employé (en %)

Source : Hjort et Poulsen, 2019.

(suite page suivante)

---

ne diminue pas (la différence est statistiquement négligeable), autrement dit la main-d'œuvre non qualifiée ne subit pas d'effet négatif en moyenne. Ces résultats signifient que l'internet à haut débit avantage les plus compétents en Afrique subsaharienne ; il a un effet positif sur les emplois plus qualifiés comme cela a été montré dans les pays à revenu élevé. Il est important de noter que lorsque la catégorie de l'emploi qualifié est subdivisée en trois sous-catégories, l'augmentation la plus forte de l'emploi qualifié concerne la sous-catégorie « modérément qualifié[c] », comme le montre la partie médiane du graphique.

Aspect essentiel : si l'on examine l'impact de l'internet à haut débit non plus en fonction de la catégorie d'emploi mais du niveau d'éducation de la main-d'œuvre, on s'aperçoit que l'augmentation du taux d'emploi est d'une ampleur comparable pour les niveaux d'éducation primaire, secondaire et supérieur dans tous les échantillons étudiés[d]. Dans les pays de l'étude de l'Afrobaromètre (non présentée ici), l'internet à haut débit augmente également le taux d'emploi pour ceux qui n'ont pas été au bout du primaire. L'augmentation des revenus a également une conséquence indirecte notable : une analyse des données sur les lumières nocturnes dans les images satellite révèle que l'internet à haut débit augmente le revenu moyen dans les zones qui ont bénéficié d'une croissance de l'emploi.

Ces résultats – l'effet positif sur l'emploi et les revenus, y compris pour la main d'œuvre à plus faibles niveaux d'éducation – sont importants parce qu'ils reposent sur des liens de cause à effet. Pour identifier ces liens de causalité, on a comparé des personnes et des entreprises situées dans des endroits d'Afrique subsaharienne qui sont raccordés au réseau terrestre d'Internet à d'autres qui ne le sont pas durant l'arrivée progressive, depuis l'Europe, à la fin des années 2000 et au début des années 2010, de dix câbles sous-marins qui ont grandement augmenté la vitesse et la capacité du réseau terrestre.

Quels sont les mécanismes qui font que l'internet à haut débit a un effet bénéfique sur l'emploi, y compris pour les moins qualifiés ? Hjort et Poulsen (2019) indiquent qu'une partie de la croissance de l'emploi peut être expliquée par un bilan net positif dans la création d'entreprises (le nombre d'entreprises a augmenté d'environ 23 % en Afrique du Sud avec l'arrivée de l'internet à haut débit) : se conjuguent une forte augmentation des créations d'entreprise et une baisse des fermetures d'une ampleur comparable.

Une autre explication semble être l'augmentation de la productivité dans l'industrie (en Éthiopie). Hjort et Poulsen (2019) indiquent également que les entreprises du Ghana, du Kenya, de Mauritanie, du Nigéria, du Sénégal et de Tanzanie exportent davantage, communiquent davantage avec leurs clients et forment davantage les employés, selon les Enquêtes auprès des entreprises (*Enterprise Survey*)

(suite page suivante)

ENCADRÉ 1.1 (suite)

de la Banque mondiale[e]. Ils suggèrent que les gains de productivité de la main-d'œuvre moins qualifiée pourraient provenir de formations ciblées sur le lieu de travail financées par les employeurs.

a. L'échantillon EDS comprend le Bénin, la République démocratique du Congo, le Ghana, le Kenya, la Namibie, le Nigéria, la Tanzanie et le Togo. L'échantillon de l'Afrobaromètre comprend le Bénin, le Ghana, le Kenya, Madagascar, le Mozambique, le Nigéria, le Sénégal, l'Afrique du Sud et la Tanzanie. L'Enquête trimestrielle sur la population active d'Afrique du Sud (*South Africa Quarterly Labor Force Survey*) est effectuée tous les trois mois sur un échantillon national représentatif de la population active. À elles trois, les études couvrent douze pays subsahariens, qui représentent une population d'environ 500 millions d'habitants.
b. Pour s'assurer de la robustesse de leur analyse, Hjort et Poulsen (2019) ont également mené une analyse de sensibilité sur la définition de la « connectivité » en faisant varier le périmètre autour du réseau central et en mesurant l'impact d'autres infrastructures ainsi que les effets de la destruction d'emplois provenant de l'éloignement du lieu de travail. Tous ces éléments n'ont eu aucune incidence discernable sur les résultats. Les auteurs notent par ailleurs que la croissance du marché de l'emploi ne semble pas être due à une « formalisation d'emplois informels existants », ils n'ont pas trouvé non plus de signes de croissance de l'emploi dans des zones connectées avant l'arrivée des câbles sous-marins.
c. L'échantillon EDS ne fournit pas de données sur la catégorie des « peu qualifiés ».
d. Dans ces échantillons, l'impact n'est pas significatif pour les personnes qui ne sont pas allées au bout du primaire et la différence d'avantage sur le marché de l'emploi entre le niveau d'éducation primaire et le niveau d'éducation secondaire n'est pas significatif statistiquement.
e. Dans une étude antérieure sur le même sujet des Enquêtes auprès des entreprises de la Banque mondiale, Dutz *et al.* (2012) ont montré, à partir d'un échantillon de 26 000 entreprises industrielles réparties sur quinze pays africains, que celles qui utilisent Internet innovent plus en produits et processus de fabrication et créent plus d'emplois.

---

de l'internet (et probablement des technologies numériques qui nécessitent un internet à haut débit) sur les individus et les entreprises. Les données recueillies ont confirmé une supposition avancée précédemment, à savoir que l'adoption de technologies numériques comme Internet peut produire de meilleurs résultats en matière d'inclusion sociale en Afrique subsaharienne que dans les pays à revenu élevé. Dans les pays subsahariens où l'internet à haut débit a progressé, la demande en personnel qualifié s'est sensiblement accrue sans que la demande en main-d'œuvre peu qualifiée diminue, et la croissance de l'emploi a été d'une ampleur similaire pour tous les niveaux d'éducation (Hjort et Poulsen, 2019). Un travail empirique antérieur de Dutz, Almeida et Packard (2018) montre que la main-d'œuvre peu qualifiée bénéficie également de la croissance de l'emploi provoquée par l'adoption d'Internet et de technologies numériques nécessitant des compétences. Comme expliqué dans l'encadré 1.2, la croissance de la demande et l'augmentation corollaire de la production, qui résultent de l'adoption du numérique, représentent un important mécanisme qui est probablement à la base des progrès de l'inclusion sociale dans les pays subsahariens.

Les prochains chapitres montreront comment, en Afrique subsaharienne, les technologies numériques peuvent renforcer le capital humain, améliorer les

ENCADRÉ 1.2

L'augmentation de la production crée de l'emploi peu qualifié

Hjort et Poulsen (2019) ont montré l'effet inclusif sur l'emploi de l'adoption des technologies numériques. Un mécanisme sous-jacent joue probablement là un rôle essentiel : l'effet d'augmentation de la production, mis en évidence par Dutz, Almeida et Packard (2018) dans des pays d'Amérique latine. Ces trois auteurs (voir leur annexe A) exploitent des données d'études nationales sur les entreprises pour identifier, en suivant le déploiement progressif d'Internet dans ces pays, l'effet, dans ces entreprises, des investissements dans les TIC (Technologies de l'information et de la communication) et de l'utilisation comparative de l'internet à haut débit dans les emplois qualifiés et peu qualifiés[a]. Dans des études individuelles complémentaires sur l'Argentine, le Brésil, le Chili, la Colombie et le Mexique, ils montrent que la main-d'œuvre peu qualifiée bénéficie également d'un usage plus intensif d'Internet au fur et à mesure qu'augmente la productivité de l'entreprise. Il y a un effet inclusif sur l'emploi lorsque l'augmentation de la productivité, la baisse des prix et la croissance de la production contrebalancent le remplacement par la technologie de la main-d'œuvre peu qualifiée au niveau initial de production. Si certains employés peu qualifiés sont effectivement remplacés par de nouvelles technologies et un personnel plus qualifié (comme le montre le mouvement de A vers B dans le graphique E1.2.1, à production constante),

Graphique E1.2.1 **Impact de l'adoption de technologies numériques favorisant les plus qualifiés et de l'augmentation de la production sur l'emploi hautement et faiblement qualifié**

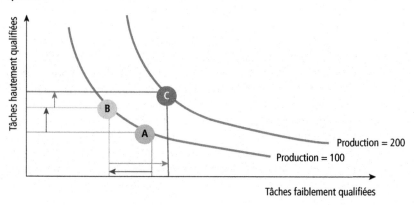

Source : Dutz, Almeida et Packard, 2018.

(suite page suivante)

ENCADRÉ 1.2 (suite)

l'augmentation de la production peut provoquer un accroissement du nombre total d'emplois pour la main-d'œuvre peu qualifiée (comme le montre le mouvement de B vers C). Dans les entreprises adoptant les nouvelles technologies, la production est susceptible d'augmenter suffisamment pour permettre une croissance de tous les types d'emploi, notamment de ceux destinés à la main-d'œuvre peu qualifiée (comme le montre la colonne des emplois faiblement qualifiés dans le tableau E1.2.1). Cet effet perdure tant que les tâches peu qualifiées demeurent complémentaires des nouvelles technologies et que ce type d'emploi n'est pas complètement automatisé et remplacé par des machines.

Tableau E1.2.1 **Impact de l'adoption des technologies numériques et de l'augmentation de la production sur l'emploi et la productivité dans plusieurs pays d'Amérique latine**

Pays	Période	Secteur	Variable	Total	Emploi		Différence	Productivité
					Hautement qualifié	Faiblement qualifié		
Argentine	2010-2012	Industrie	Investissement dans les TIC	+	+	+	+	+
Brésil	2000-2014	Biens échangeables	Couverture Internet en %	+	+	0	—	+
Chili	2007-2013	Ensemble de l'économie	Utilisation de logiciels complexes	+	0	+	–	—
Colombie	2008-2014	Industrie	Utilisation d'une connexion Internet ultra-rapide	+	+	+	—	+
Mexique	2008-2013	Industrie	Utilisation d'Internet	+	+	+	+	+
		Services	Utilisation d'Internet	+	+	+	0	+
		Commerce	Utilisation d'Internet	+	+	+	0	+

Source : Dutz, Almeida et Packard, 2018.
Note : TIC = technologies de l'information et de la communication ; — = non disponible.
a. Ces études examinent l'influence de facteurs externes dans la disponibilité des TIC et dans leur qualité sur une certaine période et à grande échelle. Par exemple, l'étude mexicaine croise l'utilisation moyenne des TIC aux États-Unis avec l'altitude moyenne des municipalités mexicaines pour montrer le défi géographique que représente la fourniture d'un accès Internet dans des zones difficiles d'accès.

performances des exploitations agricoles et des entreprises du secteur informel et optimiser les services de protection sociale. Cette sous-partie vise à fournir un résumé de ce que l'on peut dire actuellement de l'argent mobile, un domaine où les effets observés sont parmi les plus sensibles.

L'argent mobile, ce dispositif qui permet de déposer, retirer et envoyer de l'argent depuis son téléphone portable, est très répandu en Afrique subsaharienne où l'utilisation d'un compte bancaire traditionnel est impossible en maints endroits. Plus d'un adulte sur cinq a un compte d'argent mobile et plus de la moitié des services d'argent mobile se trouvent en Afrique subsaharienne (Demirgüç-Kunt *et al.*, 2018 ; GSMA, 2018). Parmi ces services, M-Pesa, au Kenya, est l'un de ceux qui a le plus de succès : depuis son lancement en 2007, il est utilisé en dehors de Nairobi par au moins une personne dans 96 % des ménages, et plus de la moitié de la population l'utilise au moins une fois par mois (Suri et Jack, 2016). Résultat, le nombre de Kenyans intégrés au système financier formel a augmenté de 50 % et l'exclusion financière a diminué plus que de moitié, s'établissant à 17,4 % en 2016. M-Pesa a annoncé un chiffre d'affaires de 2,4 milliards de dollars pour l'année fiscale s'achevant en mars 2019[10].

Les données montrent que l'argent mobile a augmenté la productivité du pays en améliorant les performances économiques individuelles, en favorisant certains choix professionnels et en suscitant un comportement financier différent. L'augmentation de la productivité conduit inévitablement à une augmentation de la production et donc à une croissance de l'emploi. Les effets inclusifs peuvent être générés par plusieurs canaux liés entre eux. M-Pesa a facilité les choix professionnels au Kenya, a rendu l'allocation du travail plus efficace, notamment pour les ménages dirigés par une femme, et a poussé les femmes à quitter l'agriculture et à travailler dans le commerce ou la vente au détail (Suri et Jack, 2016). On trouvera des informations plus détaillées quant aux effets de l'argent mobile sur les choix professionnels dans l'encadré 1.3.

Des expériences menées actuellement en Afrique subsaharienne pour tester les effets de l'utilisation de l'argent mobile sur les entreprises et les

---

ENCADRÉ 1.3

L'utilisation de M-Pesa entraine un changement d'activité

Suri et Jack (2016) ont étudié les effets dans le temps de M-Pesa sur l'économie des ménages au Kenya. À partir de cinq séries d'enquête étalées sur les années 2008–2014, ils ont évalué les modifications dans l'accès des ménages à l'argent mobile, déterminées par la proximité géographique des ménages avec des agents M-Pesa, et ont analysé leurs effets sur l'économie des ménages ainsi que les facteurs qui influent sur ces effets.

(suite page suivante)

ENCADRÉ 1.3 (suite)

Ils sont arrivés à la conclusion que l'utilisation de M-Pesa accroît le niveau de consommation par personne et a permis de sortir environ 2 % des ménages kenyans (194 000) de la pauvreté. L'effet est plus grand pour les ménages dirigés par une femme, en partie parce qu'elles changent alors d'activité principale : l'accès à M-Pesa a permis à 185 000 femmes de quitter l'agriculture de subsistance et de travailler dans le commerce ou la vente.

Le graphique E1.3.1 montre que les individus ayant un meilleur accès à M-Pesa sont plus susceptibles de travailler dans le commerce ou la vente et moins susceptibles de travailler dans l'agriculture. L'accès à M-Pesa réduit la probabilité qu'une femme soit dépendante de plusieurs emplois à temps partiel (ou d'activités secondaires) et s'accompagne d'une réduction de la taille moyenne des ménages.

Graphique E1.3.1 Effets de l'accès à M-Pesa sur les choix professionnels des individus

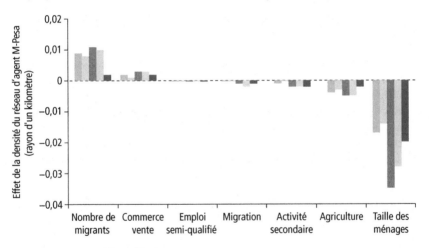

Variable explicative

▨ Variation de la densité du réseau d'agents

▨ Variation de la densité du réseau d'agents[a]

■ Effet de la densité du réseau de gens pour les ménages dirigés par une femme

▨ Effet de la densité du réseau de gens pour les ménages dirigés par une femme[b]

■ Ménages tenus par une femme x Variation de la densité du réseau d'argent

Source : Suri et Jack, 2016.

a. Il s'agit de l'effet lorsqu'est pris en compte le sexe de la personne dirigeant le ménage, et non plus de l'effet global. La régression contrôle l'effet de la densité du réseau d'agents sur les ménages dirigés par une femme, illustré par les barres vert foncé, et l'effet interactif, indiqué par les barres bleu foncé.

b. Il s'agit de l'effet global du sexe de la personne dirigeant le ménage dans une régression séparée où sont pris en compte le niveau d'éducation de la personne tenant le ménage, son niveau de richesse et le compte en banque.

travailleurs devraient bientôt fournir des précisions supplémentaires. Gautam *et al.* (2018), qui ont examiné une politique publique tanzanienne encourageant les femmes micro-entrepreneurs à ouvrir un compte d'épargne mobile, mettent en avant l'importance d'une formation financière complémentaire pour aider les personnes à tirer le meilleur profit de l'accès à ces comptes mobiles. Pour évaluer l'impact de la pression redistributive sur l'offre de travail et les revenus des travailleurs en Côte d'Ivoire, Carranza *et al.* (2018) étudient les effets d'un compte de dépôt direct auquel personne d'autre que le travailleur-épargnant n'a accès. Buehren *et al.* (2018) sondent l'impact, au Ghana, de comptes d'épargne mobiles s'accompagnant de divers engagements pour les clients salariés (pour obtenir des informations plus détaillées sur ces expériences, voir Banque mondiale [2019a]).

Cependant, l'effet le plus direct de l'argent mobile est un changement du comportement financier, provoqué par une réduction des coûts de virement et de paiement. Il en résulte une augmentation de l'épargne, une plus grande fluidité de consommation et des mécanismes de partage des risques. Dans les pays ou zones où le réseau d'agents M-Pesa est dense, l'épargne a augmenté, notamment dans les ménages dirigés par une femme.

Les détenteurs d'un compte M-Pesa sont plus susceptibles d'épargner que ceux qui n'en n'ont pas (Demombynes et Thegeya, 2012). Des données récentes du Burkina Faso montrent que les utilisateurs d'argent mobile – notamment les femmes, les personnes ayant un faible niveau d'éducation et les populations rurales – sont plus susceptibles d'épargner en vue d'un éventuel problème de santé (Ky, Rugemintwari et Sauviat, 2018). L'argent mobile permet en effet de mettre de l'argent de côté et de gérer les avoirs du ménage en toute sécurité (Aker et Wilson, 2013 ; Ky, Rugemintwari et Sauviat, 2018). Face à une perte subite de revenu, la consommation des utilisateurs de M-Pesa ne varie pas parce qu'ils sont plus susceptibles de recevoir des versements, tandis que la consommation de ceux qui n'utilisent pas M-Pesa diminue. Une épargne plus importante permet aux micro-entrepreneurs d'être plus à même de faire face à un choc financier et aux conséquences d'investissements hasardeux. La possibilité d'un meilleur partage des risques, par comparaison avec les mécanismes coûteux d'auto-assurance et les réseaux informels de partage de risque qui prévalaient précédemment, a permis aux utilisateurs de M-Pesa d'épargner davantage, de consommer davantage et d'améliorer leur situation grâce à un changement d'activité (Jack et Suri, 2014). Par ailleurs, on observe une corrélation entre l'utilisation de l'argent mobile et l'augmentation de l'investissement des petites entreprises dans les pays subsahariens pour lesquels les *Enterprise Surveys* de la Banque mondiale fournissent des données (Islam, Muzi et Rodriguez Meza, 2018).

Les comptes d'argent mobile augmentent l'inclusion sociale en permettant à ceux qui n'ont pas de compte bancaire parce qu'ils ne remplissent pas les conditions de garantie fixées par les instituts financiers traditionnels – c'est le cas notamment des femmes et des populations rurales – d'avoir accès aux services financiers et aux prêts (Mbiti et Weil, 2016). Par exemple, une femme entrepreneur a moins de chances d'obtenir une garantie à cause du partage inégal de la propriété des immobilisations, comme un terrain ou une maison. Les fournisseurs de prêts mobiles utilisent les données de télécommunication pour créer des cotes de solvabilité alternatives, ce qui permet d'étendre l'attribution de prêts à des utilisateurs sans garantie ou sans cote de solvabilité calculée par une agence d'évaluation du risque crédit. Les cotes de solvabilité calculées sur une base numérique peuvent permettre de ne pas exclure des services financiers des personnes sans cote de solvabilité venant de zones où les antécédents financiers sont impossibles à vérifier ou bien où les agences d'évaluation du risque crédit sont inefficaces, quand elles existent (Jack et Suri, 2014). Alibhai *et al.* (2018) ont testé en Éthiopie une alternative à la garantie traditionnelle pour les femmes entrepreneurs : la technologie psychométrique, qui calcule la probabilité qu'un entrepreneur puisse rembourser un emprunt. Les femmes qui obtenaient un score élevé au test psychométrique avaient sept fois plus de chances d'être en mesure de rembourser leur emprunt que celles dont le score était médiocre. La diffusion des services d'argent mobile a également augmenté la probabilité d'utiliser un compte bancaire. Ceci est sans doute dû au fait que les instituts bancaires ont commencé à collaborer avec M-Pesa ou à chercher à lui faire concurrence. Les comptes mobiles peuvent augmenter l'efficacité des programmes d'aides publiques et le versement d'allocations qui, si elles sont attribuées à des femmes, risquent d'améliorer les ressources des ménages (Aker *et al.*, 2013 ; Duflo et Udry, 2004). L'accès à M-Pesa a provoqué une augmentation de la consommation dans les ménages habitant là où les réseaux d'agents d'argent mobile sont denses, et cet effet était deux fois plus important pour les ménages dirigés par une femme. En outre, M-Pesa a permis de sortir 2 % des ménages (majoritairement dirigés par une femme) de l'extrême pauvreté sur la période 2008–2014 (Suri et Jack, 2016).

L'offre de compétences numériques et ses facteurs déterminants

Si dans les dernières décennies, on observe une progression de l'éducation de base et une amélioration du taux d'alphabétisation en Afrique subsaharienne, le niveau de compétences fondamentales demeure faible – il faut dire qu'il était très bas au départ. L'augmentation récente des taux de scolarisation et d'achèvement ne s'accompagne pas nécessairement d'une amélioration de la qualité de l'enseignement. Le taux élevé de redoublements, la pénurie de professeurs et les mauvais résultats aux contrôles scolaires reflètent la qualité médiocre de l'enseignement dans cette région du monde (UNESCO, 2016). L'Afrique subsaharienne a le taux d'alphabétisation le plus faible du monde. En moyenne, seulement 33 % des plus de 15 ans sont capables de lire et écrire, ce qui est bien en dessous du chiffre mondial de 86 % (UNESCO, 2016). Le niveau de compétences fondamentales varie sensiblement d'un pays à l'autre : les pays subsahariens au revenu plus élevé ont en général des taux d'alphabétisation plus élevé que les pays pauvres (90 % des adultes savent lire et écrire aux Seychelles, contre seulement 19 % au Mali). Le niveau de compétences fondamentales varie également dans chaque pays en fonction du niveau de revenu : en Tanzanie et en Ouganda, par exemple, le taux de réussite à des exercices de lecture, écriture et calcul chute de près de 50 % entre la population non pauvre et celle extrêmement pauvre (Evans, Arias et Santos, 2019). Le chapitre 2 présente un panorama plus détaillé sur les caractéristiques présentées par le capital humain dans les pays subsahariens.

Dans cette partie, nous étudions de plus près le contingent de professionnels qui utilisent la plateforme LinkedIn et examinons s'ils disposent des compétences numériques les plus demandées. Nous constatons que certaines compétences spécifiques croissent et d'autres déclinent dans un certain nombre de pays subsahariens et examinons les facteurs déterminants de ces compétences.

L'offre de compétences numériques

Les données utilisées dans cette partie sont extraites d'informations fournies par des utilisateurs de la plateforme LinkedIn. Elles reflètent donc une sous-catégorie relativement restreinte et non aléatoire de la population en âge de travailler. Cette sous-catégorie comprend en premier lieu des cadres et employés technophiles qui travaillent dans des secteurs pointus comme les technologies de l'information et de la communication (TIC) ou les services professionnels. Ces données sont très hétérogènes car les utilisateurs les ayant fournies ne partagent pas tous la même envie de présenter leurs compétences particulières et les interprètent différemment suivant leur pays et leur culture. Comparer ces compétences entre pays est donc délicat. Pour autant, les données LinkedIn sont précieuses, notamment pour étudier l'éventail de compétences de la main-d'œuvre, un domaine où les autres sources d'informations sont limitées.

En Afrique subsaharienne, nous disposons de données LinkedIn pour vingt-sept pays, chacun comptant au moins 100 000 membres LinkedIn –certains pays comme l'Afrique du Sud en ayant même plus d'un million. Pour chaque pays, la proportion de membres LinkedIn dans l'ensemble de la population active (les 15–65 ans) est présentée sous forme de schémas. On trouvera en annexe 1A des explications plus détaillées sur les avantages de l'utilisation des données LinkedIn pour les comparaisons entre pays et certaines mises en garde.

Si tous les membres LinkedIn possèdent au moins certaines compétences numériques de base sans lesquelles ils ne pourraient même pas utiliser la plateforme, nous nous restreindrons ici aux compétences numériques liées à la sphère professionnelle[11]. En cela, nous différons d'autres définitions des compétences numériques comme celle adoptée par l'UNESCO (Organisation des Nations Unies pour l'éducation, la science et la culture), qui renvoie de manière large aux aptitudes requises pour accéder aux informations d'appareils numériques et pour les comprendre[12], et celle de l'OCDE (Organisation de coopération et de développement économiques), moins précise, mais où une différence est faite entre compétences numériques et compétences informatiques[13].

Les données LinkedIn indiquent que la main-d'œuvre subsaharienne a un niveau de compétence numérique plus faible que dans le reste du monde, même dans le petit contingent des utilisateurs de LinkedIn qui représentent en moyenne 4 % de la population active dans les vingt-sept pays subsahariens pour lesquels des données LinkedIn sont disponibles. En Amérique du Nord, 70 % de la population active utilise la plateforme (graphique 1.4). Les compétences numériques varient énormément d'un pays subsaharien à l'autre. En Afrique du Sud, 17 % de la population active est inscrite sur LinkedIn, et les compétences numériques indiquées par ces utilisateurs correspondent à la moyenne mondiale.

Au Kenya et au Nigéria, si le niveau de compétences numériques est relativement élevé, les utilisateurs de LinkedIn ne représentent qu'une petite part

Graphique 1.4 **Les compétences numériques en Afrique subsaharienne par rapport aux autres régions du monde**

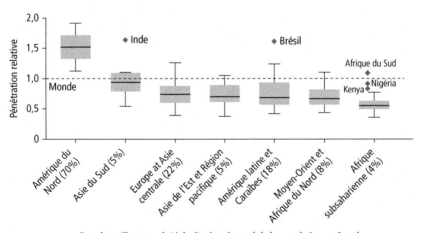

Part des utilisateurs de LinkedIn dans le total de la population en âge de travailler pour chaque région du monde

Source : Calculs de la Banque mondiale d'après des données LinkedIn.
Note : Pour chaque région du monde est donnée entre parenthèses la proportion d'utilisateurs de LinkedIn dans le total de la population en âge de travailler.

de la population active. Malgré ces différences, le Kenya, le Nigéria et l'Afrique du Sud sont souvent cités comme les pays subsahariens qui abritent de grands centres technologiques et où la demande en compétences techniques est plus forte qu'ailleurs (Kelly et Firestone, 2016). À l'opposé, le niveau de compétences numériques de la plupart des pays subsahariens se situe à environ 50 % de la moyenne mondiale (représentée par la valeur 1 dans le graphique 1.4) et le niveau tombe en dessous de 30 % pour les moins performants. Tous ces pays ont un nombre relativement faible d'utilisateurs de LinkedIn par rapport à la population active totale (graphique 1.5).

Les variations entre pays subsahariens sont même encore plus importantes pour certaines compétences numériques pour lesquelles certains pays ont un plus grand retard à rattraper que d'autres. Pour un tiers de ces compétences spécifiques, moins de la moitié des pays subsahariens ont un taux de pénétration supérieur à zéro (graphique 1.6, zones grises). Les pays qui ont le taux de pénétration le plus élevé en matière de compétences numériques générales sont aussi ceux qui ont les compétences numériques les plus diversifiées. Certaines compétences font exception et leur taux de pénétration est plus ou moins équivalent d'un pays à l'autre : c'est le cas de l'habileté numérique, de la conception d'outils de programmation, de la programmation Web et, dans une moindre mesure, du développement d'applications mobiles. Ces données sur les retards des pays subsahariens dans certaines compétences numériques spécifiques peuvent servir de base à la conception de programmes de formation aux compétences numériques et technologiques.

Pour obtenir une meilleure comparabilité entre pays, le graphique 1.7 met en regard des pays subsahariens et européens ayant une part semblable d'utilisateurs de LinkedIn dans la population active afin d'analyser certaines compétences numériques spécifiques. Ces pays sont classés suivant la pénétration relative des compétences les plus avancées, dans l'ordre : l'Allemagne, la Pologne, l'Afrique du Sud, le Kenya, le Nigéria, la Namibie, Maurice et le Botswana. Certains pays subsahariens – le Kenya, Maurice, le Nigéria et l'Afrique du Sud – sont de plus en plus dépendants des technologies numériques, notamment de la téléphonie mobile et d'Internet. Le niveau relativement élevé, dans ces pays, de compétences comme l'habileté numérique, la programmation Web et le développement d'applications mobiles, recoupe les conclusions de l'étude de Etzo et Collender (2010). Ces pays ont cependant du retard dans d'autres compétences de pointe (par exemple l'intelligence artificielle, les sciences numériques et l'interaction homme-machine).

De 2015 à 2018, les pays subsahariens ont connu une croissance plus forte des compétences numériques polyvalentes comme l'habileté numérique, la programmation Web, la conception d'outils de programmation et la science des données, que de celles plus traditionnelles comme l'assistance technique et la science des réseaux, qui sont en baisse (graphique 1.8). Cette évolution est en

Graphique 1.5 Forte hétérogénéité de la pénétration relative des compétences numériques en Afrique subsaharienne

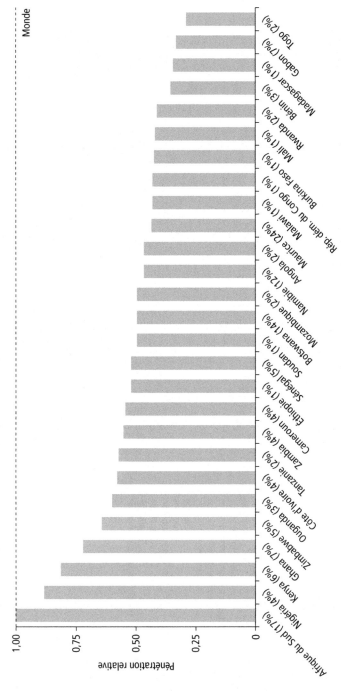

Part des utilisateurs de LinkedIn dans le total de la population en âge de travailler de chaque pays

Source : Calculs de la Banque mondiale d'après des données LinkedIn.

Note : Pour chaque pays est donnée entre parenthèses la proportion d'utilisateurs de LinkedIn dans le total de la population en âge de travailler. La pénétration relative des compétences numériques a été calculée dans chaque pays en faisant la somme de la pénétration de chaque compétence numérique pour une série de métiers et en divisant cette somme par la pénétration mondiale moyenne des compétences numériques pour ces mêmes métiers. La pénétration d'un groupe de compétences est définie comme le pourcentage des cinquante principales compétences individuelles appartenant à un groupe de compétences donné (par exemple, si chez les scientifiques experts de sciences des données en Afrique du Sud, cinq des cinquante compétences principales appartiennent au groupe des compétences « intelligence artificielle », cela veut dire que l'intelligence artificielle a un taux de pénétration de 10 % chez les spécialistes de sciences des données en Afrique du Sud).

Graphique 1.6 Pénétration relative de diverses compétences numériques dans plusieurs pays d'Afrique subsaharienne

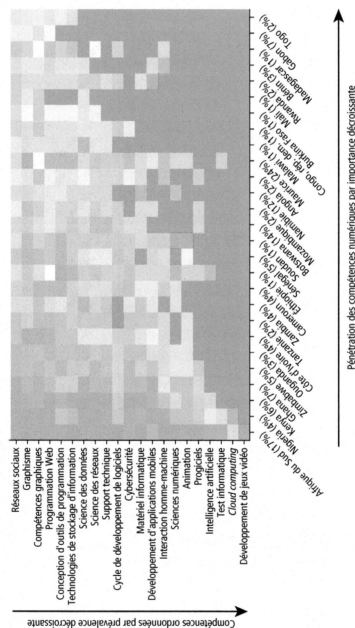

Source : Calculs de la Banque mondiale d'après des données de LinkedIn.

Note : Pour chaque pays est donnée entre parenthèses la proportion d'utilisateurs de LinkedIn dans le total de la population en âge de travailler. La pénétration relative a été mise à l'échelle au niveau de chaque rangée afin de permettre la comparaison entre les pays. Les différentes nuances entre le vert et le blanc correspondent aux différents degrés de pénétration relative. Plus la couleur est sombre, plus le degré de pénétration relative est élevé. Le gris indique une pénétration relative nulle.

Graphique 1.7 **Taux de pénétration de diverses compétences numériques dans plusieurs pays subsahariens et deux pays européens de référence**

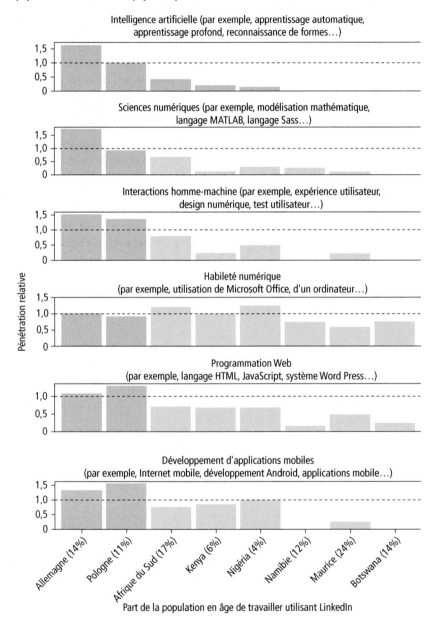

Source : Calculs de la Banque mondiale d'après des données LinkedIn.
Note : Sur l'axe de pénétration relative, 1 représente le niveau mondial moyen de l'offre de la compétence considérée. Les deux pays de référence ont été choisis parce qu'ils sont proches des pays subsahariens de l'échantillon pour ce qui est de la part de la population en âge de travailler inscrite sur LinkedIn. Pour chaque pays est donnée entre parenthèses la proportion d'utilisateurs de LinkedIn dans le total de la population en âge de travailler.

phase avec la tendance mondiale et reflète le développement des infrastructures numériques en Afrique subsaharienne durant cette période.

Les facteurs déterminants des compétences numériques

Nous étudions dans cette partie les corrélations entre les compétences numériques et des équipements comme Internet, la téléphonie mobile et l'électricité. Les corrélations indiquent que les compétences numériques évoluent parallèlement à l'accès à Internet et au réseau électrique. Le rapport est cependant moins manifeste avec les abonnements à la téléphonie mobile. Les graphiques 1.9 montrent la corrélation entre les compétences numériques et les équipements complémentaires dans différents pays. La corrélation dépasse 0,30, avec un intervalle de confiance de 99 %, pour l'accès à Internet et au réseau électrique[14]. Pour les abonnements à la téléphonie mobile la corrélation est plus faible.

C'est entre les compétences numériques et l'accès à Internet et au réseau électrique que la corrélation est la plus forte ; elle est moins prononcée pour les

Graphique 1.8 Évolution de l'offre des compétences numériques en Afrique subsaharienne

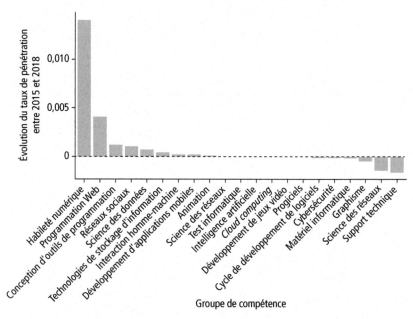

Source : Calculs de la Banque mondiale d'après les données LinkedIn de vingt-sept pays subsahariens ayant chacun au moins 100 000 membres LinkedIn.
Note : Une augmentation de 0,010 du taux de pénétration de l'habileté numérique entre 2015 et 2018 signifie qu'il a augmenté environ trois fois plus vite que le deuxième taux de pénétration à augmenter le plus rapidement, celui de la programmation web. Plus précisément, l'augmentation du taux de pénétration de l'habileté numérique en Afrique subsaharienne est d'environ 0,014 (0,068–0,054) contre environ 0,019 (0,052–0,032) en Europe et Asie centrale.

Graphiques 1.9 **Corrélation entre les compétences numériques et des facteurs complémentaires**

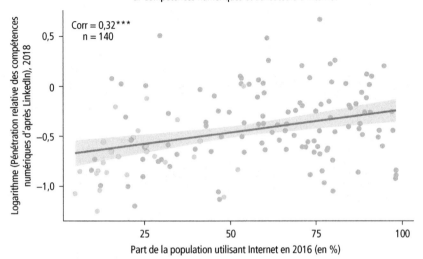

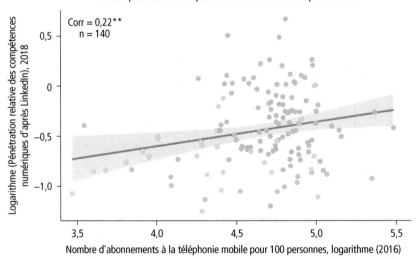

*** = 1% de risqué d'erreur   ** = 5% de risqué d'erreur

(suite page suivante)

Graphiques 1.9 **Corrélation entre les compétences numériques et des facteurs complémentaires (suite)**

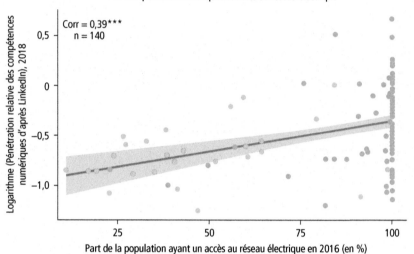

c. Compétences numériques et accès au réseau électrique

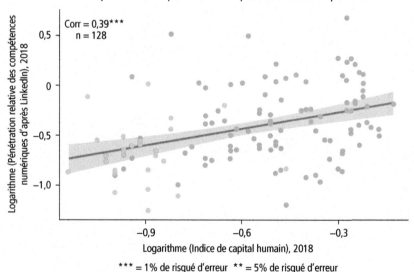

d. Compétences numériques et indice de capital humain de la Banque mondiale

*** = 1% de risqué d'erreur   ** = 5% de risqué d'erreur

Source : Banque mondiale, d'après des données LinkedIn et la base des Indicateurs du développement dans le monde. Note : Les points jaunes renvoient à des pays subsahariens. La part de la population utilisant Internet, le nombre d'abonnements à la téléphonie mobile pour cent personnes, la part de la population ayant un accès au réseau électrique et l'indice de capital humain sont tirés des Indicateurs du développement dans le monde 2016. La valeur des compétences numériques utilisée pour les corrélations est le degré d'adoption moyen (pénétration relative) des compétences numériques par pays. n = nombre d'observations.

abonnements à la téléphonie mobile. Ces résultats montrent comment impulser efficacement le développement des compétences numériques en Afrique subsaharienne. Comme le souligne le RDM 2019, l'accès au haut débit est une condition indispensable pour le monde des affaires à l'âge numérique : « L'accès à un réseau de téléphonie mobile n'est pas suffisant ; les technologies du haut débit permettent de réduire encore plus les coûts de transaction » (Banque mondiale, 2019b, p. 41).

Cette observation rejoint le récent rapport de Hjort et Poulsen (2019) qui montre que la demande en main-d'œuvre hautement qualifiée a augmenté en Afrique subsaharienne dans les endroits reliés aux câbles Internet sous-marins à haut débit en provenance d'Europe. Les auteurs encouragent les pays subsahariens à construire les infrastructures nécessaires pour ne pas se limiter aux maigres avantages d'une connexion Internet lente et des abonnements à la téléphonie mobile.

Il existe une corrélation positive statistiquement significative entre les compétences numériques et l'indice de capital humain de la Banque mondiale, calculé dans 128 pays (graphiques 1.9). Cet indice évalue les perspectives d'un enfant en matière de santé (la santé optimale étant définie par une absence de retard de croissance et une espérance de vie d'au moins 60 ans) et en matière d'éducation (l'éducation complète étant définie comme quatorze années d'une scolarité de qualité jusqu'à l'âge de 18 ans), par rapport aux autres pays. Au chapitre 2 seront étudiées les pistes d'action concernant le capital humain et les domaines où il faut agir en priorité pour permettre à l'Afrique subsaharienne de tirer un meilleur profit des vastes opportunités de la numérisation.

La technologie et la structure de la production mondiale

Le RDM 2019 évoque le danger que la progression de l'automatisation dans les pays développés empêche de nombreux pays africains de connaître une croissance « traditionnelle », alimentée par l'industrialisation. Comme nous l'avons déjà noté, l'automatisation progresse plus rapidement là où le coût de la main-d'œuvre est élevé car on part du principe que ce facteur de réduction des coûts est le plus efficace pour accroître la rentabilité.

Nous nous demanderons dans cette partie si le développement de nouvelles technologies remplaçant la main-d'œuvre et leur large diffusion dans les pays développés et les marchés émergents asiatiques sont susceptibles de mettre en péril le modèle traditionnel de croissance alimentée par l'industrie en Afrique subsaharienne, où l'avantage d'un coût du travail compétitif a tendance à s'émousser. Nous passerons en revue les récentes études analysant les effets des nouvelles technologies sur l'implantation des réseaux de production dans le monde et évaluerons les éléments prouvant l'existence d'un phénomène de relocalisation, c'est-à-dire du rapatriement de l'industrie manufacturière dans les pays développés. Nous aborderons également les tendances des investissements directs étrangers (IDE) et des flux commerciaux sur le continent africain au cours des dix dernières années, en nous intéressant particulièrement à la capacité des pays africains à attirer des IDE – horizontaux (focalisés sur l'accès aux marchés) et verticaux (concentrés sur la recherche d'efficacité) – et à accroître les exportations de biens manufacturés et de services.

Y a-t-il un mouvement de relocalisation en cours ?

On s'accorde aujourd'hui à penser que l'automatisation va conduire à un rapatriement de l'industrie en Europe, au Japon et en Amérique du Nord, et que les pays en développement vont être exclus des nouvelles chaînes de valeur mondiales à cause de la complexité croissante de la production. *Les Perspectives économiques en Afrique 2014* font valoir que « l'impression 3D et la robotique intelligente ont le potentiel de réduire suffisamment cet avantage de coût [pour la production de masse] pour entraîner un phénomène de "relocalisation" de la production vers les économies "maisons-mères" (*headquarter economies*) où sont installés les sièges sociaux et les salaires sont élevés » (BAfD, OCDE et PNUD, 2014). Un rapport de Citigroup et de l'Oxford Martin School (2016) indique que 70 % des représentants de clients institutionnels de Citigroup pensent que l'automatisation et les progrès de l'impression 3D vont inciter les entreprises à relocaliser la production plus près de leur pays d'origine. Ils considèrent que l'Amérique du Nord a le plus à gagner de cette évolution et que la Chine, l'Association des nations de l'Asie du Sud-Est et l'Amérique latine ont le plus à perdre. Un exemple célèbre est le rapatriement de la production d'une usine de chaussures Adidas d'Asie de l'Est en Allemagne. La direction de l'entreprise explique qu'elle produit plus rapidement et à moindre coût dans son usine allemande automatisée grâce à l'impression 3D qui permet de mieux s'adapter à l'évolution du marché et aux exigences de la conception (*The Economist*, 2017).

Parmi les arguments théoriques plaidant en faveur de la relocalisation, figurent : (1) l'évolution de la structure des coûts (notamment l'augmentation du coût de la main-d'œuvre) dans de nombreux pays en développement et économies émergentes ; (2) le fait que les entreprises ont sous-estimé le coût total de la délocalisation ; (3) le regroupement en un même lieu et dans une même structure juridique de la recherche et du développement, de l'innovation et de la production ; (4) la réduction des risques de vol de propriété intellectuelle liés à la délocalisation ; (5) la recherche d'équilibre entre la réduction des coûts et la dispersion des risques ; (6) potentiellement, une plus grande proximité avec les marchés, ce qui permet plus de souplesse ; (7) l'évitement des problèmes d'approvisionnement posés par la longueur et la complexité des chaînes de valeur mondiales d'aujourd'hui (De Backer *et al.*, 2016). Dans l'encadré 1.4 sont

L'impact de l'automatisation dans les pays subsahariens

Les répercussions de l'automatisation sur la main-d'œuvre peuvent différer d'un pays à un autre en fonction des avantages comparatifs et des spécialisations de chacun d'eux. De récentes études ont ainsi montré que l'impact de l'automatisation n'est pas le même sur l'industrie et sur l'agriculture, bien qu'il dépende beaucoup de la manière dont on définit et mesure l'exposition à l'automatisation (voir Frey et Osborne, 2013).

Hallward-Driemeier et Nayyar (2017) ont calculé que l'automatisation menace entre 2 et 8 % des emplois actuels dans les pays en développement. Ils classent les secteurs industriels par groupes suivant le degré de robotisation et de concentration des exportations. Les secteurs caractérisés par un haut degré de concentration des exportations et d'automatisation comme les équipements de transport, l'industrie pharmaceutique ou l'électronique risquent de devenir des domaines de plus en plus fermés pour les pays moins développés. À l'autre bout du spectre, des industries comme celles du bois, du papier, des produits chimiques et des métaux de base devraient subir un impact plus limité. Ainsi, pour les secteurs où une plus grande part de service dans la production et les nouvelles technologies réduisent l'avantage comparatif d'une main-d'œuvre bon marché, la production risque d'être moins viable dans les pays en développement, y compris en Afrique subsaharienne. Dans ce contexte, les auteurs conseillent de mettre en œuvre des politiques de développement de la compétitivité, des compétences et de la connectivité. La plupart des pays subsahariens accusent un retard dans ces trois catégories et vont devoir investir pour résister à la pression, maintenir leur panier d'exportations actuel et se diversifier en développant de nouveaux produits. À noter que l'industrie manufacturière devrait subir un impact négatif moins important en Afrique subsaharienne que dans certains pays d'Asie de l'Est à l'industrialisation récente.

Dans cette situation difficile pour l'industrie, les services offrent la promesse de gains de productivité et de développement. Par exemple, le secteur de la vente en gros et du commerce de détail a représenté presque 50 % de la croissance de l'emploi en Inde entre 1993–1994 et 2004–2005 (Nayyar, 2011). Cependant, de plus en plus d'études montrent que les emplois de base dans les services sont parmi les moins bien rémunérés, tandis que les secteurs à plus forte productivité emploient souvent les plus qualifiés. C'est sur ces éléments que se base le prochain rapport de la Banque mondiale, *Services-Led Development: Myth or Reality* (Banque mondiale, à paraître [b]), qui examine dans quelle mesure les services peuvent soutenir la croissance de la productivité et la création d'emploi à grande échelle, et présente les éléments nécessaires pour qu'ils jouent un rôle moteur dans un développement inclusif et optimisant la productivité.

abordées les répercussions que pourraient avoir l'automatisation et la relocalisation dans les pays subsahariens.

Il y a cependant peu de données empiriques attestant l'existence d'un phénomène de relocalisation et le risque d'un retrait d'Afrique subsaharienne des unités de production est particulièrement faible parce que cette région est jusqu'ici peu impliquée dans les chaînes de valeur mondiale. En s'appuyant sur des données de l'organisation Reshoring Initiative, Banga et Te Velde (2018) ont identifié en Afrique sept sociétés étrangères ayant procédé à une relocalisation entre 2010 et 2016 (la plupart sont en Afrique du Sud), à comparer aux plus de 1 100 entreprises qui ont rapatrié leur production d'Asie dans des pays de l'OCDE [15]. L'ampleur de la relocalisation est en outre relativement faible pour l'instant. De Backer *et al.* (2016) montrent par exemple qu'environ 4 % d'un échantillon d'entreprises de onze pays européens ont rapatrié la production dans leur pays, tandis que 17 % des entreprises avaient délocalisé leurs activités dans la décennie précédente.

L'impact des nouvelles technologies sur l'implantation des unités de production est cependant difficile à déterminer. Certaines technologies comme les robots sont très répandues dans l'industrie depuis les années 1980 et leur degré de sophistication, leur fiabilité et leur pertinence pour la production ont progressé rapidement. Chaque technologie a ses conséquences propres et influence la nature de la production différemment suivant le secteur où elle est mise en œuvre.

Les technologies numériques comme Internet et l'intelligence artificielle permettent de réduire les coûts : (1) de mise en relation entre acheteurs et vendeurs de différents pays, permettant ainsi aux entreprises des pays en développement d'avoir accès à des marchés internationaux ; (2) des échanges et de la coordination entre partenaires commerciaux dispersés dans le monde.

Elles amortissent l'impact de l'éloignement et offrent aux pays désavantagés géographiquement (par exemple sans accès à la mer ou constitués seulement d'une petite île) ainsi qu'aux exploitations agricoles des possibilités de s'intégrer au marché mondial. On en a un exemple avec la récente introduction de la traduction automatique en anglais et en espagnol sur eBay, qui a fait sensiblement grimper les ventes en direction de l'Amérique latine (Brynjolfsson, Hui et Liu, 2018). Les grandes multinationales et les entreprises numériques s'appuient de plus en plus sur les mégadonnées et la traduction automatique pour étudier le comportement des consommateurs et gérer leur chaîne logistique.

La robotique et, plus largement, l'automatisation ont jusqu'à présent eu un effet ambigu sur le lieu d'implantation de la production. Des modélisations précédentes avaient prédit que la robotique industrielle renforcerait les regroupements d'activité parce qu'elle requiert d'importantes dépenses complémentaires pour les barrières de sécurité, les capteurs et l'installation du système. Environ 75 % des robots industriels se trouvent dans cinq pays : la Chine, l'Allemagne, le

Japon, la République de Corée et les États-Unis. Les robots sont un atout pour quelques secteurs industriels comme l'industrie automobile, les équipements de transport, l'électronique et les machines, qui sont historiquement sujets à une fragmentation de la production sur les chaînes de valeur mondiales. La complexité de ces industries limite les possibilités que les pays en développement participent à ces chaînes de valeur (Citigroup et Oxford Martin School, 2016). Banga et Te Velde (2018) ont calculé, à partir de données de l'industrie du meuble, le moment où les robots deviendront plus rentables que la main-d'œuvre pour produire les meubles. Ce devrait être en 2034 pour le Kenya, onze ans après les États-Unis, du fait du faible coût de la main-d'œuvre et de coûts d'exploitation plus élevés pour les robots.

De plus en plus d'études révèlent que l'automatisation s'accompagne dans les pays développés d'importantes importations de biens intermédiaires en provenance de pays en développement. Artuc, Bastos et Rijkers (2018) montrent que la robotisation est concentrée dans quelques pays à revenu élevé et dans quelques secteurs à forte proportion de capital comme ceux de l'automobile, du caoutchouc, des matières plastiques, des métaux, ainsi que de l'électronique, mais qu'elle est limitée dans des secteurs traditionnellement grands consommateurs de main-d'œuvre comme le textile[16]. Dans ces derniers secteurs, les pays à faible revenu devraient donc avoir encore le temps de suivre la voix traditionnelle d'une industrialisation alimentée par l'exportation.

Les technologies de fabrication additive comme l'impression 3D pourraient avoir un profond impact sur le lieu d'implantation de la production. Rehnberg et Ponte (2018) ont cherché à identifier si l'impression 3D fonctionne comme un complément ou comme un remplacement des technologies de fabrication traditionnelles. Ils sont arrivés à la conclusion qu'elle réduit le nombre d'étapes et le coût de fabrication et permet à de nouveaux venus d'accéder plus facilement aux chaînes de valeur mondiales. Elle diminue l'importance des économies d'échelle et peut déboucher sur une activité économique plus dispersée, sur un modèle de « microproduction ». Laplume, Petersen et Pearce (2016) montrent que la diffusion de la technologie d'impression 3D dans des secteurs spécifiques de l'industrie est associée à des chaînes de valeur plus courtes et plus dispersées. De Backer et al. (2016) estiment que les nouvelles technologies pourraient bien déboucher sur une régionalisation des chaînes de valeur mondiales plutôt que sur une relocalisation intégrale parce que, dans de nombreux pays en développement, le facteur démographique et la croissance de la classe moyenne en font des marchés de consommateurs attractifs.

La formation de chaînes de valeur mondiales dispersées (ou chaînes de valeur régionales) sous l'effet des technologies d'impression 3D peuvent permettre à de nombreux pays subsahariens au marché intérieur modeste et dans l'incapacité de faire face à la concurrence mondiale de fabriquer des produits manufacturés à destination du marché africain. Il existe déjà plusieurs accords commerciaux régionaux en Afrique subsaharienne, notamment plusieurs accords tripartites entre des membres du Marché commun de l'Afrique orientale et australe, la Communauté d'Afrique de l'Est et la Communauté de développement de l'Afrique australe, ainsi que l'accord, désormais ratifié, de Zone de libre-échange continentale africaine (ZLECAf). Le potentiel des échanges entre les pays subsahariens n'est cependant pas totalement exploité pour plusieurs raisons, notamment : de grandes différences de coûts entre les acteurs subsahariens les plus efficaces et les producteurs extérieurs ; l'absence de complémentarité des produits entre signataires d'un même accord commercial régional ; de hautes barrières non tarifaires persistantes dans cette région du monde.

En outre, l'impression 3D peut avoir un effet significatif sur les échanges dans les services. Les accords commerciaux dans ce secteur ont pris de l'importance parce que désormais les services complètent, voire remplacent les biens intermédiaires et les activités connexes : les imprimantes 3D fabriquent des objets à partir de données de conception saisies dans un logiciel 3D et remplacent le transport de certaines marchandises par une transmission de données. Au niveau de l'Accord général sur le commerce des services, il pourrait y avoir des débats sur ce qui constitue un bien et un service dans la législation de l'Organisation mondiale du commerce (OMC) et certaines règles de l'OMC devront peut-être être revisitées. Ainsi, l'impression 3D peut remplacer le commerce des biens par celui des services (par le biais d'un paiement d'une redevance et de droits de licence sur la conception) et offrir des opportunités à des pays qui ont une politique restrictive sur les échanges dans les services (Sweden, 2016 ; Lodefalk, 2015 ; Banque mondiale, à paraître [b]). La réglementation sur le commerce des services n'est pas plus restrictive en Afrique subsaharienne qu'ailleurs, si l'on en croit l'indice de restrictivité du commerce de la Banque mondiale, mais aux restrictions légales s'ajoutent souvent de nombreuses barrières sur le terrain ou alors les accords existants ne sont pas appliqués (Heuser et Mattoo, 2017). Si certains groupements économiques régionaux en Afrique subsaharienne se sont entendus pour libéraliser les services, les négociations dans ce domaine ont avancé très lentement et à l'heure actuelle, les services ne sont pas inclus dans l'accord de la ZLECAf.

Pour résumer, les effets potentiels des nouvelles technologies sur les réseaux de production mondiaux et sur l'emploi demeurent incertains. Les informations dont on dispose actuellement livrent des résultats ambigus. Si l'on s'accorde à penser que les nouvelles technologies vont entraîner un rapatriement de certaines industries en Europe, au Japon et en Amérique du Nord, les données indiquent qu'il est exagéré de parler d'une fin prochaine des délocalisations. Jusqu'ici, dans les pays développés, la robotisation est concentrée dans quelques secteurs très techniques et elle est limitée dans les secteurs grands consommateurs de main-d'œuvre. Dans les pays riches, l'automatisation peut accroître la productivité et le revenu, et par ricochet augmenter la demande en bien intermédiaires et autres produits en provenance des pays en développement. Dans le même temps, de nouvelles technologies numériques comme l'impression 3D peuvent offrir des opportunités à l'Afrique subsaharienne en développant des chaînes de valeur régionales et en renforçant les liens industrie-services. Le rapport de la Banque mondiale *Industrializing for Jobs* abordera en profondeur les problèmes de transformation structurelle et d'intégration commerciale des économies subsahariennes (Banque mondiale, à paraître [a]). Afin d'éclairer les réflexions sur les politiques à mener, la partie suivante présente un bref compte rendu de la situation actuelle de l'Afrique subsaharienne en matière d'intégration dans les chaînes de valeur mondiales (CVM) et d'investissement direct étranger (IDE), deux indicateurs de compétitivité importants.

Intégration dans les CVM et développement des IDE

Les chaînes de valeur mondiales (CVM) sont devenues les composantes de base de l'économie mondiale, qui est de plus en plus intégrée. Elles permettent aux pays d'échanger leurs savoir-faire et de fabriquer ensemble des produits, chaque étape du processus de fabrication ajoutant de la valeur au produit final. Les CVM peuvent créer des emplois de deux manières : (1) en accélérant la transformation structurelle de l'économie, ce qui augmentera la productivité des entreprises ; (2) par les retombées émanant des liens qui se nouent en amont et en aval sur les chaînes de valeur. Une étude menée récemment sur des usines éthiopiennes montre que celles qui participent à des CVM ont tendance à être plus productives, et ainsi, à payer des salaires plus élevés et à employer plus de personnel (Choi, Fukase et Zeufack, 2019).

Les pays subsahariens sont cependant peu impliqués dans les CVM. Ils exportent principalement des matières premières et accusent un retard par rapport à toutes les autres régions du monde dans les exportations de haute technologie. S'ils représentent actuellement 12 % de la population mondiale, ils ne comptent que pour moins de 3 % du commerce et du PIB mondiaux (voir graphiques 1.10). Dans les secteurs où les CVM jouent un rôle-clé comme l'habillement ou l'industrie automobile, la part de l'Afrique subsaharienne est même moindre (0,5 % pour les produits intermédiaires et 2,5 % pour les produits finis dans les exportations de vêtements et de chaussures ; 1 % pour les produits intermédiaires et 1,3 % pour les véhicules finis dans le secteur automobile).

Dans les pays subsahariens à faible revenu, la participation à des CVM se limite à quelques secteurs, comme le textile et l'habillement en Éthiopie et au Lesotho ou l'agro-industrie et l'horticulture dans plusieurs pays d'Afrique australe et d'Afrique de l'Est[17].

Les pays en développement qui ont obtenu des gains de croissance significatifs grâce à des CVM indiquent que l'un des facteurs déterminants de leur succès n'est pas le bas niveau des salaires mais le faible coût unitaire de la main d'œuvre – le salaire moyen rapporté au PIB par habitant (Ahmad et Primi, 2017 ;

Graphiques 1.10 Exportations de matières premières et de produits à haute technologie dans les différentes régions du monde

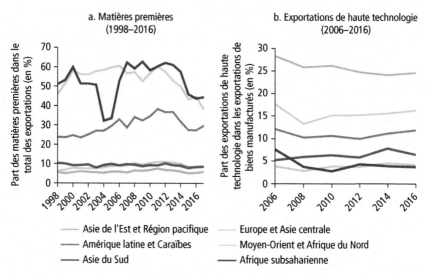

Source : Banque mondiale, d'après la base de données Comtrade des Nations Unies (chiffres de 2019).

Golub *et al.*, 2018 ; Golub et Hayat, 2015 ; Malikane, 2015) (graphiques 1.11). Cette précision fait figure de défi pour les pays subsahariens à revenu faible ou intermédiaire, tranche inférieure, qui sont désavantagés par rapport aux pays en développement d'autres régions du monde dans la production de biens échangeables nécessitant beaucoup de capital et de main-d'œuvre.

En effet, certains pays subsahariens ont non seulement un coût du travail plus élevé que certains pays asiatiques mais aussi un coût du capital plus élevé : le coût du capital au Kenya est par exemple plus de neuf fois celui du Bangladesh (Gelb *et al.*, 2017). L'évolution du coût du travail n'a pas été la même dans tous les pays qui ont connu une croissance de l'emploi dans l'industrie : les salaires et la valeur ajoutée par salarié ont augmenté en Éthiopie mais ont diminué en Côte d'Ivoire (Abreha *et al.*, 2019). Ces résultats invitent à étudier plus en profondeur l'évolution des coûts unitaires de main d'œuvre.

Les données empiriques soulignent l'importance, pour encourager la participation à des CVM, des facteurs complémentaires ainsi que de mesures spécifiques dans divers domaines comme les normes, la connexion Internet et les réseaux de câbles, l'éducation et les compétences (Farole et Winkler, 2014 ; Kummritz, Taglioni et Winkler, 2017). Dans l'élaboration des politiques d'action, il faut veiller : (1) à planifier les différentes mesures dans le temps ;

Graphiques 1.11 Coûts unitaires de main d'œuvre et salaires dans les pays en développement fortement impliqués dans les chaînes de valeur mondiales

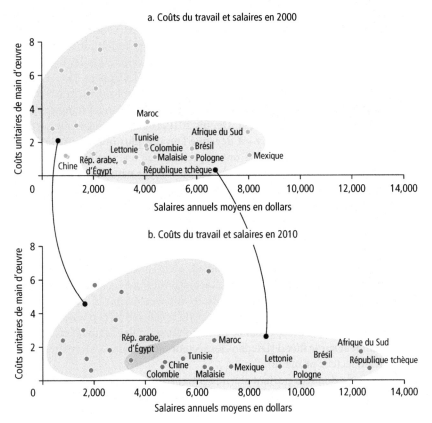

a. Coûts du travail et salaires en 2000

b. Coûts du travail et salaires en 2010

Source : Ahmad et Primi, 2017.

(2) à coordonner les différentes instances gouvernementales et les régions (pour éviter, par exemple, que des mesures ne soient mises en places puis supprimées à différents niveaux de responsabilité et que la concurrence entre les régions n'érode la base d'imposition) ; (3) à minimiser les incertitudes de mise en œuvre qui peuvent miner les bonnes intentions et exposer les entreprises à des risques inutiles.

Autre canal de transfert de technologie, les investissements directs étrangers (IDE) peuvent doper la croissance, réduire la pauvreté et aider les pays à intégrer des CVM (Agrawal, 2015 ; Alfaro *et al.*, 2004 ; Lall, 2000). Les IDE ont un effet positif sur le marché du travail dans la mesure où ils augmentent les salaires et créent de l'emploi (Blalock et Gertler, 2008). Ndikumana et Verick (2008) ont montré qu'en Afrique subsaharienne, les IDE ont un effet multiplicateur (*crowding in*) sur l'investissement domestique et que les pays auraient tout intérêt à améliorer leur climat d'investissement. La plupart des IDE concernent cependant des secteurs peu techniques et ont des effets limités sur les transferts de technologie et l'emploi. Seule l'Afrique de l'Est, parmi toutes les régions du continent, a connu une augmentation des IDE entre les années 2005–2008 et 2015–2018. L'une des raisons de cette exception est probablement la récente augmentation de la délocalisation de la production chinoise en Éthiopie et dans d'autres endroits d'Afrique de l'Est. Depuis 2010, la Chine a augmenté ses IDE en Afrique subsaharienne et y est devenue l'un des plus importants investisseurs[18]. Dans cette région, les IDE ont en premier lieu une stratégie de marché ; viennent ensuite les IDE visant l'accès aux ressources naturelles puis ceux, en quantité négligeable, liés au tourisme. Les IDE ciblant les ressources naturelles, plus fréquents en Afrique subsaharienne qu'ailleurs, ont un impact plus faible sur la création d'emploi (Abate et Engel, à paraître).

Un grand nombre d'études sur les IDE montre que l'environnement des affaires a une incidence importante sur le flux des investissements dans les pays en développement, y compris en Afrique subsaharienne. Walsh et Yu (2010) ont par exemple analysé l'effet de facteurs macroéconomiques et institutionnels sur le flux d'IDE dans les marchés émergents. Ils ont constaté que le taux de change, la profondeur du système financier, le taux de scolarisation et des facteurs institutionnels comme l'indépendance de la justice et la flexibilité du marché du travail influent sur le flux d'IDE dans les secteurs secondaires et tertiaires (mais pas dans le secteur primaire).

À partir de données portant sur des entreprises implantées dans 709 villes de 128 pays, Reyes, Roberts et Xu (2017) ont étudié le rôle de l'environnement des affaires au niveau infranational en utilisant comme indicateurs la sécurité des personnes, l'accès aux capitaux, les infrastructures, la présence ou non d'une forte agglomération économique, le capital humain, le droit du travail, les impôts et l'accès à la propriété terrienne. Kariuki (2015) a montré dans une étude menée entre 1985 et 2010 sur trente-cinq économies africaines que les infrastructures, l'ouverture au commerce et l'évolution du marché boursier avaient un effet positif significatif sur le flux d'IDE, tandis que des risques économique, politique et financier élevés avaient un effet négatif. Dans une autre étude, à paraître prochainement, réalisée entre 2010 et 2016 sur une série de villes de quinze pays d'Afrique australe, Abate et Engel ont mis en évidence que la corruption, les impôts et l'accès aux capitaux avaient une incidence importante sur le flux d'IDE.

Le plus important, peut-être, pour créer un environnement des affaires favorable qui permette à la main-d'œuvre subsaharienne de récolter les bénéfices des technologies numériques et de profiter pleinement des IDE et d'une meilleure intégration aux CVM, est de rehausser le faible niveau de capital humain dans la région. C'est pourquoi le prochain chapitre est consacré au capital humain. Il y est montré que l'Afrique subsaharienne doit s'attacher à former des innovateurs. Elle doit créer une masse critique d'inventeurs et d'entrepreneurs hautement qualifiés pour permettre aux différents pays de saisir les opportunités fournies par les technologies numériques et par une plus grande intégration économique. Grâce à des technologies numériques adaptées aux capacités et aux besoins locaux, la main-d'œuvre subsaharienne peu qualifiée pourra acquérir les compétences qui lui manquent.

En résumé, l'Afrique subsaharienne doit moins s'inquiéter des relocalisations, vis-à-vis desquelles l'inquiétude est sans doute exagérée, que de son faible niveau d'intégration dans le marché mondial, autant pour ce qui est des chaînes de valeur mondiales (CVM) que des investissements directs étrangers (IDE) qui sont considérés comme les canaux par lesquels les entreprises étrangères de pointe transfèrent leur technologie. Les CVM ont eu un effet limité sur l'emploi en Afrique subsaharienne. Pour accroître la participation dans des CVM et attirer des IDE, les pays subsahariens doivent améliorer leur productivité, ainsi que les facteurs complémentaires et l'environnement des affaires.

Recommandations et futur programme de recherche

Ce qui suit constitue une série de recommandations cherchant à promouvoir une vision équilibrée et nuancée du modèle émergent de développement industriel à l'âge de la numérisation et des réseaux de production mondiaux.

- *Rattraper le retard dans les infrastructures numériques, assurer un accès haut débit à prix abordable et améliorer le cadre légal.* L'harmonisation entre pays de la région doit se poursuivre grâce à une augmentation de la capacité régulatrice au moyen de plateformes régionales et permettre : (1) de distribuer les aides financières plus efficacement afin de promouvoir un accès généralisé au numérique et ainsi réduire la pauvreté ; (2) de rendre plus efficace le cadre réglementaire pro-concurrence des infrastructures numériques afin de créer des marchés plus vastes. Les interactions positives entre les aides (pour stimuler la demande) et la baisse des coûts (obtenue par le partage et les échanges d'actifs de production, ainsi que par de plus grandes économies d'échelle) devraient permettre à des marchés plus vastes d'accueillir plus d'opérateurs.

- *Soutenir le développement des compétences numériques.* Pour améliorer les flux de compétences numériques, les mesures pourraient viser à améliorer la qualité de l'enseignement en mettant l'accent, dans les programmes éducatifs, sur les compétences socio-émotionnelles et entrepreneuriales.

Pour améliorer le stock de compétences numériques, les mesures pourraient viser à augmenter la productivité de la main-d'œuvre en permettant aux travailleurs d'utiliser des technologies améliorant leurs performances. Il faut : (1) former la main-d'œuvre, notamment aux outils numériques de base et autres compétences numériques, pour qu'elle puisse adapter ses compétences à l'évolution permanente des besoins des entreprises ; (2) aider les jeunes et les entreprises des secteurs de pointe, et notamment développer des contenus numériques adaptés au contexte et soutenir la diffusion d'innovations locales ; (3) améliorer l'écosystème économique pour les entreprises et les start-ups ; (4) faciliter la formation des actifs peu qualifiés aux technologies améliorant leurs performances.

• *Renforcer les facteurs complémentaires et améliorer l'environnement des affaires.* Certains éléments complémentaires, comme la fourniture d'électricité, les infrastructures et le capital humain sont déterminants pour développer le numérique. L'adoption de technologies numériques comme Internet ne pourra permettre de stimuler l'emploi peu qualifié que si elle est accompagnée d'une augmentation suffisante de la production, laquelle sera facilitée par une plus grande concurrence sur le marché des produits, un accroissement des investissements dans les transports et la logistique, l'intégration régionale, une baisse des coûts des échanges et une augmentation des exportations. À l'heure de l'innovation numérique, la clé est de créer un environnement qui soit propice à la diversification, à l'innovation et à la productivité, en s'efforçant de maintenir les coûts unitaires de main-d'œuvre à un bas niveau pour les biens échangeables nécessitant beaucoup de main-d'œuvre et de capital.

• *Encourager l'intégration régionale.* Outre l'environnement des affaires, les politiques commerciales et d'investissement ont un rôle à jouer dans l'intégration des entreprises subsahariennes aux chaînes de valeur mondiales et dans le renforcement des investissements directs étrangers (IDE) motivés par l'accès au marché et la recherche d'efficacité qui permettent de créer davantage d'emplois que les IDE motivés par l'accès aux ressources naturelles. Les marchés de nombreux pays subsahariens étant relativement petits, l'intégration régionale (notamment par le biais de la ZLECAf) peut être un outil important pour stimuler les échanges commerciaux et les IDE. Simultanément, l'innovation technologique pourrait aider l'Afrique subsaharienne à tirer un meilleur profit du commerce régional et des liens industrie-services.

Pour soutenir les entreprises et la main-d'œuvre et leur permettre de tirer profit des technologies numériques, il faudra adopter des solutions qui ont fait la preuve de leur efficacité.

• Nos connaissances sont limitées dans plusieurs domaines, notamment : (1) les technologies innovantes qui permettraient d'étendre l'accès aux technologies numériques et de les rendre plus abordables (par exemple avec des satellites basse orbite moins coûteux) ; (2) l'évaluation rigoureuse, dans les pays à faible revenu, de la composition des compétences et des effets des technologies numériques sur la croissance nette de l'emploi ; (3) les moyens efficaces pour aider les personnes les moins qualifiées à se former aux nouvelles technologies et pour développer et diffuser des technologies numériques pour les moins compétents ; (4) l'évaluation des effets de technologies numériques spécifiques sur les avantages comparatifs de l'Afrique subsaharienne ; (5) l'évaluation du temps qu'il faudrait pour que les technologies numériques les plus récentes aient plus d'effets sur la croissance et l'inclusion sociale en Afrique subsaharienne ; (6) un meilleur usage des sources d'informations non traditionnelles comme les mégadonnées, avec le renfort de l'apprentissage automatique, pour apporter des éléments aux réflexions sur les politiques d'action en Afrique subsaharienne.

- Le rapport *Digital Africa : Building the Infrastructure Foundations and Facilitating the Adoption of Technologies for Jobs* (Begazo-Gomez, Blimpo et Dutz, à paraître) et les recherches de longue date qui lui sont associées pourraient combler certaines lacunes dont pâtissent nos connaissances, notamment : (1) les principaux obstacles à la diffusion et l'adoption des technologies numériques en Afrique ; (2) comment mieux évaluer l'impact des technologies numériques sur la productivité, la production et l'emploi ; (3) comment mieux évaluer l'impact des technologies numériques sur la réduction de la pauvreté et l'inclusion sociale ; (4) les bénéfices d'une infrastructure numérique et d'une régulation du spectre africaines, ainsi que les mesures à prendre pour permettre leur mise en œuvre ; (5) enfin, ils pourraient nous donner un agenda pour le monde numérique de demain au niveau national, régional et continental.

Annexe 1A. Les données LinkedIn : une source bienvenue mais à manier avec précaution

Les données LinkedIn, que nous devons à une coopération entre le Groupe Banque mondiale et LinkedIn, offrent un panorama unique du marché du travail dans certains secteurs industriels parmi les plus dynamiques du monde. Elles proviennent d'un échantillon Web non aléatoire d'acteurs du marché de l'emploi de plus de cent pays, structuré sous la forme d'une taxonomie unique optimisée pour permettre des analyses comparatives entre pays et entre industries. Ces données non conventionnelles prennent le pouls du marché de l'emploi en temps réel en suivant ses tendances et l'évolution des compétences à partir des informations fournies par les utilisateurs de LinkedIn. Le recours à des ensembles de données issus du Web pour effectuer une analyse économique du marché de l'emploi suscite de plus en plus d'intérêt car il permet de forger de nouveaux indicateurs permettant d'apporter un éclairage sur des aspects non couverts par les sources d'information traditionnelles (Hammer, Kostroch et Quiros, 2017). Ces dernières années, on a pu voir de nombreuses applications de ce type de données dans la littérature spécialisée (Antenucci *et al.*, 2014 ; Askitas et Zimmermann, 2009, 2015 ; Chancellor et Counts, 2018 ; Gandomi et Haider, 2015 ; Guerrero et Lopez, 2017).

Les mégadonnées sont d'autant plus utiles dans le contexte de l'Afrique subsaharienne que nous ne disposons que de peu d'informations sur les nouveaux types de compétences comme les compétences numériques. Par exemple, sur les dix-sept pays du monde dans lesquels la Banque mondiale a mené des enquêtes sur les compétences, deux seulement sont des pays subsahariens, le Ghana (*Enquête auprès des ménages* de 2013) et le Kenya (*Enquête auprès des entreprises* de 2017). Si les données Web ont été utilisées pour des analyses du marché de l'emploi dans plusieurs pays, principalement aux États-Unis mais aussi récemment en Inde (Nomura *et al.*, 2017), il n'existe semble-t-il aucune publication qui utilise ce type de données pour une analyse des compétences en Afrique subsaharienne. L'exploitation de mégadonnées en Afrique subsaharienne se limite à des initiatives de partage d'informations qui font appel à des données d'opérateurs de télécommunication et d'argent mobile (M-Pesa) pour mesurer l'impact de l'utilisation de ces services sur les finances personnelles (Mbiti et Weil, 2016).

L'utilisation de données LinkedIn et d'autres mégadonnées issues d'Internet a cependant ses limites et ses inconvénients. Tout d'abord, LinkedIn représente principalement les cols blancs qualifiés, employés pour l'essentiel dans des secteurs performants. Ensuite, il faut mettre en garde s'agissant des comparaisons entre pays et entre régions du monde. Par exemple, les différences entre pays dans la taille des échantillons et dans la distribution des emplois posent problème. Si ces différences sont prises en compte par les indicateurs qui figurent dans les ensembles de données, ce sont de potentielles sources de distorsion qu'il ne faut pas perdre de vue lors de l'interprétation. Lorsque c'est nécessaire, l'analyse présentée ici met en évidence les différences de composition des échantillons de membres dans les comparaisons entre pays et régions du monde. On trouvera des explications détaillées sur la représentativité des indicateurs et des données dans le document présentant la méthodologie utilisée par le tandem Banque mondiale – LinkedIn (Zhu, Fritzler et Orlowski, 2018).

Pour mieux mettre en lumière dans quelle mesure l'échantillon de membres LinkedIn est représentatif de la main-d'œuvre subsaharienne, ce rapport compare les informations des membres LinkedIn d'Afrique subsaharienne avec des données de l'Organisation internationale du travail sur la main-d'œuvre[19]. La comparaison montre, d'une part, que les membres LinkedIn subsahariens sont très présents dans l'informatique, la finance, l'assurance et les activités scientifiques et techniques ; d'autre part, que l'agriculture, la vente en gros et l'industrie sont relativement mal représentées. En complément des exercices de validation figurant dans le rapport du tandem Banque mondiale – LinkedIn, les auteurs du présent rapport ont constaté une corrélation entre les chiffres d'émigration d'Afrique subsaharienne de LinkedIn et ceux de l'OCDE (2016).

Notes

1. Les technologies numériques sont toutes plus ou moins fondées sur des combinaisons des chiffres 0 et 1 qui permettent de compresser, stocker et transmettre d'énormes quantités d'informations. Elles réduisent les coûts de recherche, de duplication, de transport, de suivi et de vérification, créant ainsi d'importantes économies d'échelle (de multiples produits connexes voient le jour), des effets de réseau (de nouveaux utilisateurs augmentent la valeur du produit pour d'autres utilisateurs) et des boucles de rétroaction (Goldfarb et Tucker, 2019).
2. Des études supplémentaires sont nécessaires pour comprendre l'importance relative de ces mécanismes et déterminer si l'adoption des technologies numériques favorisent davantage l'inclusion sociale dans les pays subsahariens à faible revenu que dans les pays à revenu élevé.
3. Banque mondiale, Indicateurs du développement dans le monde 2019.
4. Il faut aussi mentionner le fait que les produits d'export subsahariens sont moins vulnérables à l'automatisation (FMI, 2018, indice de vulnérabilité à l'automatisation des exportations par pays, cité par Brynjolfsson, Mitchell et Rock [2018]) et que la composition démographique des pays subsahariens contraste avec celle des pays développés où le vieillissement de la population encourage une automatisation (industrielle) plus importante (Acemoglu et Restrepo, 2018).
5. L'encadré 3.1, dans l'étude de Dutz, Almeida et Packard (2018), résume les résultats d'un modèle développé par Brambilla (2018) qui prolonge le modèle d'adoption des technologies numériques, axé sur la tâche à accomplir, d'Acemoglu et Autor (2011) en permettant une variation réaliste de l'efficacité de la production pour les entreprises et des différences de salaires d'une entreprise à l'autre. Ce sera résumé plus loin dans le chapitre dans l'encadré 1.2.
6. Bessen (2019) analyse la dynamique de la productivité et de la croissance de l'emploi dans l'industrie des textiles en coton, la sidérurgie et l'industrie automobile aux États-Unis et montre comment, lorsque la demande est élastique et pas encore satisfaite dans ces secteurs, une forte augmentation de la productivité s'accompagne d'une croissance encore plus forte de l'emploi, puis par un déclin de l'emploi à un stade de maturité ultérieur. Il interprète ce processus par un modèle de demande finale hétérogène qui évolue avec le temps : la baisse des prix qui accompagne l'augmentation initiale de la productivité permet à des produits excessivement chers de devenir abordables et de s'ouvrir à une consommation de masse ; ainsi se crée une demande colossale. Une fois que les énormes besoins ont été satisfaits et que la demande perd en élasticité, de nouveaux gains de productivité dans ces secteurs peuvent réduire le nombre d'emplois.

7. Les informations de ce paragraphe proviennent d'une étude de la Banque mondiale (2019a), qui exploite des données de la GSMA (2018) et de l'Union internationale des télécommunications (base de données 2018 sur les indicateurs des télécommunications/TIC dans le monde).

8. Données de l'Union internationale des télécommunications (base de données 2018 sur les indicateurs des télécommunications/TIC dans le monde).

9. Certaines études montrent par exemple que les investissements dans les technologies numériques et leur utilisation contribuent plus fortement à la productivité et à la croissance des revenus aux États-Unis que dans l'Union européenne (voir Bloom *et al.*, 2010 ; Pilat et Lee, 2001).

10. Voir le site Internet de Safaricom : https://www.safaricom.co.ke/.

11. Les compétences numériques considérées, telles que les définit LinkedIn, sont : l'animation, l'intelligence artificielle, le *cloud computing*, le matériel informatique, la science des réseaux, la cybersécurité, la science des données, les technologies de stockage d'information, la conception d'outils de programmation, l'habileté numérique, les progiciels, la programmation de jeux vidéo, le graphisme, l'interaction homme-machine, le développement d'applications mobiles, les sciences numériques, les réseaux sociaux, le cycle de développement de logiciels, le test informatique, le support technique et la programmation Web.

12. L'UNESCO définit l'habileté numérique comme l'aptitude à accéder à des informations, à les traiter, les comprendre, les intégrer, les communiquer, les évaluer et à en créer, en toute sécurité et correctement, au moyen d'appareils numériques et de technologies en réseau, en vue de pouvoir participer à la vie économique et sociale. Elle recouvre plusieurs compétences que l'on appelle diversement : alphabétisme informatique, littératie informationnelle, usage des médias.

13. L'OCDE souligne que les compétences informatiques ne suffisent pas pour pouvoir s'épanouir dans l'économie numérique. Une grande diversité de compétences complémentaires sont nécessaires, à commencer par de solides compétences en lecture, écriture et calcul, mais aussi de bonnes compétences socio-émotionnelles pour pouvoir travailler en équipe et s'adapter.

14. Les données sur l'accès à Internet, à la téléphonie mobile et au réseau électrique proviennent des Indicateurs du développement dans le monde de la Banque mondiale.

15. Pour en savoir plus sur la Reshoring Initiative, consultez http://www.reshorenow .org/.

16. Ils ont calculé qu'une augmentation de 10 % de l'automatisation dans les industries des pays développés accroît non seulement leurs exportations vers les pays en développement de 11,8 % mais aussi leurs importations en provenance de ces pays de 6,1 %. Ils expliquent que l'automatisation baisse les coûts de production des pays développés, par rapport aux coûts de production à l'étranger, et les rend ainsi plus compétitifs. L'automatisation permet donc aux pays développés d'augmenter leur production et d'accroître leurs importations de biens intermédiaires en provenance des pays en développement. Les auteurs mesurent l'automatisation en étudiant le rapport entre le nombre moyen de robots et le nombre d'heures travaillées entre 1993 et 2015, en se basant sur des données de la Fédération internationale de la robotique.

17. Banque mondiale, Indicateurs du développement dans le monde.
18. Base de données fDi Markets du *Financial Times.*
19. Sont comparées les données LinkedIn par secteur industriel de 2017 avec les données de l'Organisation internationale du travail sur l'emploi industriel pour la période 2015-2017 (OIT, 2018), et ce pour la Côte d'Ivoire, l'Éthiopie, le Ghana, Madagascar, le Mali, Maurice, le Mozambique, la Namibie, le Rwanda, le Sénégal, la Tanzanie et le Zimbabwe. Le rapport explore également les possibilités de croiser les données de LinkedIn sur les compétences au Kenya avec le programme d'évaluation des compétences STEP de la Banque mondiale au Kenya (2016-2017). Les différences de définitions des emplois et de méthodologie empêchent cependant d'établir une comparaison claire.

Bibliographie

Abate, G. et Engel, J. À paraître. « FDI in the SADC Region: Stylized Facts, Determinants and Impacts. » Banque mondiale, Washington.

Abreha, K. *et al.*, 2019. « Manufacturing Job Growth in Africa: What Is Driving It and What Will Sustain It? The Cases of Côte d'Ivoire and Ethiopia ». Inédit, Banque mondiale, Washington.

Acemoglu, D. et Autor, D. 2011. « Skills, Tasks and Technologies: Implications for Employment and Earnings ». *In* Ashenfelter, O. et Card, D. (dir.), *Handbook of Labor Economics, vol. 4.* San Diego: North Holland, p. 1043-1171.

Acemoglu, D. et Restrepo, P. 2018. « Demographics and Automation ». Document de travail n° 24421, Bureau national de recherche économique (NBER), Cambridge, É.-U.

Agrawal, G. 2015. « Foreign Direct Investment and Economic Growth in BRICS Economies: A Panel Data Analysis ». *Journal of Economics, Business and Management* vol. 3, n° 4, p. 421-424.

Ahmad, N. et Primi, A. 2017. « From Domestic to Regional to Global: Factory Africa and Factory Latin America? ». In *Global Value Chain Development Report 2017: Measuring and Analyzing the Impact of GVCs on Economic Development*, Chapitre 3. Genève : Organisation mondiale du commerce.

Aker, J. *et al.* 2013. « How Do Electronic Transfers Compare? Evidence from a Mobile Money Cash Transfer Experiment in Niger ». Université Tufts, Medford.

Aker, J. et Wilson, K. 2013. « Can Mobile Money Be Used to Promote Savings? Evidence from Northern Ghana ». Document de travail n° 2012-003, SWIFT Institute, Londres.

Alfaro, L. *et al.*, 2004. « FDI and Economic Growth: The Role of Local Financial Markets ». *Journal of International Economics* vol. 64, n° 1, p. 89-112.

Alibhai, S. *et al.*, 2018. « Disruptive Finance: Using Psychometrics to Overcome Collateral Constraints in Ethiopia ». Document de travail, Banque mondiale, Washington.

Antenucci, D. *et al.* 2014. « Using Social Media to Measure Labor Market Flows ». Document de travail n° 20010, Bureau national de la recherche économique (NBER), Cambridge, É.-U.

Artuc, E., Bastos, P. et Rijkers, B. 2018. « Robots, Tasks and Trade ». Document de travail de recherche sur les politiques n° 8674, Banque mondiale, Washington.

Askitas, N. et Zimmermann, K. F. 2009. « Google Econometrics and Unemployment Forecasting ». *Applied Economics Quarterly* vol. 55, n° 2, p. 107–120.

——. 2015. « The Internet as a Data Source for Advancement in Social Sciences ». *International Journal of Manpower* vol. 36, n° 1, p. 2–12.

BAfD, OCDE et PNUD (Banque africaine de développement, Organisation de coopération et de développement économiques et Programme des Nations unies pour le développement). 2014. *African Economic Outlook 2014: Global Value Chains and Africa's Industrialisation.* Paris : BAfD, OCDE et PNUD.

Banga, K. et te Velde, D. W. 2018. « Digitalisation and the Future of Manufacturing in Africa ». Programme SET (Supporting Economic Transformation), Overseas Development Institute, Londres.

Banque mondiale. 2016. *World Development Report 2016: Digital Dividends.* Washington : Banque mondiale.

——. 2019a. *Africa's Pulse: An Analysis of Issues Shaping Africa's Economic Future*, vol. 19. Washington : Banque mondiale.

——. 2019b. *World Development Report 2019: The Changing Nature of Work.* Washington : Banque mondiale.

——. 2020. *Boosting Productivity in Sub-Saharan Africa.* Washington : Banque mondiale.

——. À paraître (a). *Industrializing for Jobs in Africa?* Washington : Banque mondiale.

——. À paraître (b). *Services-Led Development: Myth or Reality?* Washington : Banque mondiale.

Begazo-Gomez, T., Blimpo, M. P. et Dutz, M. A. À paraître. *Digital Africa: Building the Infrastructure Foundations and Facilitating the Adoption of Technologies for Jobs.* Washington : Banque mondiale.

Bessen, J. 2019. « Artificial Intelligence and Jobs: The Role of Demand ». *In* Agrawal, A., Gans, J. et Goldfarb, A. (dir.), *The Economics of Artificial Intelligence: An Agenda.* Cambridge : Bureau national de la recherche économique (NBER), p. 291–307.

Blalock, G. et Gertler, P. 2008. « Welfare Gains from Foreign Direct Investment through Technology Transfer to Local Suppliers ». *Journal of International Economics* vol. 74, n° 2, p. 402–421.

Bloom, N. *et al.* 2010. « The Economic Impact of ICT ». SMART n° 2007/0020, Centre for Economic Performance, London School of Economics, Londres.

Brambilla, I. 2018. « Digital Technology Adoption and Jobs: A Model of Firm Heterogeneity ». Document de travail de recherche sur les politiques n° 8326, Banque mondiale, Washington.

Brynjolfsson, E., Hui, X. et Liu, M. 2018. « Does Machine Translation Affect International Trade? Evidence from a Large Digital Platform ». Document de travail n° 24917, Bureau national de la recherche économique (NBER), Cambridge, É.-U.

Brynjolfsson, E., Mitchell, T. et Rock, D. 2018. « What Can Machines Learn, and What Does It Mean for Occupations and the Economy? ». *AEA Papers and Proceedings* vol. 108 (mai), p. 43–47.

Buehren, N. *et al.* 2018. « Salary Delays and Overdrafts in Rural Ghana ». *AEA Papers and Proceedings* vol. 108 (mai), p. 449–452.

Carranza, E. *et al.* 2018. « Working under Pressure: Improving Labor Productivity through Financial Innovation ». *Policy Brief* n° 31, Laboratoire d'innovation sur le genre, Banque mondiale, Washington.

Chancellor, S. et Counts, S. 2018. « Measuring Employment Demand Using Internet Search Data ». *Proceedings of the 2018 CHI Conference on Human Factors in Computing Systems*. Association for Computing Machinery, Montréal, p. 1-14.

Choi, J., Fukase, E. et Zeufack, A. 2019. « Global Value Chains, Competition and Markups: Firm-Level Evidence from Ethiopia ». Inédit, Banque mondiale, Washington.

Citigroup et Oxford Martin School. 2016. « Technology at Work v2.0: The Future Is Not What It Used to Be ». *Citi GPS: Global Perspectives and Solutions*, Janvier, Citigroup.

De Backer, K. *et al.* 2016. « Reshoring: Myth or Reality? ». *OECD Science, Technology and Industry Policy Papers* n° 27, Éditions de l'OCDE, Paris.

Deichmann, U., Goyal, A. et Mishra, D. 2016. « Will Digital Technologies Transform Agriculture in Developing Countries? ». Document de travail de recherche sur les politiques n° 7669, Banque mondiale, Washington.

Demirgüç-Kunt, A. et al. 2018. *The Global Findex Database 2017: Measuring Inclusion and the Fintech Revolution.* Washington : Banque mondiale.

Demombynes, G. et Thegeya, A. 2012. « Kenya's Mobile Revolution and the Promise of Mobile Savings ». Document de travail de recherche sur les politiques n° 5988, Banque mondiale, Washington.

Duflo, E. et Udry, C. 2004. « Intrahousehold Resource Allocation in Côte d'Ivoire: Social Norms, Separate Accounts and Consumption Choices ». Document de travail n° 10498, Bureau national de la recherche économique (NBER), Cambridge, É.-U.

Dutz, M. A., Almeida, R. K. et Packard, T. G. 2018. *The Jobs of Tomorrow: Technology, Productivity and Prosperity in Latin America and the Caribbean.* Série Directions du développement. Washington : Banque mondiale.

Dutz, M. A., *et al.* 2012. « Competition and Innovation-Driven Inclusive Growth ». *In* de Mello, L. et Dutz, M. A. (dir.), *Promoting Inclusive Growth: Challenges and Policies.* Paris : Éditions de l'OCDE, Chapitre 7.

Etzo, S. et Collender, G. 2010. « The Mobile Phone 'Revolution' in Africa: Rhetoric or Reality? ». *African Affairs* vol. 109, n° 437, p. 659–668.

Evans, D., Arias, O. et Santos, I. 2019. *The Skills Balancing Act in Sub-Saharan Africa: Investing in Skills for Productivity, Inclusivity, and Adaptability.* Washington : Banque mondiale.

Farole, T. et Winkler, D. (dir.) 2014. *Making Foreign Direct Investment Work for Sub-Saharan Africa: Local Spillovers and Competitiveness in Global Value Chains.* Série Directions du développement. Washington : Banque mondiale.

FMI (Fonds monétaire international). 2018. « The Future of Work in Sub-Saharan Africa ». In *Regional Economic Outlook: Sub-Saharan Africa—Capital Flows and the Future of Work*, Chapitre 3. Washington : FMI.

Frey, C. B. et Osborne, M. A. 2013. « The Future of Employment: How Susceptible Are Jobs to Computerisation? ». Document de travail, Programme Oxford Martin sur la technologie et l'emploi, Université d'Oxford.

Gandomi, A. et Haider, M. 2015. « Beyond the Hype: Big Data Concepts, Methods, and Analytics ». *International Journal of Information Management* vol. 35, n° 2, p. 137–144.

Gautam, B. *et al.* 2018. « Short-Term Impacts of Improved Access to Mobile Savings, with and without Business Training: Experimental Evidence from Tanzania ». Document de travail n° 478, Center for Global Development, Washington.

Gelb, A. *et al.* 2017. « Can Africa Be a Manufacturing Destination? Labor Costs in Comparative Perspective ». Document de travail n° 466, Center for Global Development, Washington.

Glaeser, E. L. 2018. « Framework for the Changing Nature of Work ». Document de travail préparatoire au *World Development Report 2019: The Changing Nature of Work*, Université Harvard, Cambridge, É.-U.

Goldfarb, A. et Tucker, C. 2019. « Digital Economics ». *Journal of Economic Literature* vol. 57, n° 1, p. 3–43.

Golub, S. S. *et al.* 2018. « Can Africa Compete with China in Manufacturing? The Role of Relative Unit Labour Costs ». *World Economy* vol. 41, n° 6, p. 1508–1528.

Golub, S. et Hayat, F. 2015. « Employment, Unemployment and Underemployment in Africa ». *In* Monga, C. et Lin, J. Y. (dir.), *The Oxford Handbook of Africa and Economics. Volume 1: Context and Concepts*. Oxford : Oxford University Press, p. 136–153.

GSMA. 2018. « The Mobile Economy Sub-Saharan Africa 2018 ». GSMA, Londres.

Guerrero, O. A. et Lopez, E. 2017. « Understanding Unemployment in the Era of Big Data: Policy Informed by Data-Driven Theory », *Policy & Internet* vol. 9, n° 1, p. 28–54.

Hallward-Driemeier, M. et Nayyar, G. 2017. *Trouble in the Making? The Future of Manufacturing-Led Development*. Washington : Banque mondiale.

Hammer, C., Kostroch, D. C. et Quiros, G. 2017. *Big Data: Potential, Challenges and Statistical Implications*. Washington : Fonds monétaire international.

Herbling, D. 2018. « National Bank Kenya Considering Branch Closures to Cut Costs ». *Bloomberg Markets*, 6 mars. www.bloomberg.com/news/articles/2018-03-06/national -bank-kenya-considering-branch-closures-to-cut-costs.

Heuser, C. et Mattoo, A. 2017. « Services Trade and Global Value Chains ». Document de travail de recherche sur les politiques n° 8126, Banque mondiale, Washington.

Hjort, J. et Poulsen, J. 2019. « The Arrival of Fast Internet and Employment in Africa ». *American Economic Review* vol. 109, n° 3, p. 1032–1079.

Islam, A., Muzi, S. et Rodriguez Meza, J. L. 2018. « Does Mobile Money Use Increase Firms' Investment? Evidence from Enterprise Surveys in Kenya, Uganda, and Tanzania ». *Small Business Economics* vol. 51, p. 687–708.

Jack, W. et Suri, T. 2014. « Risk Sharing and Transactions Costs: Evidence from Kenya's Mobile Money Revolution ». *American Economic Review* vol. 104, n° 1, p. 183–223.

Kariuki, C. 2015. « The Determinants of Foreign Direct Investment in the African Union ». *Journal of Economics, Business and Management* vol. 3, n° 3, p. 346–351.

Kelly, T. et Firestone, R. 2016. « How Tech Hubs Are Helping to Drive Economic Growth in Africa ». Document préparatoire au *World Development Report 2016: Digital Divide*. Banque mondiale, Washington.

Kummritz, V., Taglioni, D. et Winkler, D. 2017. « Economic Upgrading through Global Value Chain Participation: Which Policies Increase the Value-Added Gains? ». Document de travail de recherche sur les politiques n° 8007, Banque mondiale, Washington.

Ky, S., Rugemintwari, C. et Sauviat, A. 2018. « Does Mobile Money Affect Saving Behaviour? Evidence from a Developing Country ». *Journal of African Economies* vol. 27, n° 3, p. 285–320.

Lall, S. 2000. « FDI and Development: Policy and Research Issues in the Emerging Context ». Document de travail n° 43, Oxford Department of International Development, Université d'Oxford.

Laplume, A. O., Petersen, B. et Pearce, J. M. 2016. « Global Value Chains from a 3D Printing Perspective ». *Journal of International Business Studies* vol. 47, p. 595–609.

Lodefalk, M. 2015. « Servicification of Manufacturing Firms Makes Divides in Trade Policymaking Antiquated ». Document de travail n° 1/2015, Örebro University School of Business, Örebro.

Mahler, D. G., Montes, J. et Newhouse, D. L. 2019. « Internet Access in Sub-Saharan Africa ». *Poverty & Equity Note* n° 13, Groupe Banque mondiale, Washington.

Malikane, C. 2015. « The Theory of the Firm in the African Context ». *In* Monga, C. et Lin, J. Y. (dir.), *The Oxford Handbook of Africa and Economies. Volume 1: Context and Concepts*. Oxford : Oxford University Press, p. 86–103.

Mbiti, I. et Weil, D. N. 2016. « Mobile Banking: The Impact of M-Pesa in Kenya ». *In* Johnson, S. (dir.), *African Successes. Volume III: Modernization and Development*. Chicago : University of Chicago Press, p. 247–293.

Nayyar, G. 2011. « The Quality of Employment in India's Services Sector: Exploring the Heterogeneity ». *Applied Economics* vol. 44, n° 36, p. 4701–4719.

Ndikumana, L. et Verick, S. 2008. « The Linkages between FDI and Domestic Investment: Unravelling the Developmental Impact of Foreign Investment in Sub-Saharan Africa ». *Development Policy Review* vol. 26, n° 6, p. 713–726.

Ndung'u, N. 2018. « Next Steps for the Digital Revolution in Africa: Inclusive Growth and Job Creation Lessons from Kenya ». Initiative pour la croissance africaine, Brookings Institution, Washington.

Nomura, S. *et al.* 2017. « Toward Labor Market Policy 2.0: The Potential for Using Online Job-Portal Big Data to Inform Labor Market Policies in India ». Document de travail de recherche sur les politiques n° 7966, Banque mondiale, Washington.

OCDE (Organisation de coopération et de développement économiques). 2016. « Skills for a Digital World ». *Policy Brief on The Future of Work*, Éditions de l'OCDE, Paris.

OIT (Organisation internationale du travail). 2018. *World Employment and Social Outlook— Trends 2018*. Genève : OIT.

Pilat, D. et Lee, F. 2001. « Productivity Growth in ICT-Producing and ICT-Using Industries: A Source of Growth Differentials in the OECD? ». *OECD Science, Technology and Industry Working Papers* n° 2001/4, Éditions de l'OCDE, Paris.

Rehnberg, M. et Ponte, S. 2018. « From Smiling to Smirking? 3D Printing, Upgrading and the Restructuring of Global Value Chains ». *Global Networks* vol. 18, n° 1, p. 57–80.

Reyes, J.-D., Roberts, M. et Xu, L. C. 2017. « The Heterogeneous Growth Effects of the Business Environment: Firm-Level Evidence for a Global Sample of Cities ». Document de travail de recherche sur les politiques n° 8114, Banque mondiale, Washington.

Suri, T. et Jack, W. 2016. « The Long-Run Poverty and Gender Impacts of Mobile Money ». *Science*, vol. 354, n° 6317, p. 1288–1292.

Suède, Office national du commerce. 2016. « Trade Regulation in a 3D Printed World— A Primer ». Office national du commerce, Stockholm.

TeleGeography. 2018. *TeleGeography Report*. Carlsbad : PriMetrica, Inc.

The Economist. 2017. « Adidas's High-Tech Factory Brings Production Back to Germany ». 14 janvier.

UNESCO (Organisation des Nations unies pour l'éducation, la science et la culture). 2016. *Global Education Monitoring Report 2016—Education for People and Planet: Creating Sustainable Futures for All*. Paris : UNESCO.

Walsh, P. J. et Yu, J. 2010. « Determinants of Foreign Direct Investment: A Sectoral and Institutional Approach ». Document de travail n° 10/187, Fonds monétaire international, Washington.

Zhu, T. J., Fritzler, A. et Orlowski, J. A. K. 2018. « World Bank Group–LinkedIn Data Insights: Jobs, Skills and Migration Trends Methodology and Validation Results ». Groupe Banque mondiale, Washington.

Chapitre 2

Le Capital humain

Moussa P. Blimpo et Solomon Owusu

Introduction

À l'âge des technologies numériques, le capital humain pourrait constituer un levier pour accélérer la création d'emplois et parvenir à une plus grande inclusion sociale. Les nouvelles technologies transforment la nature des emplois et modifient les perspectives sur le marché du travail de travailleurs aux types de compétence différents. Le rôle de facteur de production indispensable joué par la main-d'œuvre est appelé à évoluer face aux continuelles avancées technologiques : elle devient progressivement un partenaire des machines plus compétent et complémentaire. Les technologies numériques créent de nouvelles opportunités mais dans le même temps frappent d'obsolescence certaines compétences plus rapidement à mesure que les emplois de la vieille économie cèdent le pas à des emplois d'un type nouveau (Banque mondiale, 2016). Le niveau, la qualité et la composition du capital humain vont jouer un rôle fondamental dans le monde du travail de demain. Des types de compétence spécifiques, comme le savoir-être, vont gagner en importance, de même que les compétences les plus pointues, nécessaires pour constamment innover. À cet égard, le *Rapport sur le développement dans le monde 2019* (RDM 2019) identifie plusieurs domaines où les politiques publiques devraient chercher, d'une part, à gérer les bouleversements créés par les technologies numériques sur le marché du travail, et d'autre part, à exploiter les opportunités offertes par ces technologies de manière à ce qu'elles bénéficient au plus grand nombre (Banque mondiale, 2019). Le caractère particulier des compétences, de la main-d'œuvre, des emplois et des structures de production en Afrique subsaharienne demande des analyses et des recommandations complémentaires pour tirer les bienfaits des nouvelles technologies.

Le RDM 2019 recommande de concentrer les efforts sur la création d'emplois stables dans le secteur privé formel pour ceux qui travaillent dans le secteur informel, peu productif. À l'heure actuelle, les offres d'emplois du secteur formel sont limitées dans la plupart des pays d'Afrique subsaharienne. Pour la plupart des actifs, le secteur informel apparaît comme le seul moyen de générer un revenu. Il continue de jouer un rôle-clé dans la structure économique de ces pays et ses caractéristiques particulières le rendent très résilient et lent à évoluer. Par ailleurs, le décalage potentiellement important entre les compétences de la main-d'œuvre et celles requises par le secteur formel risque d'être difficile à combler à court et moyen terme. Les problèmes liés au travail informel seront examinés plus en détail au chapitre 3.

Le RDM 2019 recommande d'investir largement dans le capital humain, plus précisément dans le développement de la petite enfance, l'enseignement supérieur, les programmes de formation continue, les compétences cognitives supérieures, les compétences socio-comportementales et la capacité d'adaptation, en plus de la lecture, de l'écriture et du calcul. L'Afrique subsaharienne accuse un retard de longue date dans la formation des compétences de base, ce qui crée un perpétuel goulot d'étranglement entravant la formation de compétences plus avancées (voir encadré 2.1). Par conséquent, tout en suivant les recommandations du RDM 2019 sur le développement à long terme d'un capital humain adéquat, elle doit en priorité s'attacher à former de fortes compétences de base

---

ENCADRÉ 2.1

Investissements insuffisants dans le développement de la petite enfance en Afrique subsaharienne

L'Afrique subsaharienne accuse déjà un retard dans la formation des compétences de base, ce qui crée un goulot d'étranglement entravant ensuite le développement des compétences supérieures chez les enfants, un groupe démographique de plus en plus nombreux. Près de 130 millions d'enfants de moins de 6 ans vivent dans cette région du monde. Chaque année, on compte 27 millions de naissances et 4,7 millions de décès d'enfants de moins de 5 ans. Environ 17,5 millions (65 %) de ces 27 millions de bébés connaîtront la pauvreté, 20 % n'iront peut-être jamais à l'école primaire ni au collège et 24 % des scolarisés décrocheront probablement, même si le taux d'achèvement des études scolaires (primaire et collège) est en constante augmentation. Seulement 12 % des enfants iront à l'école maternelle, un chiffre bien inférieur à la moyenne des pays en développement (36 %) et à la moyenne mondiale (50 %), ce qui n'est peut-être pas surprenant (Arias, Evans et Santos, 2019 ; Bashir et al., 2018 ; Garcia, Pence et Evans, 2008). Malgré des efforts pour augmenter les dépenses d'éducation depuis 2010, la part du budget de l'éducation alloué à l'école maternelle était d'un piètre 0,3 % en 2012 en Afrique subsaharienne, à comparer aux 8,8 %

(suite page suivante)

dépensés par l'Amérique du Nord et l'Europe occidentale la même année (Banque mondiale, 2019).

La qualité de l'enseignement en primaire et au collège est extrêmement faible. Les pays subsahariens ont en moyenne de moins bons résultats que les autres pays en mathématiques et en sciences au niveau du collège dans toutes les évaluations internationales (Bashir *et al.*, 2018). En outre, quatre programmes d'évaluation internationaux révèlent que les élèves de CE2, CM1 et CM2 continuent d'avoir des difficultés dans les exercices de lecture, d'écriture et de calcul. Les chiffres sont parfois stupéfiants. Dans six pays subsahariens sur dix, près de 40 % des élèves sont incapables de lire une seule lettre lorsqu'ils entrent en CE2, 70 % sont incapables de lire un paragraphe, 90 % sont incapables de lire un paragraphe entier et seulement 5 % arrivent à résoudre un problème de mathématique élémentaire. Et les élèves de familles pauvres sont encore plus désavantagés, leurs résultats sont les plus faibles parmi un échantillon déjà peu performant.

Les professeurs donnent trop peu d'heures d'enseignement au niveau élémentaire et le peu d'enseignement qu'ils donnent n'est pas efficace parce qu'ils n'ont pas le bagage pédagogique nécessaire. Une étude sur les professeurs du primaire dans sept pays subsahariens, qui représentent 40 % de la population d'Afrique subsaharienne, révèle qu'en moyenne environ 6 % des professeurs possèdent 80 % des connaissances d'un élève de CE2 et seulement 7 % ont les connaissances minimum requises pour enseigner (Bold *et al.*, 2017). Seulement 11 % des professeurs de l'étude étaient capables d'interpréter les données d'un graphique et seulement 15 % de résoudre un problème de mathématique difficile. Par ailleurs, seulement 31 % comprenaient la théorie des ensembles et seulement 35 % étaient capables de résoudre des problèmes d'algèbre. Si le taux de scolarisation augmente rapidement dans le primaire, la qualité de l'enseignement y est médiocre notamment parce que les écoles, principalement publiques, sont mal gérées par l'État (Bold *et al.*, 2017). Les pays de la région n'arrivant pas à donner à leurs enfants de fortes compétences de base, la population active en est affectée. Au Ghana et au Kenya, le niveau moyen de lecture des actifs urbains âgés de 25 à 64 ans est plus bas que dans les pays à revenu faible ou intermédiaire d'autres régions du monde. Parmi ces adultes, 82 % au Ghana et 65 % au Kenya ont obtenu des résultats au mieux de niveau 1 au test de lecture STEP, ce qui signifie qu'ils n'ont que des compétences de base en lecture[a].

a. Données du programme STEP (Skills Measurement Program de la Banque mondiale (voir https://microdata.worldbank.org/index.php/catalog/step/about).

ainsi que les compétences numériques fondamentales. Cette échelle des priorités est conforme à une recommandation antérieure du RDM à l'attention des économies numériques émergeantes dans lesquelles le socle des compétences de base demeure fragile (Banque mondiale, 2016).

L'Afrique subsaharienne connait un problème encore plus pressant, soluble à court ou moyen terme, causé par le manque d'investissement adéquat dans l'enseignement supérieur, notamment en STIM (science, technologie, ingénierie et mathématique). Comme, de surcroît, elle n'a pas intégré l'entrepreneuriat à son programme d'éducation général, elle se trouve dans l'impossibilité de faire émerger la masse critique d'inventeurs et d'entrepreneurs dont elle a désespérément besoin. Elle doit rectifier le tir pour pouvoir suivre le rythme de l'innovation, être compétitive dans un monde qui change rapidement et exploiter les technologies numériques afin de créer des emplois stables dans le secteur formel privé pour sa masse d'actifs et sa population croissante de travailleurs non qualifiés et de chômeurs. À cette fin, il faut donner la priorité à d'autres stratégies pour pouvoir pleinement tirer profit des technologies numériques. Les individus ayant autant besoin de compétences de base, comme la lecture et le calcul, que de compétences numériques pour utiliser les nouvelles technologies, l'Afrique subsaharienne doit en priorité accélérer l'acquisition et l'amélioration du capital humain. Les technologies numériques peuvent jouer un rôle dans ce processus car elles permettent : de renforcer l'apprentissage et d'améliorer les résultats par une meilleure interaction entre élèves et professeurs (Banque mondiale, 2018) ; de donner accès à l'enseignement à un plus grand nombre de personnes ; de permettre l'accès à un support d'apprentissage de qualité là où les professeurs n'ont pas les compétences nécessaires. Par ailleurs, dans le domaine de la santé publique, elles peuvent combler la pénurie de soignants en augmentant l'efficacité et la productivité du personnel disponible.

En outre, l'Afrique subsaharienne est plus que jamais connectée – plus d'un quart de la population utilise Internet actuellement – et le développement numérique s'accélère. Cela signifie qu'elle peut tirer profit des technologies numériques pour améliorer la productivité de la main-d'œuvre dans leurs emplois actuels. Mais elle doit aussi créer, dans le secteur privé formel, davantage de nouveaux emplois adaptés aux compétences actuelles de la population active. Ceci permettra de faire évoluer progressivement l'emploi vers des activités à plus forte productivité dans tous les secteurs. Plus de 60 % de la main-d'œuvre est constituée d'adultes peu qualifiés ayant besoin de travailler (voir encadré 2.2) ; leur apprendre à se servir des technologies numériques leur permettra de tirer profit des créations d'emploi dans le secteur formel (encadré 2.3). Pour ces adultes, l'utilisation de technologies numériques et d'applications adaptées à leur situation pourrait compenser leurs faibles compétences et faciliter l'exercice de métiers peu qualifiés dans la production et les services. Cependant, le développement de technologies numériques adaptées requiert des inventeurs et des entrepreneurs. Il permettra de créer des emplois dans le secteur privé formel ou du moins, les conditions de leur création. Atteindre de tels objectifs nécessitera des investissements intelligents et ciblés ainsi qu'une meilleure collaboration régionale entre universités, entreprises et partenaires internationaux expérimentés, afin de créer une masse critique d'inventeurs et d'entrepreneurs hautement qualifiés en sciences, en technologie et en gestion des affaires.

Les autres mesures à mettre en place sont notamment l'investissement dans des programmes de bourses qui incitent les étudiants à retourner dans leur pays à la fin de leurs études et une meilleure association de la diaspora par une mobilisation de son vivier de compétences, et notamment la mise à contribution des individus formés à l'entrepreneuriat et aux STIM. Enfin, les pays d'Afrique subsaharienne devront résoudre certains problèmes cruciaux affectant les acteurs économiques, par exemple soutenir financièrement les start-up dans leur phase de démarrage et investir suffisamment dans les infrastructures complémentaires (notamment garantir un accès fiable et abordable à l'électricité et à une connexion haut débit).

ENCADRÉ 2.2

L'illettrisme en Afrique subsaharienne

Du fait de la médiocrité de l'enseignement scolaire, les pays d'Afrique subsaharienne ont un important stock d'adultes illettrés, constamment alimenté par un flux important de nouveaux illettrés, et ce stock n'est pas appelé à diminuer au cours des prochaines années. Non seulement le recours aux technologies numériques permettra d'accroître la productivité de ce groupe de travailleurs dans leur emploi actuel, mais le fait de les doter des compétences nécessaires pour accéder à ces technologies et s'en servir les aidera à s'adapter à un monde du travail en pleine évolution. Cela leur donnera une nouvelle valeur sur le marché du travail et leur permettra de postuler à des emplois nouveaux et plus productifs, de saisir ces opportunités générées par les nouvelles technologies. Cela nécessitera cependant des dispositifs d'apprentissage et des programmes de formation continue efficaces.

Dans le monde, environ 2,1 milliards d'adultes en âge de travailler (15–64 ans) ont des difficultés de lecture et 16 % sont illettrés (Soares, Rocha et Ponczek, 2011 ; Banque mondiale, 2019). Dans la plupart des pays subsahariens, une part importante de la population adulte est illettrée (graphique E2.2.1). Environ 61 % des adultes en âge de travailler ne maîtrisent pas la lecture et 19,5 % des 15 ans et plus ne savent ni lire ni écrire (UIL, 2017). Les programmes d'apprentissage et d'éducation des adultes (AEA) sont importants pour doter les illettrés des compétences de base. Vu l'impact positif des programmes de formation continue en matière de productivité de la main-d'œuvre, d'employabilité, de cohésion sociale, d'engagement civique et de croissance économique durable, l'AEA représente un objectif prioritaire dans la plupart des pays subsahariens : vingt-six de ces pays possèdent une législation, une réglementation ou une autre initiative publique en faveur de l'alphabétisation des adultes (UIL, 2013) et dix-huit pays ont mis en place de nouvelles mesures d'AEA depuis 2009 (UIL, 2016).

(suite page suivante)

Graphique E2.2.1 **Illettrisme chez les individus âgés de 15 ans et plus en Afrique subsaharienne**

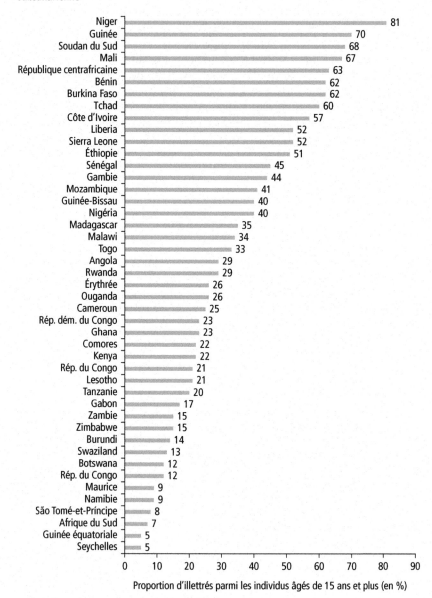

Proportion d'illettrés parmi les individus âgés de 15 ans et plus (en %)

Source : Banque mondiale d'après des données d'UIL, 2017.
Note : Le Swaziland s'appelle Eswatini depuis avril 2018

Exploiter les opportunités du numérique : Investir dans les compétences indispensables à l'économie moderne

Selon un rapport récent de la Banque mondiale, gérer les bouleversements et les opportunités générés par les technologies numériques sur le marché de l'emploi nécessite d'adopter des politiques publiques ciblées sur l'acquisition de solides compétences cognitives et socio-émotionnelles de base, sur l'apprentissage des compétences numériques fondamentales et sur la formation continue (Banque mondiale, 2016). L'Afrique subsaharienne va devoir y pourvoir en investissant stratégiquement dans les compétences nécessaires à chaque étape de la vie (voir schéma E2.3.1), vu l'état de développement des compétences de base dans cette région du monde et les besoins en numérique (Arias, Evans et Santos, 2019).

Afin de combler le retard en matière de compétences et de produire une main-d'œuvre polyvalente, productive, inclusive et adaptable, donc mieux préparée pour le monde du travail de demain, l'Afrique subsaharienne doit investir massivement dans les compétences cognitives et socio-émotionnelles de base au niveau du développement du jeune enfant (DJE). Une évaluation d'un programme de maternelle au Mozambique montre l'importance de la maternelle dans l'acquisition de solides compétences de base, socio-comportementales et socio-émotionnelles, au stade de la petite enfance. Il s'est avéré que les enfants ayant participé au programme avaient plus de facilité à interagir avec les autres. En outre, ils arrivaient mieux à maîtriser leurs émotions, à gérer le stress et étaient capables de suivre des instructions (Banque mondiale, 2019). Concernant les enfants et les adolescents, cette évaluation permet de formuler une recommandation : il faut investir dans le développement de ces compétences. Par ailleurs, il est nécessaire que les enfants acquièrent des compétences en technologies de l'information et de la communication, des compétences d'ordre supérieur

Schéma E2.3.1 Développement des compétences au cours du cycle de vie en Afrique subsaharienne

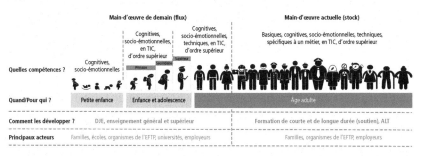

Source : Arias, Evans et Santos, 2019.
Note : DJE = développement du jeune enfant ; TIC = technologies de l'information et de la communication ; ALT = apprentissage sur lieu de travail ; EFTP = enseignement et formation techniques et professionnels.

(suite page suivante)

(compétences permettant la résolution de problèmes complexes, comme l'analyse critique ou la capacité de comprendre des concepts nécessitant un haut degré d'abstraction) et des compétences techniques.

Pour les adultes jeunes et moins jeunes, il ressort de l'évaluation qu'il faut investir dans toutes ces compétences, ainsi que dans les compétences techniques (enseignement et formation techniques et professionnels, programmes d'apprentissage), les compétences spécifiques à un métier (apprentissage sur le lieu de travail, entrepreneuriat numérique, programmes de formation à la gestion des affaires) et les compétences numériques.

Pour les adultes sans aucune instruction, soit parce qu'ils n'ont pas été scolarisés, soit parce qu'ils ont quitté l'école de bonne heure, et pour les adultes qui ont reçu un enseignement de mauvaise qualité et qui ont peu, ou n'ont pas du tout, de compétences de base, l'évaluation suggère qu'il faut leur fournir une seconde chance d'acquérir les compétences de base ainsi que les compétences numériques fondamentales. Compte tenu du caractère particulier de cette catégorie de personnes, il faut agir vite, notamment pour leur apprendre à s'adapter à un monde du travail en évolution. Les programmes proposés ne doivent pas se contenter d'enseigner les compétences de base, mais faire appel à une pédagogie spécifique qui prenne en compte la situation particulière de ces adultes et fasse le lien entre l'apprentissage et les perspectives d'emploi. De tels programmes doivent ainsi permettre d'accroître les chances des participants sur le marché du travail. Les gouvernements doivent mener et coordonner l'action des intervenants dans ce domaine afin de garantir une mise en œuvre efficace des programmes, qui puisse donner les meilleurs résultats dans la population ciblée.

Le capital humain et le monde du travail de demain : quelles sont les spécificités de l'Afrique subsaharienne ?

Le potentiel du capital humain pour le monde du travail de demain en Afrique subsaharienne

La qualité et la composition du capital humain vont jouer un rôle fondamental dans le monde du travail de demain. Des types de compétences particuliers, comme les savoir-être, vont gagner en importance, de même que les compétences supérieures nécessaires à la poursuite de l'innovation. Face à ces impératifs, l'Afrique subsaharienne a un faible niveau de capital humain et il est ainsi d'autant plus important de faire le meilleur usage possible du stock de compétences actuel et de bâtir des fondations plus solides pour préparer l'avenir.

Par rapport aux autres régions du monde, l'Afrique subsaharienne a la plus forte croissance de main-d'œuvre mais le niveau le plus bas de capital humain (graphique 2.1) et la plus grande proportion d'adultes peu qualifiés.

Graphique 2.1 Mauvaises performances des pays subsahariens en termes de capital humain selon l'ICH de la Banque mondiale

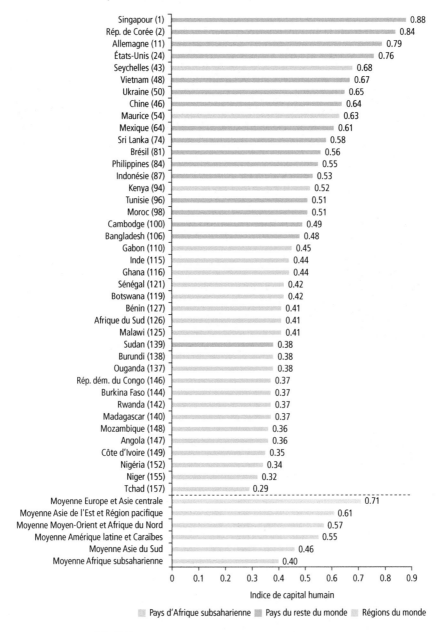

Source : Banque mondiale, 2019.
Note : Pour chaque pays, le nombre entre parenthèses indique son rang selon l'indice de capital humain.

De 2017 à 2030, on estime que la main-d'œuvre aura augmenté de 198 millions de personnes en Afrique subsaharienne, 11 millions de jeunes femmes et jeunes hommes devant entrer chaque année sur le marché de l'emploi durant la prochaine décennie. Du fait de la croissance rapide de la population en âge de travailler, le nombre de chômeurs a augmenté de plus de 1 million de 2017 à 2018 (OIT, 2018). Les performances de l'Afrique subsaharienne sont médiocres sur l'échelle de l'indice de capital humain de la Banque mondiale, notamment pour ce qui est de l'accès à un enseignement de qualité, le retard de croissance, et la mortalité maternelle et infantile (Banque mondiale, 2019) – tout cela étant aggravé par un taux de fécondité élevé qui fait que la croissance de revenu par personne n'est pas suffisante pour réduire la pauvreté. Ceci a même contribué à augmenter le nombre de pauvres, de 276 millions de personnes dans les années 1990 à 413 millions en 2015. Le système éducatif des pays subsahariens est en crise : 50 millions d'enfants ne sont pas scolarisés, les élèves apprennent très peu de choses dans les petites classes (graphique 2.2), les taux d'achèvement du secondaire sont bas, et les résultats sont faibles, de larges proportions d'élèves de CE1 étant incapables de lire un seul mot d'un texte (Arias, Evans et Santos, 2019). Un élève sur trois présente un retard de croissance [1], ce qui représente trois fois le taux d'Amérique latine et des Caraïbes. Et si la mortalité maternelle et infantile (moins de 5 ans) diminue, elle est toujours la plus élevée du monde.

Graphique 2.2 **Mauvais résultats des élèves dans de nombreux pays subsaharien**

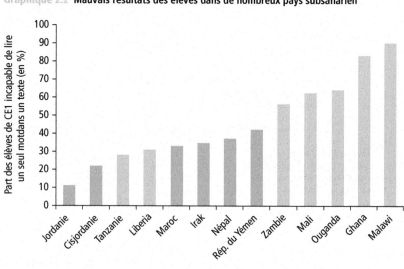

Source : Arias, Evans et Santos, 2019.

L'investissement dans le capital humain demeure une priorité en Afrique subsaharienne, afin de mieux préparer la main-d'œuvre aux opportunités des technologies numériques. Les possibilités toujours plus nombreuses qu'elles offrent en matière d'apprentissage et de dispense des soins font que de nombreux emplois, notamment les emplois peu qualifiés dans la production et les services de santé, ne requerront pas nécessairement de hautes compétences cognitives à l'embauche.

Au contraire, les technologies numériques (avec quelques compléments analogiques) peuvent compenser les faibles compétences. Elles peuvent également permettre un déploiement plus équitable et efficace des travailleurs hautement qualifiés et des services haut de gamme dans la santé et l'éducation, notamment dans les pays ayant une grave pénurie de main-d'œuvre dans le secteur du capital humain.

Mettre l'accent sur les emplois formels ? L'Afrique subsaharienne ne peut se permettre d'ignorer le secteur informel peu qualifié

Le RDM 2019 recommande de mettre l'accent sur les emplois formels stables. En Afrique subsaharienne, cependant, le secteur informel est vaste et persistant (graphique 2.3). Il est composé d'un important contingent de personnes aux compétences souvent inadaptées aux emplois formels d'aujourd'hui (graphiques 2.4 et 2.5). La plupart des économies subsahariennes ont un nombre d'emplois limité dans le secteur formel. Pour une grande partie de la main-d'œuvre, travailler dans le secteur informel est le seul moyen de se procurer un revenu en l'absence d'opportunités de travail salarié, comme on le verra de manière plus détaillée au chapitre 3.

L'emploi salarié compte pour moins de 20 % de l'emploi total au Burkina Faso, au Cameroun, en Éthiopie, à Madagascar, en Tanzanie et en Zambie (Adams, Johansson de Silva et Razmara, 2013 ; Benjamin et Mbaye, 2012 ; Böhme et Thiele, 2012 ; Cassim *et al.*, 2016 ; McKenzie et Sakho, 2010).

Malgré une augmentation régulière des emplois salariés en Afrique subsaharienne (graphique 2.3), la forte proportion de travailleurs indépendants persiste (graphique 2.4). Pour améliorer le bien-être de la population à court terme, il faut admettre cette persistance et concentrer les efforts sur des politiques et stratégies de développement des compétences faisant appel aux technologies numériques pour doper la productivité.

Les conditions sont de moins en moins propices à la création d'emplois formels dans les secteurs à forte productivité comme l'industrie et les services échangeables. Les services non-échangeables, souvent associés à un haut degré d'informalité, les emplois mal payés et les tâches peu qualifiées à faible productivité ont connu une croissance relativement rapide et absorbé la main-d'œuvre en surplus ayant quitté le secteur de l'agriculture, aux dépens des

Graphique 2.3 **L'emploi salarié en Afrique subsaharienne**

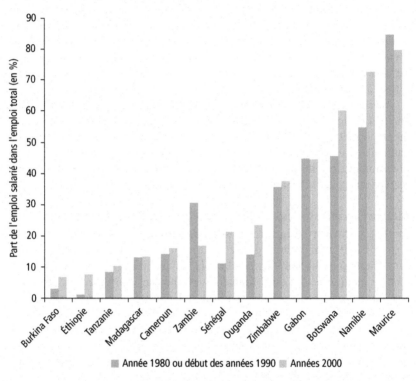

■ Année 1980 ou début des années 1990 ■ Années 2000

Source : Adams, Johansson de Silva et Razmara, 2013.

services échangeables et de l'industrie. Cette tendance va se poursuivre [2]. Faire appel aux technologies numériques pour améliorer la productivité de l'énorme quantité de main-d'œuvre travaillant dans ces secteurs doit être une priorité (encadré 2.4).

Le taux annuel de création d'emplois le plus élevé, en Afrique subsaharienne, concerne l'agriculture et les services non-échangeables, qui sont pour la plupart informels et connaissent une faible croissance de la productivité. Presque la moitié de la création d'emplois continue de se faire dans l'agriculture, même si ce secteur, qui connaît la plus faible croissance de la productivité depuis les années 1960, est actuellement en déclin. Dans les services, le taux annuel de création d'emplois le plus faible concerne les services aux entreprises (finances, assurance, immobilier…) et non dans les services commerciaux plus informels (gros et détail).

Graphique 2.4 Le travail indépendant en Afrique subsaharienne

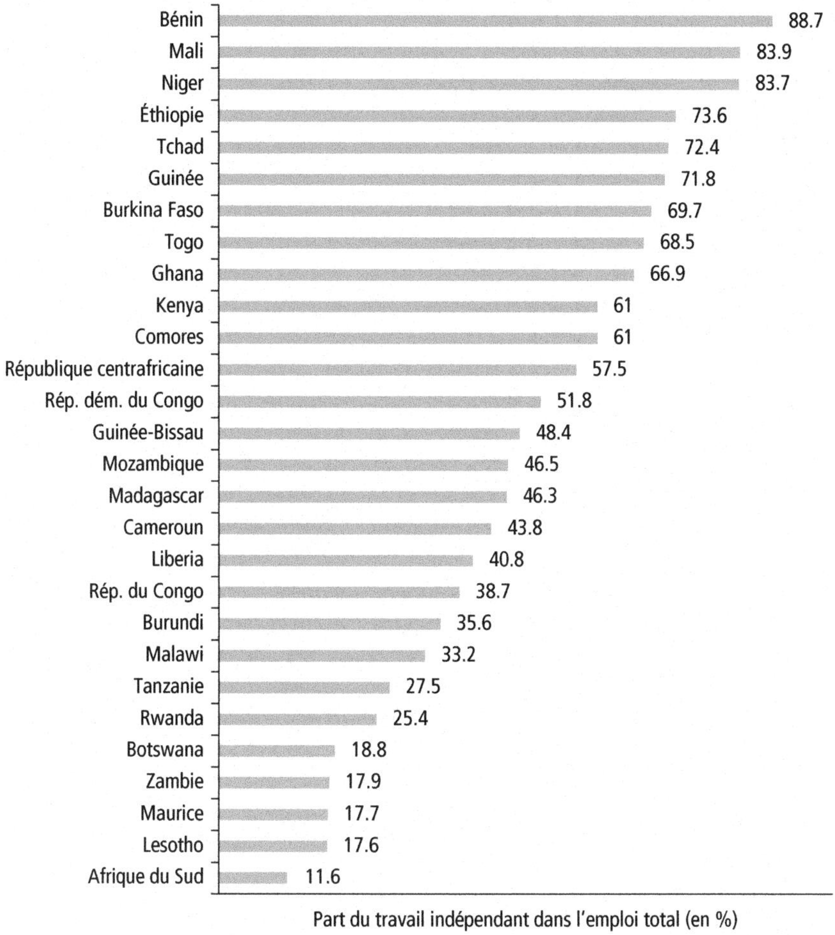

Pays	Valeur
Bénin	88.7
Mali	83.9
Niger	83.7
Éthiopie	73.6
Tchad	72.4
Guinée	71.8
Burkina Faso	69.7
Togo	68.5
Ghana	66.9
Kenya	61
Comores	61
République centrafricaine	57.5
Rép. dém. du Congo	51.8
Guinée-Bissau	48.4
Mozambique	46.5
Madagascar	46.3
Cameroun	43.8
Liberia	40.8
Rép. du Congo	38.7
Burundi	35.6
Malawi	33.2
Tanzanie	27.5
Rwanda	25.4
Botswana	18.8
Zambie	17.9
Maurice	17.7
Lesotho	17.6
Afrique du Sud	11.6

Part du travail indépendant dans l'emploi total (en %)

Source : Banque mondiale, d'après des données de Adams, Johansson de Silva et Razmara, 2013.
Note : Dans ce schéma, l'emploi agricole n'est pas compris dans le travail indépendant.

Les services aux entreprises ont de forts besoins en main-d'œuvre qualifiée et en capital, ce qui fait qu'ils peuvent difficilement absorber la main-d'œuvre venant d'autres secteurs. La moyenne annuelle de création d'emplois dans l'industrie demeure relativement basse par rapport aux deux autres secteurs, malgré une croissance plus forte de sa productivité (graphique 2.5) (Mensah *et al.*, 2018).

Graphique 2.5 **Impact sur la productivité de la forte augmentation du nombre d'emplois dans certains secteurs en Afrique subsaharienne, des années 1960 à 2015**

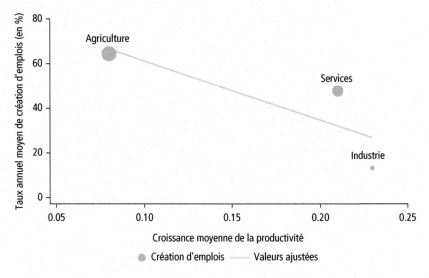

Source : Banque mondiale, d'après des données de Mensah *et al.*, 2018.
Note : Le taux annuel moyen de création d'emplois par secteur (des années 1960 à 2015) est confronté à la croissance de la productivité par secteur, pondérée par le nombre d'emplois par secteur (sur la base de 2015) que reflète la taille du cercle.

Pistes pour développer les compétences dans le secteur informel

En Afrique subsaharienne, le niveau de compétence demeure faible dans le secteur informel (graphique E2.4.1), où le type de formation le plus fréquent est l'apprentissage traditionnel (graphique E2.4.2), qui est concentré en Afrique de l'Ouest et en Afrique centrale. On estime à 70 % la part de la population active urbaine du secteur informel à avoir suivi un apprentissage traditionnel. En Tanzanie, 45 % des actifs du secteur informel ont acquis des compétences par le biais d'un apprentissage informel. Dans ce dispositif, le maître artisan s'engage vis-à-vis du jeune ou de ses parents et délivre une formation pour une période définie en échange d'une petite rétribution ou du travail de l'apprenti. L'apprentissage informel est en général souple et abordable, et le niveau requis à l'entrée est assez faible – peu de participants ont été plus loin que le collège et la plupart n'ont pas été jusqu'au bout du primaire. Par ailleurs, le lien direct entre l'apprentissage et le futur emploi en fait un moyen d'acquisition des compétences attractif (Adams, Johansson de Silva et Razmara, 2013).

(suite page suivante)

ENCADRÉ 2.4

Graphique E2.4.1 **Niveaux de compétence dans plusieurs pays d'Afrique subsaharienne, par secteur professionnel**

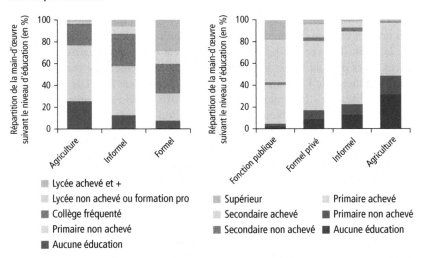

Lycée achevé et +
Lycée non achevé ou formation pro
Collège fréquenté
Primaire non achevé
Aucune éducation

Supérieur   Primaire achevé
Secondaire achevé   Primaire non achevé
Secondaire non achevé   Aucune éducation

Source : Adams, Johansson de Silva et Razmara, 2013.

Graphique E2.4.2 **Sources d'acquisition des compétences en Tanzanie dans le secteur informel, en 2006**

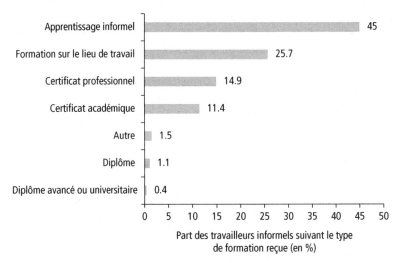

Source : Banque mondiale, d'après des données de Adams, Johansson de Silva et Razmara, 2013.

Par ailleurs, de manière plus générale, les experts semblent s'accorder sur le fait que le modèle d'une croissance alimentée par l'industrialisation rencontre plus de difficultés aujourd'hui que par le passé. À partir de 1990, le secteur industriel, qui avait été essentiel pour la croissance aux premiers stades du développement économique, joue moins facilement son rôle de moteur de croissance. Aujourd'hui, les impératifs technologiques du secteur augmentent ses besoins en capital et en compétences, ce qui réduit sa capacité d'absorption de la main-d'œuvre et signifie que « les États qui s'industrialisent tardivement et les pays au stade intermédiaire de développement ne vont peut-être plus bénéficier de l'industrie de la même manière que les États qui se sont industrialisés tôt » (Szirmai et Verspagen, 2015, p. 58 ; voir aussi Fagerberg et Verspagen, 2002). Et bien que l'augmentation du coût du travail en Chine soit susceptible d'offrir des possibilités de délocalisation dans les pays subsahariens, ceux-ci pourraient malgré tout passer à côté, d'une part parce qu'ils ne disposent pas des infrastructures complémentaires de base, d'un bon environnement de travail et d'institutions efficaces ; d'autre part, à cause du succès d'autres économies émergentes en Asie du Sud-Est, qui représentent d'autres destinations d'investissement possibles (Cadot *et al.*, 2016 ; Gelb, Meyer et and Ramachandran, 2013 ; Rodrik, 2016).

L'enseignement supérieur, vivier des futurs inventeurs et entrepreneurs

Pour être compétitif dans un monde en rapide évolution, un pays doit suivre le rythme de l'innovation. L'enseignement supérieur, qui est le moteur de l'innovation dans maintes régions du monde, est un domaine où l'Afrique subsaharienne n'a pas suffisamment investi. Il sera impossible de maintenir un rythme d'innovation durable à long terme sans remédier à ce sous-investissement. À un moment où d'autres régions du monde repensent leur système d'enseignement supérieur, l'Afrique subsaharienne doit abandonner ses anciennes institutions du supérieur qui mettent trop l'accent sur l'enseignement et pas assez sur la recherche et l'entrepreneuriat.

Le nombre d'étudiants est très faible en Afrique subsaharienne. S'il a augmenté récemment, cette augmentation n'est pas suffisante pour rattraper le retard sur le reste du monde, qui est énorme (graphique 2.6). Le taux brut d'inscription dans l'enseignement supérieur est de 10 % (10,4 % pour les hommes et 8,8 % pour les femmes). Pour plus d'un tiers des pays de la région, ce taux est seulement de 5 %. Au Malawi et au Niger, il descend à 2 % ; il grimpe en revanche à 30 % et plus au Botswana et à Maurice (Arias, Evans et Santos, 2019).

Non seulement le taux d'inscription dans le supérieur est faible en Afrique subsaharienne, mais il l'est encore plus en STIM (science, technologie, ingénierie et mathématiques). En moyenne, environ 19 % des étudiants sont inscrits dans

Graphique 2.6 Part de la population ayant achevé des études supérieures en Afrique subsaharienne et dans les autres régions du monde

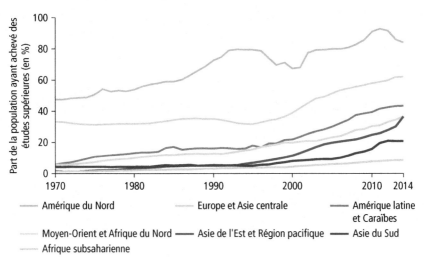

Source : Roser et Ortiz-Ospina, 2020.

des cursus en STIM (graphique 2.7). Ils sont environ 16 % au Bénin, 21 % au Mali, 23 % en Gambie et au Niger, et moins de 25 % au Ghana bien que ce pays s'efforce depuis des années de promouvoir les inscriptions dans ce domaine. Les compétences en STIM, actuellement rares en Afrique subsaharienne, sont indispensables à l'innovation et à la production de savoir, essentielles pour exploiter les possibilités de création d'emplois offertes par la numérisation.

Les nouvelles technologies créent des emplois, mais pour cela, encore faut-il un enseignement de qualité, notamment en STIM. Il faut également un investissement dans des inventeurs hautement qualifiés, des experts capables de développer des technologies qui créent les conditions favorables à l'emploi. À l'heure actuelle, l'Afrique subsaharienne n'a ni l'un ni l'autre. Seule l'Afrique du Sud fait exception, étant actuellement le pôle technologique du continent et abritant des instituts d'enseignement et de recherche de classe mondiale qui attirent des jeunes talents de toute la région. Tous les autres pays figurent en bas du tableau pour ce qui est de la qualité de l'enseignement supérieur, des performances en innovation et de la production de savoir. L'Afrique du Sud compte régulièrement six universités parmi les dix meilleures d'Afrique subsaharienne dans le classement de *Times Higher Education* et *QS* [3].

Par ailleurs, l'Afrique du Sud s'est classée au premier rang des pays africains et au 57e rang mondial pour l'innovation en 2017 (Cornell University, INSEAD

Graphique 2.7 Répartition par domaine d'étude des étudiants inscrits dans l'enseignement supérieur en Afrique subsaharienne

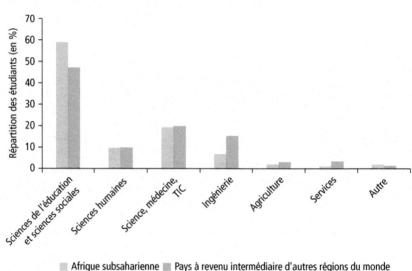

Source : Arias, Evans et Santos, 2019.
Note : TIC = technologies de l'information et de la communication.

et WIPO, 2017). Sur les 133 534 brevets déposés en Afrique subsaharienne entre 1990 et 2017, elle en comptait le plus grand nombre (124 581, soit 93,3 %[4]). La plupart des pays de la région dépensent en moyenne moins de 1 % de leur produit intérieur brut en recherche et développement (R&D). C'est aussi le cas de l'Afrique du Sud, mais cela représente plus que n'importe quel autre pays subsaharien.

Afin d'augmenter le nombre de diplômés et de professionnels de qualité en STIM à moyen et long terme, l'Afrique subsaharienne va devoir créer des pôles d'excellence pour promouvoir la collaboration entre universités et partenaires internationaux expérimentés (encadré 2.5). En 2014, la Banque mondiale a lancé l'initiative Centres d'excellence africains (CEA) en coopération avec des pays d'Afrique de l'Ouest et d'Afrique centrale.

L'initiative des CEA consiste à créer des centres d'excellence dans des universités ayant de bons résultats en STIM, agronomie et médecine, suivant une procédure ouverte, rigoureuse, transparente et fondée sur le mérite. Le but est d'augmenter la qualité et la quantité de diplômés en STIM grâce à des centres spécialisés performants et bien dotés dans des universités sélectionnées afin de développer la production d'un savoir qui constituera un avantage compétitif. Divers centres ont ainsi vu le jour, par exemple un en mathématiques appliquées

Réseaux canadiens de centres d'excellence : un succès et des enseignements pour l'Afrique subsaharienne

L'expérience canadienne en matière de centres d'excellence est parmi les plus anciennes et les plus fructueuses du monde. Avant le lancement, en 1989, de ses Réseaux de centres d'excellence (RCE), la majeure partie de la recherche universitaire du pays était une recherche fondamentale guidée par la curiosité. Les chercheurs n'avaient pas besoin de montrer le bénéfice social ou économique que pouvaient apporter leurs travaux au pays pour obtenir des financements et la création de centres de taille critique ne faisait pas partie des préoccupations du moment. Puis on a réalisé que, malgré l'existence d'une politique publique en science et technologie et de bourses de recherche visant à promouvoir la production de savoir, la « grande majorité des groupes de recherche universitaires canadiens étaient relativement petits, ils n'avaient pas la taille critique ni les structures formelles nécessaires pour la transmission du savoir et le transfert technologique » (Halliwell, 2012, p. 10). Créer une masse critique d'experts dans des domaines importants, c'est-à-dire soutenir quelques initiatives de recherche de grande envergure qui placeraient le Canada parmi les grands acteurs de la recherche mondiale, est devenu un objectif national. De cet objectif sont nés les RCE.

Les RCE sont des réseaux de recherche virtuels à grande échelle pilotés par les universités. Ils mettent en relation des universitaires, des représentants de l'industrie, des responsables du gouvernement et des organisations à but non lucratif répartis dans tout le pays. Leur but est de collaborer sur des sujets de recherche communs afin d'obtenir des résultats qui soient bénéfiques au pays, socialement et économiquement, conformément aux priorités définies dans la politique publique en science et technologie qui fournit le cadre de l'action des RCE. Les projets de réseaux sont mis en concurrence et les financements sont attribués suivant cinq critères : l'excellence du programme, la formation d'un personnel hautement qualifié, le réseautage et les partenariats, les échanges de savoir et de technologies, et l'exploitation, la gouvernance et la gestion du réseau.

Les RCE font l'objet d'un suivi et d'une évaluation annuels. Depuis 2007, ils reçoivent un financement pour cinq ans qui peut être renouvelé au maximum pour deux autres périodes de cinq ans.

Les évaluations réalisées en 2002, 2007 et 2008 de l'impact des RCE sur la recherche au Canada montrent qu'ils ont entrainé une transformation. Les RCE ont permis aux institutions du pays d'attirer durablement des chercheurs de premier plan qui ont contribué de manière significative à l'excellence des travaux de recherche. Les chercheurs des RCE publient chaque année en moyenne plus de quatre mille articles dans des revues scientifiques. Les RCE ont permis de créer des groupes de taille critique dans des domaines stratégiquement importants comme l'étude des prions. La mise en place de partenariats entre les universités et l'industrie a donné des résultats tangibles comme le dépôt de brevets et la création d'entreprises par essaimage : de cent à cent

(suite page suivante)

---

au Bénin, un autre en technologies de l'information et de la communication (TIC) au Cameroun, un autre en statistiques en Côte d'Ivoire, un autre en mathématiques et TIC au Sénégal. En 2018, quelque 8 100 étudiants se formaient dans des CEA, parmi lesquels 2 025 étaient de sexe féminin ; 6 500 étaient en master, 1 600 en doctorat. L'Association des universités africaines a coordonné les divers CEA et contrôlé leur qualité avec beaucoup d'efficacité.

Le Partenariat pour le développement des compétences en sciences appliquées, ingénierie et technologies (PASET) est une autre initiative africaine qui vise à augmenter le nombre de professionnels qualifiés en STIM. Il a été lancé en 2013 en coopération avec la Banque mondiale et est actuellement piloté par cinq pays, l'Éthiopie, le Kenya, la Côte d'Ivoire, le Rwanda et le Sénégal. L'Afrique subsaharienne ne produit actuellement que 1,1 % des chercheurs en sciences dans le monde. En mettant en relation les gouvernements, les facultés de sciences, d'ingénierie et de technologies, le secteur privé, les donateurs et autres partenaires, et en s'inspirant des bonnes pratiques expérimentées au Brésil, en Chine, en Inde, en République de Corée et au Japon à travers des échanges entre facultés et étudiants, le PASET cherche à renforcer les capacités scientifiques et technologiques de la région. Il développe des compétences en recherche, innovation et technologies afin de créer une masse critique de professionnels hautement qualifiés en STIM qui pourront exploiter les technologies qui créeront les conditions favorables à la création d'emplois, synonyme de croissance et de développement. Vingt-six pays africains ont participé au PASET jusqu'ici, et il faut espérer que d'autres pays rejoindront ce partenariat dans les années qui viennent[5].

Le passage des technologies numériques à l'emploi grâce à un capital humain adéquat

Dans la partie de ce chapitre intitulée *Le capital humain et le monde du travail de demain : quelles sont les spécificités de l'Afrique subsaharienne ?*, nous avons montré que le capital humain va jouer un rôle fondamental à l'avenir pour définir les opportunités qui s'offriront aux pays subsahariens. Les technologies numériques peuvent être utilisées pour augmenter la productivité de la main-d'œuvre peu qualifiée de ces pays et pour créer des emplois plus productifs adaptés aux compétences actuellement disponibles. Elles offrent également la possibilité d'accélérer le processus d'acquisition de capital humain dans les domaines de la santé et de l'éducation. Pour pouvoir mettre tout ceci en œuvre, il faut, d'une part, des inventeurs hautement qualifiés capables de développer les diverses technologies numériques nécessaires, et d'autre part, des entrepreneurs pour commercialiser les innovations, ce qui créera de nombreux emplois supplémentaires (schéma 2.1). Former ces inventeurs et ces entrepreneurs doit donc être une éminente priorité pour tous les pays de la région subsaharienne.

Les technologies numériques, le capital humain et la productivité de la main-d'œuvre peu qualifiée
Les technologies numériques adéquates peuvent augmenter la productivité des adultes peu qualifiés dans leur activité. Certains auront peut-être besoin d'une formation complémentaire (par exemple une formation à la lecture, l'écriture et au numérique) qui pourra être fournie avec l'aide des technologique numériques (encadré 2.6). Il est primordial de mettre en place des solutions adaptées au contexte.

Schéma 2.1 **Comment aider l'Afrique subsaharienne à récolter les fruits des technologies numériques**

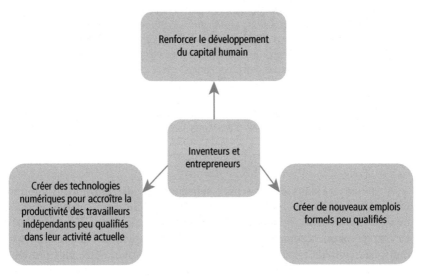

Source : Banque mondiale.

Les programmes d'apprentissage des adultes et l'emploi : ce que montrent les études

Les programmes d'apprentissage et d'éducation des adultes (AEA) ont été utilisés jusqu'ici dans de nombreux pays en développement comme un moyen de combler les lacunes des adultes peu qualifiés et d'améliorer leur productivité et leur employabilité. Environ 61 % des adultes d'Afrique subsaharienne sont peu qualifiés, ce qui a un impact négatif sur les perspectives de carrière, la qualité de l'emploi et la croissance de la productivité. Les actifs peu qualifiés ont en moyenne moins d'opportunités d'emploi et moins d'occasions d'améliorer leurs compétences, et lorsqu'ils ont un emploi, leur contribution à la croissance de la productivité agrégée est moindre (Saane et Baker, 2018). La hausse de participation aux programmes d'AEA en Afrique subsaharienne est une bonne nouvelle parce que ces programmes spécialisés fournissent une seconde chance aux personnes déscolarisées, à celles qui ont quitté l'école de bonne heure, à celles qui n'ont pas accès à l'enseignement et à celles qui ont reçu un enseignement de mauvaise qualité. Grâce aux bases acquises avec l'AEA, elles peuvent s'adapter à l'évolution du monde du travail.

Les études montrent cependant que les programmes d'AEA ne contribuent que faiblement à améliorer les connaissances générales des affaires et la productivité des bénéficiaires et qu'ils n'ont aucun impact sur la création d'emploi.

Au Pérou, un programme destiné à former de futures femmes entrepreneurs a permis aux participantes de faire d'énormes progrès en gestion d'entreprise mais n'a pas eu d'impact significatif sur leurs chances de trouver un emploi (UIL, 2017 ; Banque mondiale, 2019). Au Brésil, les programmes d'AEA ont contribué à accroître fortement les revenus des participants. Ils ont également augmenté la probabilité d'occuper un emploi mais n'ont pas eu d'effet sur le taux d'emploi réel peut-être parce que les emplois qu'auraient pu occuper les participants n'existaient pas, bien qu'ils aient amélioré leurs compétences (Soares, Rocha et Ponczek, 2011). En République dominicaine, un programme pour l'emploi des jeunes a amélioré les compétences non cognitives et l'emploi formel chez les participants mais n'a pas fait progresser l'emploi. En Turquie, un programme de formation professionnelle n'a pas eu d'impact significatif sur les chiffres de l'emploi, et s'il a permis d'améliorer la qualité des emplois, l'effet a été de courte durée.

Au Ghana et dans d'autres pays subsahariens, des entreprises comme Farmerline utilisent les technologies numériques pour augmenter la productivité des agriculteurs. Fondée en 2013, Farmerline transforme les agriculteurs en entrepreneurs accomplis en leur donnant un meilleur accès aux informations, aux conseils et aux ressources, ce qui leur permet d'être plus productifs. L'entreprise fournit une plateforme numérique avec laquelle les petits agriculteurs peuvent communiquer dans leur langue natale grâce à une technologie mobile innovante. Environ 200 000 agriculteurs de onze pays ont passé plus de 300 000 minutes sur cette plateforme pour se former aux meilleurs pratiques agricoles (concernant la météorologie, les prix du marché et les intrants). La plateforme regroupe également des informations destinées aux acheteurs, gouvernements et autres partenaires. L'année dernière, l'entreprise a lancé un nouveau produit, CocoaLink Services, une application mobile gratuite qui permet aux agriculteurs ayant un smartphone d'acquérir des connaissances sur la façon de gérer une exploitation agricole de manière profitable, comme un entrepreneur. Le métier d'agriculteur est ainsi présenté aux jeunes de la région comme une activité entrepreneuriale séduisante et financièrement intéressante (Banque mondiale, 2019 [6]).

Au Kenya, le Groupe de la Banque mondiale et sa branche coréenne, en coopération avec d'autres partenaires de développement, fournissent une aide financière et de conseil à la création d'un écosystème de start-ups, d'entrepreneurs et d'innovateurs en agronomie. L'objectif est de permettre à un million d'agriculteurs kenyans d'accéder à des technologies numériques révolutionnaires et de les généraliser pour accroître la productivité, multiplier les liens entre acteurs du marché, et soutenir financièrement les petits propriétaires et les agricultrices. Ce programme a également pour but d'accélérer et d'étendre la transformation agricole au Kenya[7]. Digi Cow, plateforme numérique pour smartphones et tablettes développée par l'entreprise Kenyan Farmingtech Solutions Ltd., met en contact les petits éleveurs de bétail avec des services vétérinaires et d'insémination artificielle, des fournisseurs d'aliments pour animaux et des entreprises commerciales. Elle a entraîné un accroissement significatif de la production de lait dans le pays. D'autres technologies numériques comme Digital Green, Farmers Pride, Precision Agriculture for Development et SunCulture fournissent à un grand nombre de petites propriétés agricoles un service de conseils personnalisés par vidéo et téléphonie mobile, et proposent des systèmes d'irrigation intelligents pour accroître le rendement agricole. Par ailleurs, des technologies numériques comme M-Shamba, Tru Trade Africa, Tulaa, ACRE Africa, Agri-Wallet et Arifu aident les petits propriétaires à faire face aux défaillances économiques en les mettant en relation avec les marchés, en leur indiquant le prix correct pour leurs produits, en leur donnant des informations objectives sur les emprunts et les financements, et en proposant des assurances sur indice pour les protéger contre les aléas climatiques[8].

Le niveau de compétence requis pour utiliser la plupart de ces technologies numériques n'est pas très élevé et les utilisateurs potentiels réussissent souvent à s'adapter à ces outils et à les utiliser une fois qu'ils les ont jugés utiles. Les bénéfices et avantages que les agriculteurs sont susceptibles d'en tirer devraient permettre de promouvoir leur diffusion, comme le montre le graphique 2.8. En Afrique subsaharienne, une large part des 15 ans et plus utilisent Internet pour

Graphique 2.8 Part de la population qui gère son compte bancaire grâce à la téléphonie mobile et Internet

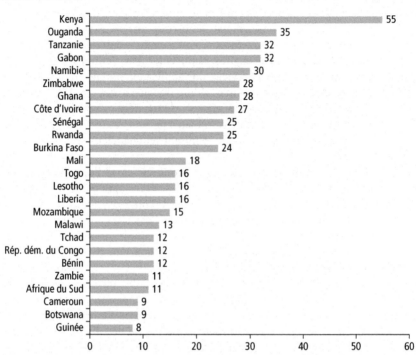

Part des 15 et et plus ayant un niveau d'éducation primaire ou inférieur et utilisant la téléphonie mobile ou Internet pour gérer leur compte bancaire (en %)

Source : Banque mondiale, d'après des données de Global Financial Inclusion datant de 2017, https://datacatalog.worldbank.org/dataset/global-financial-inclusion-global-findex-database.

gérer leur compte bancaire malgré leur faible niveau d'éducation et le fait qu'ils n'ont pas bénéficié de formation complémentaire.

Des technologies numériques pour des emplois peu qualifiés de type nouveau et plus productifs

Les technologies numériques peuvent contribuer à générer des emplois nouveaux et adaptés aux compétences actuelles de la main-d'œuvre dans le secteur formel privé. Ce facteur de création d'activité est à l'œuvre dans le reste du monde, notamment dans les pays développés.

L'investissement devra être massif pour créer une masse critique d'entrepreneurs dans le domaine du numérique et pour résoudre certains problèmes comme le financement des start-ups en phase de démarrage.

L'innovation dans les technologies numériques est souvent fondée sur une plateforme complexe qui permet par exemple à des millions de personnes de gagner leur vie simplement en sachant conduire et en suivant des instructions sur un écran (Uber ou autre) ou en sachant accepter une demande de réservation en ligne et en ouvrant leur logement à des hôtes contre rétribution (Airbnb notamment). Lancée en Afrique subsaharienne en 2013, Uber, établie à San Francisco, a créé des milliers d'emplois de chauffeur (12 000 en Afrique du Sud, 7 000 au Nigéria, 5 000 au Kenya, 3 000 au Ghana et 1 000 en Tanzanie et en Ouganda) et a servi quelque 1,8 million de clients dans ces pays. Des entreprises de covoiturage comme Taxify (rebaptisée Bolt) sont arrivées sur le marché africain et font concurrence à Uber en facturant une commission moindre aux chauffeurs (15 % contre 25 % pour Uber ; *Quartz Africa*, 2017). En Afrique du Sud, Airbnb a indiqué avoir généré un chiffre estimé de 678 millions de dollars pour l'économie du pays, créé 22 000 emplois et rapporté aux bailleurs un montant estimé à 260 millions de dollars (African News Agency, 2018). Au Nigéria, le leader de commerce en ligne Jumia a une équipe de quelque 3 000 employés et fait appel à 100 000 personnes supplémentaires pour aider les clients à passer leurs commandes (Ng'weno et Porteus, 2018). Si certains de ces emplois sont à court terme, les technologies numériques n'en contribuent pas moins à fournir du travail à une part significative de personnes peu qualifiées, dans la région, et les aident à constituer un petit capital qui leur permettra plus tard de démarrer leur propre entreprise, la plupart du temps dans le secteur formel. On a un exemple typique de ce phénomène avec MTN Ghana qui a introduit une technologie de transfert de crédit électronique permettant d'acheter une carte SIM, de la charger d'une certaine somme (ou crédit) et de vendre ce crédit par petites unités à des clients. Au bout d'un certain temps, de nombreux vendeurs de crédit étaient en mesure de mettre de l'argent de côté et de transformer leur petite affaire en une entreprise formelle plus grande d'aide à la télécommunication, parfois même de vendre des téléphones cellulaires.

Technologies numériques, formation du capital humain et emplois dans les secteurs de la santé et de l'éducation

Le personnel sanitaire joue un rôle de première importance dans l'offre et la dispense de services de santé. La répartition globale du personnel de santé n'est toutefois pas équilibrée entre les pays ni au sein de ceux-ci. Les soignants sont moins nombreux dans les pays et les zones pauvres où les besoins sanitaires sont les plus importants. Leur nombre demeure insuffisant pour répondre aux besoins sanitaires en Afrique subsaharienne, laquelle ne compte que 2 % du contingent mondial de médecins (Bastos de Morais, 2017). Par exemple, au Malawi, pays qui enregistre invariablement l'un des pires ratios de personnel sanitaire au regard de sa population, le nombre moyen de médecins pour 100 000 habitants s'élève à 2,2, et quelque 50 % des postes d'infirmier du pays sont vacants. La plupart des pays de la région ne disposent pas des ressources humaines permettant de fournir des soins de santé de qualité. Le plus souvent, des membres subalternes du personnel assument la charge de fonctions requérant de plus hautes qualifications. Ce problème résulterait de nombreux facteurs, notamment la faible rémunération et les piètres avantages professionnels des fonctionnaires de la santé, leur débauchage par les établissements de santé privés et l'émigration des professionnels de santé vers des pays où la rémunération de leurs services est comparativement supérieure (Liese et Dussault, 2004 ; OMS, 2006).

Les technologies numériques peuvent contribuer à pallier cette pénurie de soignants en augmentant l'efficacité et la productivité du personnel sanitaire. Étant donné la faible offre de professionnels de la santé et les longues distances que doivent parcourir nombre de gens dans la région pour bénéficier de soins de santé, les technologies numériques vont moins perturber le système que le solidifier et permettre de combler le déficit. Dans la plupart des cas, les technologies numériques n'entraineront pas une augmentation significative de l'emploi dans le secteur de la santé, mais elles auront un impact sur la façon d'exercer les métiers du secteur et aideront à accroître l'efficacité et la productivité du personnel sanitaire employé. On estime que les diagnostics à distance et la télémédecine sont en mesure de répondre à 80 % des problèmes de santé rencontrés par les patients des zones rurales de la région, où l'on relève le plus de postes sanitaires en sous-effectif (Manyika et al., 2013). Les technologies numériques peuvent aussi contribuer à centraliser et synchroniser les systèmes de santé public et privé grâce à un suivi électronique correct des dossiers des patients, rendant ainsi possible une numérisation centralisée des admissions et du traitement des patients avec des effectifs moindres. Il est aussi possible de réduire le gaspillage des soins de santé. Par exemple, grâce à l'accès à des dossiers médicaux électroniques de qualité, le développement des services de santé mobile pourrait permettre aux quelques professionnels de santé de la région de travailler avec des patients géographiquement éloignés, d'examiner leurs antécédents médicaux et de rédiger des ordonnances.

Au Ghana, la fondation Novartis et ses partenaires ont mis au point un système de télémédecine afin d'étendre la portée de l'expertise médicale aux communautés démunies grâce à l'utilisation des technologies numériques. Après avoir démarré sous la forme d'un projet pilote en 2011 dans un district couvrant 30 communautés représentant environ 35 000 personnes au total, ce système de télémédecine a été sélectionné par Ghana Health Service, l'agence publique de santé ghanéenne, pour être appliqué à tout le pays en raison du succès du projet. Le système recourt aux technologies numériques pour mettre en relation le personnel de santé communautaire (disposant de relativement moins de connaissances, d'expérience et d'expertise) avec des spécialistes médicaux via des centres de téléconsultation accessibles 24 heures sur 24. Ces experts médicaux (médecins, infirmiers et sages-femmes) des centres de téléconsultation « fournissent des services d'accompagnement aux personnels de santé communautaire et leur prodiguent des conseils quant au traitement des patients, les aidant ainsi à gérer les cas urgents qui dépassent leurs capacités et évitant d'envoyer inutilement le patient auprès d'un spécialiste, ce qui réduit les durées et coûts de transport tout en améliorant la qualité des soins de santé[9] ».

En Afrique du Sud, les plateformes de messagerie MomConnect et NurseConnect, fruits d'une initiative du département national sud-africain de la Santé, financent et fournissent de meilleurs soins de santé maternelle et infantile grâce aux technologies cellulaires. Si elles le souhaitent, toutes les femmes enceintes peuvent s'enregistrer électroniquement auprès du système public de santé dès un stade précoce de leur grossesse afin de recevoir des messages ciblés de promotion de la santé qui amélioreront leur santé et celle de leur enfant. La plateforme permet aussi aux femmes enceintes de donner leur avis sur la qualité des services reçus. NurseConnect, extension de MomConnect, assiste les infirmiers et sages-femmes dans leur travail quotidien en leur permettant d'accéder à des messages de soutien ciblés, des informations détaillées et des conseils en matière de santé maternelle et infantile[10]. Quelque 466 000 utilisatrices ont déclaré avoir adopté le service MomConnect, et 19 524 personnes s'étaient enregistrées pour utiliser NurseConnect en 2017 (Bastos de Morais, 2017).

En Ouganda, la technologie numérique mTrac, mise au point à l'initiative des pouvoirs publics, sert à numériser le transfert des données du Système d'information de gestion sanitaire via des téléphones mobiles. La technologie numérique mTrac effectue le suivi des stocks de médicaments à travers le pays, des épidémies et des problèmes rencontrés dans la dispense des soins de santé, tout en autonomisant les équipes sanitaires des districts en leur fournissant des informations opportunes pour éclairer leur action[11]. Quelque 27 000 fonctionnaires ougandais de la santé utilisent mTrac (Bastos de Morais, 2017).

Les technologies numériques pourraient permettre de renforcer l'apprentissage, d'élargir l'accès à l'éducation, d'ouvrir l'accès à des supports de haute qualité dans les domaines où les enseignants n'ont pas les compétences requises et d'amener la région subsaharienne à obtenir des résultats de qualité en matière d'éducation et d'apprentissage. Dans n'importe quel endroit du monde, la présence de personnel éducatif de qualité et en quantité suffisante à tous les niveaux d'enseignement est essentielle au développement du capital humain. Une classe ou salle de cours surpeuplée limite la capacité de l'enseignant à accorder une attention correcte et équitable à tous les élèves. La situation est pire encore pour les classes et salles de cours surpeuplées, mal équipées et animées par du personnel éducatif moins qualifié. La taille de la classe est un important facteur des performances des élèves. Un nombre élevé d'élèves par enseignant sera néfaste non seulement pour les résultats des enfants aux évaluations à court terme, mais aussi pour leur formation en tant que capital humain à long terme (Schanzenbach, 2014). Pour ces raisons, la quantité et la qualité du personnel éducatif doivent figurer parmi les préoccupations majeures dans l'élaboration et la mise en œuvre des politiques d'élargissement de l'accès à une éducation de qualité. Malheureusement, beaucoup de pays subsahariens ont des classes surpeuplées, bien que certains aient des classes plus petites. Dans l'enseignement supérieur, le nombre d'étudiants par enseignant est de 52:1 au Cameroun, 43:1 en Mauritanie, 33:1 au Togo et au Kenya, mais seulement de 9:1 au Cap-Vert. Dans le primaire, le nombre d'élèves par enseignant monte à 58:1 au Rwanda, 52:1 au Mozambique, 50:1 en Angola et au Burundi, mais seulement 14:1 aux Seychelles[12].

Comme dans le secteur de la santé, les technologies numériques ont la capacité de renforcer plutôt que de perturber le système éducatif, en créant de nouveaux emplois dans le secteur. Toutefois, l'impact sur le taux d'emploi global dans le secteur sera probablement marginal, et le nombre d'élèves par enseignant demeurera sans doute inchangé au moins dans les prochaines années. On s'attend par contre à ce que les technologies numériques aient des effets significatifs sur l'efficacité pédagogique et d'apprentissage. Sous de nombreux aspects, les technologies numériques fournissent un moyen de personnaliser de plus en plus les modèles d'apprentissage. Les logiciels d'apprentissage adaptatif devraient remplacer progressivement les manuels et autres supports d'apprentissage dans les salles de classe. L'enseignement de demain sera un système éducatif qui exerce les élèves à étudier et apprendre de manière autonome à l'aide de programmes assistés par ordinateur s'adaptant à leurs besoins. Le recours aux technologies numériques dans l'enseignement favorisera la capacité d'agir dans la salle de classe : les élèves assumeront davantage de responsabilités quant à leur propre apprentissage, ce qui améliorera et augmentera leur motivation à apprendre. Les technologies numériques offriront des supports de haute qualité quand les élèves devront développer des compétences dont sont dépourvus leurs enseignants ou que ceux-ci n'enseignent pas. En Uruguay, les données révèlent que la participation à des visioconférences avec des anglophones des Philippines a aidé à améliorer l'apprentissage chez les élèves de CP. À Mumbai, en Inde, les élèves de CM1 auraient tiré profit de l'approche pédagogique autonome de la Khan Academy dans l'enseignement des mathématiques (Banque mondiale, 2016).

Malgré les avantages des technologies numériques, leur utilisation efficace dans le domaine éducatif nécessitera que les enseignants continuent à jouer un rôle important, en tant que professionnels d'un domaine où les technologies seront omniprésentes (Perera et Aboal, 2019). Fournir aux enseignants une formation appropriée pour qu'ils sachent se servir des technologies numériques en classe, créer des plateformes d'apprentissage assistées par ordinateur pour les enseignants et les élèves, et surmonter les contraintes logistiques et infrastructurelles permettront aux enseignants d'assister leurs élèves au sein de salles de classe surpeuplées, mal équipées et manquant de manuels – grâce à l'utilisation de livres électroniques, de tablettes abordables et de plateformes d'apprentissage informatisées pour apprendre en classe et à domicile. Mais ces innovations ne pourront bénéficier à toutes les salles de classe d'Afrique subsaharienne que si les pouvoirs publics, le secteur privé, les organisations non gouvernementales, les parents et les autres parties prenantes collaborent afin de mettre en commun leurs ressources (Manyika *et al.*, 2013).

Une étude récemment menée en Uruguay a analysé l'impact de la Plataforma Adaptativa de Matemática (Plateforme adaptative de mathématiques, ou PAM), un outil numérique d'apprentissage, sur les performances des élèves en se servant des résultats aux évaluations de mathématiques d'écoliers du primaire bénéficiaires du programme national One Laptop per Child (Un ordinateur portable par enfant). La plateforme PAM propose diverses activités d'enseignement et d'apprentissage fournissant une assistance personnalisée à chaque utilisateur, qu'il soit élève ou enseignant, en s'adaptant à son niveau de connaissance et de compétence. Les élèves qui utilisent la plateforme obtiennent un retour immédiat sur les exercices réussis et reçoivent les solutions des exercices auxquels ils ont échoué. Les résultats indiquent que la PAM a un impact positif significatif sur les performances des élèves aux évaluations de mathématiques. Ils montrent également que lorsque les élèves utilisent davantage la PAM en classe, ils obtiennent des résultats d'autant meilleurs aux évaluations de mathématiques, ce qui suggère que les enseignants et les stratégies d'apprentissage en groupe (regroupement d'élèves de niveau similaire afin qu'ils travaillent ensemble) jouent un rôle crucial dans la réussite du programme (Perera et Aboal, 2019). La Finlande, l'un des pays obtenant les meilleurs résultats en matière d'évaluations éducatives et aussi l'un des plus connectés, utilise très peu les technologies en classe et investit plutôt dans l'amélioration de la qualité des enseignants. C'est pour cela que la proposition formulée pour l'Afrique subsaharienne est une recommandation par défaut : puisqu'il est peu probable que la formation des enseignants s'améliore rapidement, il faut privilégier l'utilisation de la technologie pour encadrer étroitement l'enseignement et améliorer les résultats en matière d'apprentissage à un coût raisonnable. (Banque mondiale, 2016).

En Afrique subsaharienne, des entreprises telles qu'Eneza Education au Kenya, Obani en Afrique du Sud, l'entreprise à vocation sociale Ubongo en Tanzanie et OkpaBac au Togo utilisent toutes des plateformes numériques pour favoriser le développement de l'infrastructure éducative. Hormis des mentions anecdotiques de la réussite de ces plateformes numériques en matière d'amélioration des performances scolaires des élèves bénéficiaires, il n'existe pas à proprement parler de preuves comparatives de leur efficacité dans l'acquisition des connaissances et des autres compétences que l'enseignement scolaire est censé fournir (Banque mondiale, 2016).

Donner libre cours à l'entrepreneuriat technologique en Afrique subsaharienne : l'ascension des start-ups technologiques, des pôles technologiques et de l'écosystème d'innovation

Le nombre de pôles technologiques en Afrique subsaharienne, qui était de 314 en 2016, a crû de plus de 50 %. L'écosystème d'investissement dans les technologies de la région attire aussi plus de capitaux et d'expertise. Non seulement le volume des financements récoltés par les start-ups technologiques sur le continent a explosé, mais de nouvelles villes écosystèmes, telles qu'Abidjan en Côte d'Ivoire et Accra au Ghana, ont rejoint les villes écosystèmes et pôles technologiques traditionnellement en tête de peloton, telles que Le Cap en Afrique du Sud, Lagos au Nigeria et Nairobi au Kenya, pour figurer elles aussi parmi les centres technologiques attractifs à l'échelle internationale (Bayen, 2018). Les pays de tête demeurent les destinations privilégiées des investissements dans les technologies sur le continent en 2018 (carte E2.7.1). Le Nigeria a surpassé l'Afrique du Sud et s'est imposé comme la première destination d'investissement avec 55 pôles technologiques actifs levant un total de 94,9 millions de dollars, tandis que l'Afrique du Sud a levé 60 millions de dollars avec 59 start-ups actives. Dans l'ensemble, les start-ups technologiques de la région ont attiré quelque 334,5 millions de dollars d'investissements dans les technologies en 2018 (Bayen, 2018 ; Disrupt Africa, 2018).

De nombreux autres pays de la région affichent les signes de leur volonté à rejoindre le mouvement et à devenir des centres technologiques mondialement attractifs. Au Rwanda par exemple, la Kigali Innovation City se positionne progressivement comme une destination prisée d'investissement dans les technologies grâce au projet public de numérisation de 1,9 milliard de dollars, qui a pour objectif de construire un écosystème technologique dynamique de pôles de compétitivité universitaires et industriels. En outre, le pays accueille des événements technologiques régionaux de premier plan, tel l'African Tech Summit, en 2020. Le Rwanda a aussi ajouté l'entrepreneuriat au programme de l'enseignement secondaire, ce qui préparera mieux les jeunes à améliorer leurs conditions de vie par le travail tout en répondant aux problèmes de chômage des jeunes dans le paysa. D'autres pays, comme la Zambie et le Zimbabwe, ont enregistré une augmentation notable de nombre de pôles technologiques actifs au fil des ans, qui est passé de 2 à 6 en Zambie et de 6 à 13 au Zimbabwe entre 2016 et 2018 (carte E2.7.1). Et des pays où il n'existait précédemment aucun pôle technologique (Cap-Vert, Tchad, Djibouti, Eswatini et Mauritanie) peuvent se targuer de compter au moins un pôle technologique actif. Avec un soutien public croissant, un écosystème technologique régional qui manifeste des signes de maturité (les pôles technologiques de premier plan ont en moyenne cinq années d'activité) et une synergie croissante entre les investisseurs, l'industrie et les universités, l'avenir de l'écosystème technologique de l'Afrique subsaharienne semble prometteur. Ce progrès vient à point

(suite page suivante)

Carte E2.7.1 **Vue d'ensemble des pôles technologiques en Afrique, 2018**

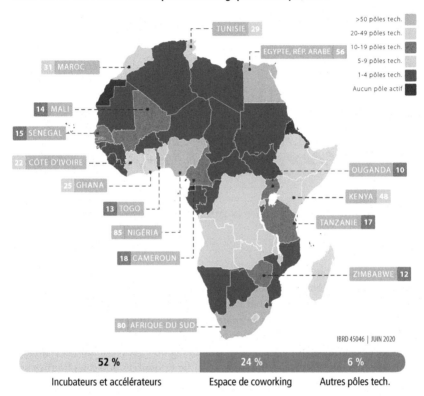

>50 pôles tech.
20-49 pôles tech.
10-19 pôles tech.
5-9 pôles tech.
1-4 pôles tech.
Aucun pôle actif

TUNISIE 29
EGYPTE, RÉP. ARABE 56
31 MAROC
14 MALI
15 SÉNÉGAL
22 CÔTE D'IVOIRE
25 GHANA
13 TOGO
85 NIGÉRIA
18 CAMEROUN
OUGANDA 10
KENYA 48
TANZANIE 17
ZIMBABWE 12
80 AFRIQUE DU SUD

IBRD 45046 | JUIN 2020

52 %	24 %	6 %
Incubateurs et accélérateurs	Espace de coworking	Autres pôles tech.

Source : Bayen, 2018.
Note : Les nombres encerclés indiquent la quantité de pôles technologiques de chaque pays. Les pourcentages indiquent la part des pôles technologiques qui sont des incubateurs et des accélérateurs, partagent des espaces de coworking ou ne relèvent d'aucune de ces catégories. Les incubateurs se consacrent au développement d'entreprises technologiques à un stade précoce. Les accélérateurs aident à la croissance des entreprises technologiques en mettant en relation les start-ups avec des mentors et en prodiguant conseils, ressources et soutien au financement.

nommé, mais la région doit mettre en œuvre une connectivité plus rapide afin de tirer pleinement profit des technologies numériques (graphique 2.9).

a. Voir la présentation donnée par Innovations for Poverty Action de la formation des enseignants et l'entrepreneuriat au Rwanda à l'adresse https://www.poverty-action.org/study/teacher-training-and -entrepreneurship-education-evidence-curriculum-reform-rwanda.

Graphique 2.9 **Proportion d'individus utilisant Internet en Afrique subsaharienne**

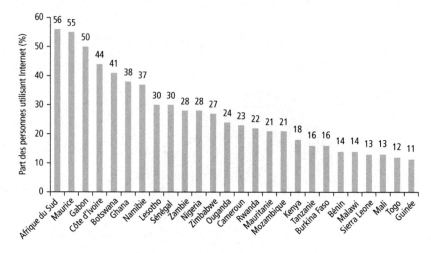

Source : Banque mondiale, d'après des données de 2017 issues de la base de données de l'UIT (Union internationale des télécommunications).

Dans l'ensemble, les technologies numériques permettent d'augmenter les capacités des systèmes sanitaire et éducatif de la région subsaharienne. Elles ont le potentiel de révolutionner ces systèmes de manière positive, en palliant le grave déficit de ressources humaines dans les domaines de la santé et de l'éducation. Les technologies numériques modifient également la nature du travail des personnels sanitaire et éducatif de la région en les rendant plus efficaces et productifs. De tels progrès ne sont cependant possibles que si les bonnes ressources et incitations complémentaires sont mises en place.

L'importance de l'innovation locale et des modèles « du bas vers le haut »

En Afrique subsaharienne, les États se sont majoritairement reposés sur des modèles « du haut vers le bas » (*top-down*) pour encourager l'innovation et le développement technologique dans la région, en créant un environnement favorable aux entreprises, en investissant dans la R&D et en fournissant les compléments analogiques nécessaires. Bien que cette approche ait connu un certain succès, le modèle « du bas vers le haut » (*bottom-up*) a donné lieu à des inventions et innovations adaptatives importantes, souvent rendues possibles par des partenaires de développement et réalisées par des entrepreneurs ou par le secteur privé opérant en mode entrepreneurial. Ce modèle assume ses parts de risque et d'échec (schéma 2.2). Les pays subsahariens doivent adopter une approche du bas vers le haut afin de libérer le potentiel de l'entrepreneuriat technologique. La région a souvent négligé les initiatives du bas vers le haut alors qu'elles sont un facteur-clé de réussite.

La région subsaharienne est de plus en plus connectée, et le développement numérique s'accélère. En 2013, 13 % de la population de la région utilisait Internet, contre 36 % au niveau mondial (Hjort et Poulsen, 2019). En 2018, la part de la population utilisant Internet en Afrique subsaharienne a presque atteint 30 % - ou 24 % si l'on considère les utilisateurs uniques, c'est-à-dire les utilisateurs indépendamment du nombre de leurs connexions (Bayen, 2018). Cette croissance offre une occasion unique d'analyser la capacité de numérisation croissante de la région subsaharienne afin de créer les conditions propices

Schéma 2.2 Modèle du bas vers le haut et du haut vers le bas appliqué à l'écosystème d'innovation de l'Afrique subsaharienne

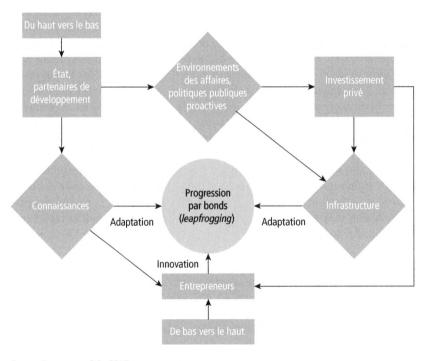

Source : Banque mondiale, 2017.

à de nouveaux emplois. La création de ces conditions exigera un certain nombre de mesures fondamentales, à commencer par l'adoption d'une stratégie nationale pragmatique et cohérente en matière de TIC ; la construction d'une infrastructure à même de soutenir l'économie numérique ; et, surtout, la production d'une large cohorte d'entrepreneurs du numérique et de jeunes hautement qualifiés disposant d'un solide socle des compétences en TIC. Actuellement, les pays de la région se classent relativement bas en matière de capital humain lié aux TIC et de socle des compétences en TIC, principalement en raison de la qualité et de la quantité insuffisantes du capital humain dans les cursus de STIM de l'enseignement supérieur. Il faudra une main-d'œuvre composée de professionnels hautement qualifiés en sciences, en technologies et en gestion des affaires pour y arriver. Le développement de cette main-d'œuvre dépend de facteurs tels que la qualité et la quantité de l'enseignement des mathématiques, des sciences et de la gestion des affaires, ainsi que le taux d'inscription dans ces matières dans le supérieur (Manyika *et al.*, 2013).

À cet égard, une étude a examiné la capacité actuelle des pays subsahariens à tirer parti des opportunités offertes par Internet (Internet Foundation Index-i5F ; voir Manyika *et al.*, 2013). Cinq éléments ont été pris en compte : la stratégie nationale en matière de TIC, l'environnement des affaires, l'infrastructure, le capital financier et les compétences en TIC. L'étude révèle que le socle des compétences en TIC de la plupart des pays de la région subsaharienne n'est pas assez solide pour exploiter Internet et en tirer avantage. Tous les pays de la région, à l'exception de l'Afrique du Sud, ont obtenu un score inférieur à 30 % concernant la capacité actuelle de leur socle de compétences en TIC à permettre l'exploitation des opportunités offertes par Internet. La variable socle des compétences en TIC a obtenu le score le plus faible de toutes les variables intervenant dans l'élaboration de l'indice (graphique 2.10) (Manyika *et al.*, 2013). Des données plus récentes de l'Union internationale des télécommunications (UIT) et du Forum économique mondial [13] confirment la faiblesse du socle des compétences. Selon l'indice de développement des TIC de l'UIT, la plupart des pays de la région subsaharienne figurent au bas du classement dans la répartition mondiale des socles des compétences en TIC. Sur 176 pays, ceux d'Afrique subsaharienne occupent les places situées entre le 153e et le 176e rang (à l'exception de la 163e position, occupée par Haïti)[14].

Une combinaison de facteurs a contribué aux faibles scores de la région concernant son socle des compétences en TIC, mais ce sont surtout la qualité et la quantité insuffisantes de l'enseignement des mathématiques et des sciences, le faible nombre d'inscriptions dans ces matières dans l'enseignement supérieur et le déficit de scientifiques et ingénieurs qui ont été déterminants.

L'analyse du tableau 2.1 montre une corrélation positive significative entre les dépenses en R&D, les compétences (représentées par les

Graphique 2.10 Capacité à exploiter les TIC d'une sélection de pays d'Afrique subsaharienne, suivant cinq variables clés

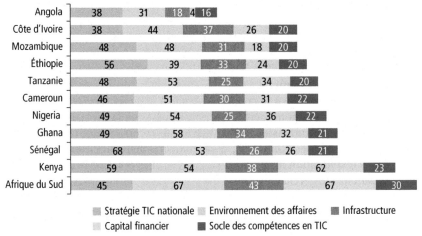

Source : Banque mondiale, d'après des données de Manyika et al., 2013.
Note : Chaque variable est un indice composite échelonné de 0 à 100 ; TIC = technologies de 'information et de la communication.

Tableau 2.1 Investissement dans les compétences, production de connaissances et création d'emplois en Afrique subsaharienne

	Brevet	R&D
Brevet	1.00	0.88***
R&D	0.88***	1.00
Inscription dans l'enseignement secondaire	0.69***	0.51***
Inscription dans l'enseignement supérieur	0.44***	0.42***
Création d'emplois		
Services	0.19*	0.48***
Industrie manufacturière	−0.05	0.25*
Exploitation minière, services publics et construction	0.47***	0.55***
Emploi		
Services	0.41***	0.76***
Industrie manufacturière	0.48***	0.72***
Exploitation minière, services publics et construction	0.83***	0.80***

Sources : Calculs de la Banque mondiale sur la base des données de l'Organisation mondiale de la propriété intellectuelle, des indicateurs de développement de la Banque mondiale, de la base de données Penn World Table 9.0 et de Mensah et Szirmai, 2018.
Note : Création d'emplois par secteur : $JC_{gt} = \Sigma_{g \in J} EW_{gt} \left(\Delta PE_{gt} / \overline{I_{gt}} \right)$; où JC_{gt} est l'effet de création d'emplois du secteur g appartenant à l'économie J durant l'année t, ΔPE_{gt} est la somme des changements d'emploi positifs dans le secteur en expansion sur la durée, $\overline{I_{gt}}$ est le taux d'emploi moyen du secteur sur la durée et est obtenu par $\overline{I_{gt}} = 0.5 \, (I_{gt} + I_{g0})$, et EW_{gt} est la pondération d'emploi du secteur et s'obtient par le taux d'emploi moyen du secteur g divisé par le taux d'emploi moyen de l'économie (Bartelsman, 2013 ; Haltiwanger, Scarpetta et Schweiger, 2014). R&D = recherche et développement.
Risque d'erreur : *** = 1 %, ** = 5 %, * = 10 %.

inscriptions aux niveaux d'éducation supérieurs), la production de connaissances (représentée par les brevets), l'emploi et la création d'emplois. La production de connaissances générée par les habitants des pays de la région (brevets résidents) utilisée dans l'analyse présente un intérêt particulier. Les résultats indiquent une forte corrélation positive entre investissements dans la R&D et production de connaissances (0,88) et entre compétences et production de connaissances (0,69 pour l'éducation de niveau secondaire et 0,44 pour celle de niveau supérieur). La production de connaissances est liée de façon positive et significative à la création d'emplois dans les services (0,19) ainsi que dans l'exploitation minière, les services publics et la construction (0,47). La production de connaissances est aussi liée de façon positive et significative à l'emploi dans les services (0,41), dans l'industrie manufacturière (0,48) ainsi que dans l'exploitation minière, les services publics et la construction (0,83). Ces résultats suggèrent que l'investissement dans les compétences de haut niveau est susceptible de produire les connaissances (technologies) nécessaires à la création des conditions propices à de nouveaux emplois dans la région (encadré 2.8).

Ce résultat concorde avec de récentes découvertes qui révèlent que l'internet à haut débit, fruit de l'investissement dans la production de connaissances, a un effet positif considérable sur le taux d'emploi des individus hautement qualifiés et des moins éduqués de la région subsaharienne. Surtout, l'étude montre que l'arrivée de l'internet haut débit dans la région a réduit les inégalités d'emploi en générant des effets positifs sur l'emploi de grandeurs comparables pour tous les niveaux d'éducation (primaire, secondaire et supérieur). Ces importants effets positifs de l'internet haut débit sur l'emploi sont dus à une augmentation substantielle des nouvelles entreprises entrantes utilisant massivement les TIC et à l'augmentation de la productivité des entreprises existantes et des exportations (Hjort et Poulsen, 2019).

Les résultats de l'analyse économétrique corroborent ces conclusions. En moyenne, un point de pourcentage d'augmentation des dépenses en R&D entraîne une augmentation de 7,6 % de la production de connaissances, toutes choses étant égales par ailleurs. Afin de montrer pourquoi l'augmentation des investissements dans les compétences de haut niveau est essentielle à la production de connaissances pour la création d'emplois, la R&D est mise en relation avec le taux d'inscription dans l'enseignement supérieur (qui représente l'acquisition de compétences). En moyenne, l'augmentation d'un point de pourcentage des investissements de R&D dans une main-d'œuvre hautement qualifiée entraîne une augmentation de 0,3 % de la production de connaissances, toutes choses étant égales par ailleurs.

Vers une meilleure création d'emplois : le rôle du capital humain dans les pays en développement

En 2018, une étude diagnostique de la Banque mondiale sur les emplois a examiné les différents moyens d'obtenir une meilleure création d'emplois et impulser une croissance et un développement inclusifs dans les pays de l'Association internationale de développement (Moretto, Weber et Aterido, 2018). En matière de création d'emplois, quatre faits stylisés essentiels ont été identifiés. En premier lieu, un nombre restreint de grandes entreprises représentent une large part des emplois et des ventes (graphique E2.8.1). En deuxième lieu, la plupart des activités professionnelles des pays en développement sont le fait de microentreprises qui perdurent mais ne sont pas en mesure de développer l'emploi (graphique E2.8.2). Elles n'ont généralement pas la capacité de croître au-delà de 10 employés. En troisième lieu, la croissance de l'emploi est négativement corrélée à l'âge de l'entreprise. Et en quatrième lieu, les nouvelles et

Graphique E2.8.1 Répartition de l'emploi suivant la taille des entreprises en Afrique subsaharienne

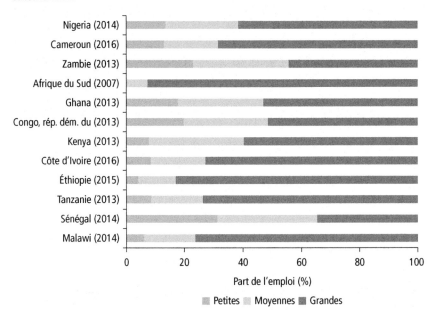

Part de l'emploi (%)

■ Petites ■ Moyennes ■ Grandes

Source : Calculs de la Banque mondiale sur la base des données issues des Enquêtes auprès des entreprises internes.
Note : Petites (et micro-) entreprises = moins de 20 employés ; moyennes entreprises = 20 à 100 employés ; grandes entreprises = 100 employés ou plus.

(suite page suivante)

ENCADRÉ 2.8 (suite)

Graphique E2.8.2 Taille des entreprises en Afrique subsaharienne

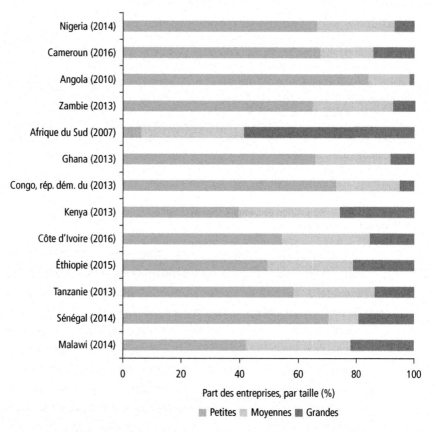

Part des entreprises, par taille (%)

◼ Petites ◼ Moyennes ◼ Grandes

Source : Calculs de la Banque mondiale sur la base des données issues des Enquêtes auprès des entreprises internes.
Note : Petites (et micro-) entreprises = moins de 20 employés ; moyennes entreprises = 20 à 100 employés ; grandes entreprises = 100 employés ou plus.

jeunes entreprises sont la principale source d'emplois. Celles-ci tendent néanmoins à être de plus petite taille ; or les entreprises plus petites ont un plus faible taux de survie (graphique E2.8.3).

Les résultats de l'enquête suggèrent qu'avec le temps, l'Afrique aura besoin de plus de grandes entreprises pour créer le grand nombre d'emplois nécessaire à l'absorption d'une partie importante de la main-d'œuvre du continent. Étant donné, comme cela a été mentionné, que la plupart des activités professionnelles de la région sont des microentreprises incapables de développer l'emploi, les efforts déployés en matière de

(suite page suivante)

Graphique E2.8.3 **Taux de survie des entreprises dans une sélection de pays, suivant l'âge et la taille**

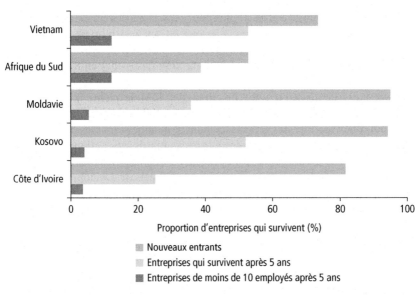

Proportion d'entreprises qui survivent (%)

Nouveaux entrants
Entreprises qui survivent après 5 ans
Entreprises de moins de 10 employés après 5 ans

Source : Moretto, Weber et Aterido, 2018.

capital humain doivent se concentrer sur la production d'entrepreneurs du numérique hautement qualifiés qui développeront les technologies appelées à créer les grandes entreprises.

Recommandations et futur programme de recherche

L'Afrique subsaharienne doit investir dans le développement des infrastructures physiques et l'amélioration du cadre réglementaire, comme le recommande le RDM 2019, afin de créer les conditions propices à la création d'emplois dans le secteur privé formel. En outre, elle doit agir vite afin de créer les conditions nécessaires en matière de capital humain pour tirer avantage des opportunités de création d'emplois dans la région offertes par les technologies numériques. La clé de voûte de cette stratégie consiste d'une part à former une masse critique d'inventeurs et d'entrepreneurs et à lui permettre de mettre au point et développer à grande échelle des technologies numériques qui vont stimuler la productivité de tous les travailleurs, en particulier des peu qualifiés, dans leurs activités actuelles et dans de nouveaux emplois, et d'autre part, à renforcer l'offre de services éducatifs et de santé. L'offre actuelle de diplômés en STIM dans la région subsaharienne est insuffisante au regard du nombre nécessaire pour générer un élan d'innovation. Les données indiquent qu'il coûte aux étudiants de la région quelque 20 à 30 % de plus pour s'inscrire à des cursus universitaires en STIM qu'en d'autres matières telles que les sciences humaines et sociales. Sans surprise, la plupart des inscriptions dans l'enseignement supérieur concernent d'autres matières que les STIM. Le coût des études en STIM est élevé non seulement pour les étudiants, mais aussi pour les établissements. Au niveau universitaire, la mise en œuvre d'un cursus de STIM de qualité exige d'énormes investissements pour équiper les salles de cours, bibliothèques, laboratoires et, surtout, pour recruter des experts hautement qualifiés capables d'enseigner les cursus de STIM à un niveau conforme aux standards internationaux. Les États et autres parties prenantes devront procéder à des investissements en capitaux énormes et coûteux afin de permettre aux universités de développer des cursus de STIM de qualité. Les États devront de plus supporter une part de la charge financière des étudiants qui s'inscrivent à ces cursus. Or, au vu de la faible marge de manœuvre budgétaire dont dispose l'enseignement supérieur dans la plupart des pays de la région et du manque de ressources en capital humain adapté, qui empêche la dispense d'un enseignement de qualité de la filière STIM, les investissements devront être stratégiques et ciblés.

Des données et retours d'expériences venant des quatre coins du monde offrent des pistes pour résoudre ce problème. Par exemple, l'Afrique subsaharienne pourrait s'inspirer du succès du programme de croissance ciblée des filières STIM dans le supérieur mené au Brésil. À court terme, les politiques publiques pourraient concentrer les efforts sur l'élaboration de petits cursus de STIM de haute qualité dans le supérieur, la création de pôles technologiques et de centres de recherche en STIM de haute qualité ainsi que sur des investissements ciblés qui accroîtront le potentiel des étudiants en STIM exceptionnellement brillants. À moyen et long terme, il est souhaitable de développer ces programmes et investissements à grande échelle afin qu'ils bénéficient aux autres étudiants inscrits dans des cursus liés à la filière STIM, tout en veillant à maintenir une répartition et un développement équitables des compétences fondamentales, faute de quoi, découragés, beaucoup d'étudiants renonceront à s'inscrire à des cursus STIM de l'enseignement supérieur. Les États de la région subsaharienne devront aussi concevoir des mesures incitatives efficaces (comme une augmentation des rémunérations, une amélioration des conditions de travail, l'octroi de subventions de recherche et le financement de projets de recherche collaborative internationaux) afin d'attirer et de conserver les experts et enseignants qualifiés en STIM.

Certains programmes de bourses peuvent inciter les étudiants à revenir au pays après avoir terminé leurs études et aider à puiser dans le vivier de compétences de la diaspora. Des initiatives telles que le Returning Experts Program (Programme pour le retour des experts), piloté par le German Development Cooperation et le Centre for International Migration and Development, encouragent les étudiants à rentrer au pays à l'issue de leurs études en leur apportant un soutien (notamment une allocation de revenu mensuelle pour aider les étudiants à s'installer à leur retour) et un poste servant le développement [15]. Les États devront s'associer à de telles organisations afin de partager le coût de ces programmes. En Afrique du Sud, Homecoming Revolution [16] (Révolution du retour au pays) recrute et place des talents disposant d'une expérience internationale dans des organisations de renom intervenant dans des secteurs tels que les technologies, les médias, la télécommunication, l'éducation et les soins de santé. Fondée en 2003 et lancée en 2004, Homecoming Revolution avait initialement pour objectif d'encourager les expatriés sud-africains à rentrer au pays, dans l'espoir d'inverser le problème de fuite des cerveaux auquel était confrontée l'Afrique du Sud. Homecoming Revolution s'est à présent étendue à d'autres pays de la région subsaharienne – dont le Ghana, le Kenya, la Tanzanie et l'Ouganda ⊠ afin de ramener chez elles les meilleures compétences de la région. Entre 2009 et 2013, quelque 400 000 professionnels sud-africains sont rentrés dans leur pays par le biais de cette initiative. Homecoming Revolution est désormais une entreprise de recrutement panafricaine bien établie et fait office de leader en matière de rapatriement de compétences. La région a besoin de plus d'initiatives de ce genre. Il lui faudra aussi impliquer la diaspora en puisant dans son vivier de compétences, en particulier chez ceux qui ont une formation en STIM. Les migrants hautement qualifiés montrent un taux de retour élevé (OCDE, 2008) ; toutefois, pour que les pays subsahariens tirent le meilleur parti de ce potentiel, il faudra des mesures d'accompagnement des rapatriés qui permettent de faire un bon usage de leurs compétences, en s'appuyant sur des programmes de réinsertion sur le marché du travail dignes de ce nom.

Enfin, la région subsaharienne doit prendre des mesures pour surmonter des obstacles critiques, telles que le financement des start-ups en phase de démarrage et l'intégration de l'entrepreneuriat dans le cursus éducatif général. Bien que cette intégration soit essentielle à la création d'emplois, elle n'est le fait que de quelques pays dans la région. Et même dans ces pays, les programmes n'ont pas encore produit d'« entrepreneurs à même de créer des entreprises qui génèrent des retours proportionnels dans des domaines tels que la création d'emplois » (*Forbes Africa*, 2019). Une étude analysant les programmes d'éducation entrepreneuriale dans des établissements d'enseignement secondaire et supérieur de trois pays de la région – Botswana, Kenya et Ouganda –a révélé que les élèves et étudiants qui achevaient le cursus n'avaient pas la capacité de monter leur propre entreprise immédiatement après avoir été diplômés. À la différence des cursus techniques et professionnels, dont les diplômés sont plus susceptibles de lancer leur entreprise dans les quelques années ui suivent l'obtention de leur diplôme (Farstad, 2002), la piètre qualité des programmes d'entrepreneuriat dans la région a pour effet que les étudiants, bien qu'ils soient allés au bout, doivent encore emprunter la voie traditionnelle du travail indépendant, c'est-à-dire commencer par une période d'apprentissage ou un emploi salarié afin d'acquérir une expérience pratique et s'affirmer en tant que professionnels avant de se décider à monter leur propre activité (Adams, Johansson de Silva et Razmara, 2013). L'éducation entrepreneuriale de qualité doit occuper plus de place dans les cursus en Afrique subsaharienne. Préparer les étudiants à devenir des entrepreneurs accomplis créateurs d'emplois nécessitera un changement bien planifié, structuré et systématique des cursus actuels.

Pour préparer l'avenir et orienter les politiques publiques, des connaissances complémentaires sont nécessaires sur plusieurs questions. Premièrement, il est nécessaire de mieux comprendre comment identifier, autonomiser et former les inventeurs et les entrepreneurs transformationnels, plus particulièrement ceux disposant de beaucoup de talent et de faibles revenus. Deuxièmement, bien que les technologies numériques puissent étendre l'accès aux services du capital humain, il est nécessaire de mieux comprendre la portée de l'impact des technologies numériques sur la qualité des services fournis par le capital humain. Les technologies numériques viennent-elles principalement renforcer une main-d'œuvre déjà très performante, en lui permettant de fournir d'encore meilleurs résultats, ou peuvent-elles améliorer les résultats de travailleurs peu performants ? Les technologies numériques permettront-elles un meilleur accès des populations marginalisées, populations rurales, minorités ethniques, personnes âgées et handicapées aux services publics éducatif et de santé, ou vont-elles aggraver ces inégalités ? Comment les risques de fracture numérique peuvent-ils être réduits et palliés ? Troisièmement, il existe un risque réel d'obsolescence rapide des compétences numériques acquises et des cursus en la matière, en raison de l'accélération de l'évolution technologique. Il sera important de comprendre les défis à relever pour maintenir à jour les systèmes éducatifs, la formation des enseignants, les méthodes pédagogiques et les supports d'enseignement au regard du rythme des progrès technologiques. Enfin, des mesures appropriées sont nécessaires sur de nombreux fronts, parmi lesquelles de meilleures mesures qualitatives de l'éducation, des compétences des innovateurs et entrepreneurs, ainsi que des compétences des travailleurs, en particulier les compétences comportementales et d'adaptation. L'une des limites du calcul de l'indice de capital humain est en effet que les scores d'évaluation servant à la mesure de la qualité de l'éducation, par exemple, ne sont pas mesurés fréquemment et ne sont disponibles que pour quelques pays. De plus, les scores d'évaluation des différents programmes internationaux d'évaluation doivent être harmonisés à l'aide d'unités communes de résultats d'apprentissage. Il existe aussi un problème de représentativité de l'échantillon : se pose notamment la question de savoir si les sujets évalués sont assez nombreux pour représenter tous les étudiants de leurs pays respectifs, ainsi que leurs âges et les matières couvertes, lesquels varient d'un programme d'évaluation à l'autre. La combinaison de toutes ces limites rend difficile une comparaison précise de la qualité du système éducatif des différents pays.

Ce chapitre se concentre principalement sur l'importance de constituer une masse critique d'inventeurs et d'entrepreneurs hautement qualifiés afin d'aider le large contingent d'individus peu qualifiés d'Afrique subsaharienne à tirer parti des opportunités offertes par les technologies numériques. Étant donné que la majorité des habitants de la région tirent leurs revenus de l'économie informelle, le chapitre suivant examine plus en détail les défis et le potentiel de productivité des entreprises informelles.

Notes

1. Dans 10 pays de la région – Botswana, Cameroun, Guinée, Lesotho, Liberia, Malawi, Rwanda, Soudan du Sud, Soudan et Tanzanie – plus de 30 % des enfants de moins de 5 ans présentent un retard de croissance. Au Burundi, ils sont plus de 50 % ; au Niger et au Nigeria, plus de 40 % (Banque, mondiale, 2019).
2. Un apprentissage complémentaire peut s'effectuer sur le lieu de travail, ce qui contribuera à réduire l'écart de productivité, car les travailleurs sont réaffectés d'un secteur à un autre. Ce chapitre n'ignore pas ce facteur ; toutefois, comme en témoigne la littérature existante, il est difficile d'isoler le rôle particulier de l'apprentissage complémentaire sur les changements de productivité dans les analyses de décomposition structurelle qui examinent la part des effets intra (*within*) et inter (*between*) dans les changements de productivité. Intuitivement, on suppose que la contribution de l'apprentissage complémentaire aux changements de productivité est captée dans l'effet intra (voir, par exemple, Mensah *et al.*, 2018).
3. Pour plus d'informations sur les différents classements, voir https://www.timeshighereducation.com/world-university-rankings et https://www.topuniversities.com/university-rankings/world-university-rankings/2020.
4. Données provenant de l'Organisation mondiale de la propriété intellectuelle.
5. Pour un aperçu de la réponse de l'Afrique aux écarts systémiques de compétences et de connaissances dans les domaines de STIM prioritaires, voir la vidéo de la Banque mondiale, *Creating a Critical Mass of Highly Skilled Science and Technology Professionals in Africa* à l'adresse http://www.worldbank.org/en/news/video/2017/09/22/creating-a-critical-mass-of-highly-skilled-science-and-technology-professionals-in-africa.
6. Pour en savoir plus sur la façon dont Farmerline utilise les technologies numériques inclusives pour augmenter la productivité des agriculteurs en Afrique, voir la page de son site présentant CocoaLink, https://farmerline.co/2018/05/24/farmerline-lau

nches-new-cocoalink-service-a-free-mobile-app-that-puts-the-power-of-mobile
-technology-in-farmers-hands/.

7. Pour en savoir plus sur les démarches du Groupe de la Banque mondiale et d'autres partenaires pour développer à grande échelle l'utilisation des technologies numériques disruptives dans le secteur agricole en Afrique, voir les informations concernant la con férence et le défi des technologies disruptives agricoles, https://www.worldbank.org/en /events/2019/04/05/disruptive-agricultural-technology-challenge-and-conference.

8. Pour en savoir plus sur les programmes kenyans FarmLINK visant à doter les agri culteurs d'un accès aux technologies agricoles, voir http://www.farmlinkkenya.com /program-launched-to-help-kenyan-farmers-access-agri-tech-by-2022/.

9. Pour en savoir plus sur la façon dont le Ghana utilise les technologies numériques pour prodiguer des soins de santé plus inclusifs et de meilleure qualité, voir cette page du site internet de la fondation Novartis : https://www.novartisfoundation.org /our-work/reimagining-healthcare-through-digital-technology/ghana-telemedicine.

10. Pour en savoir plus sur la façon dont l'Afrique du Sud utilise les technologies numéri- ques pour fournir de meilleurs services de soins de santé maternelle et infantile, voir cette page du site Internet du département de la Santé de la république d'Afrique du Sud : http://www.health.gov.za/index.php/mom-connect.

11. Pour en savoir plus sur la façon dont l'Ouganda utilise les technologies numériques pour fournir de meilleurs services de soins de santé, voir le site internet du ministère ougandais de la Santé consacré à mTrac à l'adresse http://www.mtrac.ug/.

12. Institut de statistique de l'UNESCO (ISU). Les données correspondant aux années actuellement disponibles (2012-2017) sont utilisées pour chaque pays.

13. Pour en savoir plus sur les classements de pays selon leur degré de développement numérique, voir l'indice de préparation au réseau du Forum économique mondiale à l'adresse http://reports.weforum.org/global-information-technology-report-2016 /networked-readiness-index/.

14. Pour en savoir plus sur l'indice de développement des TIC de l'UIT, voir https://www .itu.int/net4/itu-d/idi/2017/index.html.

15. Pour en savoir plus sur les programmes d'insertion sur le marché du travail destinés aux Africains qualifiés de la diaspora qui sont de retour, voir le site internet de German Alumniportal à l'adresse https://www.alumniportal-deutschland.org/en /study-continuing-education/programmes/returnees-from-abroad/.

16. Pour en savoir plus sur les programmes d'insertion sur le marché du travail destinés aux Africains qualifiés de la diaspora qui sont de retour, voir le site internet de Homecoming Revolution à l'adresse http://homecomingrevolution.com/about-us/.

Bibliographie

Adams, A. V., Johansson da Silva, S. et Razmara, S. 2013. *Improving Skills Development in the Informal Sector: Strategies for Sub-Saharan Africa*. Washington : Banque mondiale.

African News Agency. 2018. « Airbnb Supports 22,000 Jobs across South Africa ». *IOL Business Report*, 12 septembre. https://www.iol.co.za/business-report/companies /airbnb-supports-22-000-jobs-across-south-africa-17029508.

Arias, O., Evans, D. et Santos, I. 2019. *The Skills Balancing Act in Sub-Saharan Africa: Investing in Skills for Productivity, Inclusion and Adaptability*. Série Forum sur le développement de l'Afrique. Washington : Banque mondiale.

Banque mondiale. 2016. *World Development Report 2016: Digital Dividends*. Washington : Banque mondiale.

———. 2017. « Leapfrogging: The Key to Africa's Development? From Constraints to Investments in New Opportunities ». Document de travail de la Banque mondiale, Washington.

———. 2018. *World Development Report 2018: Learning to Realize Education's Promise*. Washington : Banque mondiale.

———. 2019. *World Development Report 2019: The Changing Nature of Work*. Washington : Banque mondiale.

Bartelsman, E. J. 2013. « ICT, Reallocation and Productivity ». Document économique n° 486, Commission européenne, Bruxelles.

Bashir, S., Marlaine, L., Ninan, E. et Jee-Peng, T. 2018. *Facing Forward: Schooling for Learning in Africa*. Washington : Banque mondiale.

Bastos de Morais, J.-C. 2017. « Digital Technologies Can Deliver Better Healthcare to Sub-Saharan Africa. Here's How ». Agenda du Forum économique mondial, 19 octobre. https://www.weforum.org/agenda/2017/10/digital-paths-for-better-healthcare-in -sub-saharan-africa/.

Bayen, M. 2018. « Africa: A Look at 442 Active Tech Hubs of the Continent ». *Mobile for Development* (blog), 22 mars. https://www.gsma.com/mobilefordevelopment/pro gramme/ecosystem-accelerator/ africa-a-look-at-the-442-active-tech-hubs-of-the-continent/.

Benjamin, N. C. et Mbaye, A. A. 2012. « The Informal Sector, Productivity, and Enforcement in West Africa: A Firm-Level Analysis ». *Review of Development Economics*, vol. 16, n° 4, p. 664–680.

Böhme, M. et Thiele, R. 2012. « Is the Informal Sector Constrained from the Demand Side? Evidence for Six West African Capitals ». *World Development*, vol. 40, n° 7, p. 1369–1381.

Bold, T., Filmer, D., Martin, G., Stacy, B. et Rockmore, C. 2017. « Enrollment without Learning: Teacher Effort, Knowledge, and Skill in Primary Schools in Africa ». *Journal of Economic Perspectives*, vol. 31, n° 4, p. 185–204.

Cadot, O., Melo (de), J., Plane, P., Wagner, L. et Woldemichael, M. 2016. « Industrialization and Structural Change: Can Sub-Saharan Africa Develop without Factories? ». *Revue d'économie du développement*, vol. 24, n° 2, p. 19–49.

Dahir, A. L. 2017. « Uber's Four-Year Journey through Africa's Fast-Changing Cities Has Been Bumpy, but Disruptive ». *Quartz Africa*, 30 septembre. https://qz.com /africa/1090738/uber-is-marking-four-years-in-africa/.

Disrupt Africa. (2018). *African Tech Startups Funding Report 2018*. https://disrupt-africa . com/funding-report/.

Cassim, A., Lilenstein, K., Oosthuizen, M. et Steenkamp, F. 2016. « Informality and Inclusive Growth in Sub-Saharan Africa: Evidence and Lessons from Latin America (ELLA) Regional Evidence Paper ». Document de travail n° 201602. Development Policy Research Unit, Université de Cape Town.

Fagerberg, J. et Verspagen, B. 2002. « Technology-Gaps, Innovation-Diffusion and Transformation: An Evolutionary Interpretation ». *Research Policy*, vol. 31, n° 8–9, p. 1291–1304.

Farstad, H. 2002. « Integrated Entrepreneurship Education in Botswana, Uganda and Kenya: Final Report ». Rapport commissionné par la Banque mondiale. National Institute of Technology, Oslo.

Forbes Africa. 2019. « African Curricula That Mean Business », 27 mars. https://www.forbesafrica.com/entrepreneurs/2019/03/27/african-curricula-that-mean-business/.

Garcia, M., Pence, A. et Evans, J. L. 2008. *Africa's Future, Africa's Challenge: Early Childhood Care and Development in Sub-Saharan Africa*. Série Directions du dével oppement. Washington : Banque mondiale.

Gelb, A., Meyer, C. et Ramachandran, V. 2013. « Does Poor Mean Cheap? A Comparative Look at Africa's Industrial Labor Costs ». Document de travail n° 325. Center for Global Development, Washington.

Halliwell, J. E. 2012. « Centres of Excellence as a Tool for Capacity Building-Canada Case Study », Paris : OCDE.

Haltiwanger, J., Scarpetta, S. et Schweiger, H. 2014. « Cross Country Differences in Job Reallocation: The Role of Industry, Firm Size and Regulations », *Labour Economics*, vol. 26, n° 116, p. 11–25.

Hjort, J. et Poulsen, J. 2019. « The Arrival of Fast Internet and Employment in Africa », *American Economic Review*, vol. 109, n° 3, p. 1032–1079.

Liese, B. et Dussault, G. 2004. « The State of the Health Workforce in Sub-Saharan Africa: Evidence of Crisis and Analysis of Contributing Factors ». Série Développement humain de la région Afrique. Document de travail de la Banque mondiale, Washington.

Manyika, J., Cabral, A., Moodley, L., Yeboah-Amankwah, S., Moraje, S., Chui, M., Anthonyrajah, J. et Leke, A. 2013. « Lions Go Digital: The Internet's Transformative Potential in Africa ». McKinsey & Company.

McKenzie, D. et Sakho, Y. S. 2010. « Does It Pay Firms to Register for Taxes? The Impact of Formality on Firm Profitability », *Journal of Development Economics*, vol. 91, n° 1, p. 15–24.

Mensah, E. B., Owusu, S., Foster-McGregor, N. et Szirmai, A. 2018. « Structural Change, Productivity Growth and Labour Market Turbulence in Africa ». Document de travail n° 2018-025, Centre de recherche économique et sociale de Maastricht pour l'innovation et la technologie, Maastricht.

Mensah, E. B. et Szirmai, A. 2018. « African Sector Database: Expansion and Update ». Document de travail n° 2018-020. Centre de recherche économique et sociale de Maastricht pour l'innovation et la technologie, Maastricht.

Moretto, D., Weber, M. et Aterido, R. 2018. « Pathways to Better Jobs in IDA Countries: Findings from Jobs Diagnostics ». *Jobs Series* n° 14. Banque mondiale, Washington.

Ng'weno, A. et Porteus, D. 2018. « Can Africa Show How Gig Workers Get a Fair Share in the Digital Economy? ». Centre pour le développement global (blog), 15 octobre. www.cgdev.org/blog/can-africa-show-how-gig-workers-get-fair-share-digital-economy.

OCDE (Organisation de coopération et de développement économiques). 2008. « Return Migration: A New Perspective ». In *International Migration Outlook 2008*. Paris : OCDE, p. 161–222.

OIT (Organisation internationale du travail). 2018. *World Employment Social Outlook: Trends 2018*. Genève : OIT.

OMS (Organisation mondiale de la santé). 2006. *The World Health Report 2006: Working Together for Health*. Genève : OMS.

Perera, M. et Aboal, D. 2019. « The Impact of a Mathematics Computer-Assisted Learning Platform on Students' Mathematics Test Scores ». Document de travail n° 2019-007, Centre de recherche économique et sociale de Maastricht pour l'innovation et la technologie, Maastricht.

Rodrik, D. 2016. « Premature Deindustrialization », *Journal of Economic Growth*, vol. 21, n° 1, p. 1–33.

Roser, M. et Ortiz-Ospina, E. 2020. « Tertiary Education », *Our World in Data*, Global Change Data Lab, Université d'Oxford. https://ourworldindata.org/tertiary-education.

Saane, Z. et Baker, M. 2018. « Improving Productivity and Job Quality of Low-Skilled Workers in the United Kingdom », Document de travail du département des affaires économiques, n° 1457, OCDE, Paris.

Schanzenbach, D. W. 2014. « Does Class Size Matter? ». Note d'orientation. National Education Policy Center, School of Education, Université du Colorado.

Soares, M., Rocha, D. B. et Ponczek, V. 2011. « The Effects of Adult Literacy on Earnings and Employment ». *Economics of Education Review*, vol. 30, n° 4, p. 755–764.

Szirmai, A. et Verspagen, B. 2015. « Manufacturing and Economic Growth in Developing Countries, 1950–2005 ». *Structural Change and Economic Dynamics*, vol. 34 (septembre), p. 46–59.

UIL (Institut de l'UNESCO pour l'apprentissage tout au long de la vie). 2013. *Second Global Report on Adult Learning and Education: Rethinking Literacy*. Hambourg : UIL.

——. 2016. *Third Global Report on Adult Learning and Education: The Impact of Adult Learning and Education on Health and Well-Being, Employment and the Labour Market, and Social, Civic and Community Life*. Hambourg : UIL.

——. 2017. *The Status of Adult Learning and Education in Sub-Saharan Africa: Regional Report*. Hambourg : UIL.

Université Cornell, INSEAD et WIPO (Organisation mondiale de la propriété intellectuelle). 2017. *The Global Innovation Index 2017: Innovation Feeding the World*. Genève : OMPI.

Chapitre 3

Accroître la productivité du secteur informel

Pierre Nguimkeu et Cedric Okou

Introduction

Quelque 82 % de la population pauvre d'Afrique subsaharienne vit encore dans les zones rurales, subsistant principalement grâce à l'agriculture. En comparaison des autres régions du monde, le marché du travail informel et le nombre d'entreprises informelles y sont les plus importants et prédominent. Dans la plupart des pays subsahariens, le travail informel constituait environ 89 % de l'emploi entre 2000 et 2016 : 89 % au Sénégal, 81 % au Tchad et 63 % au Togo. L'entrepreneuriat demeure majoritairement informel, représentant à peu près 90 % des activités : selon le recensement des entreprises réalisé en 2016, 97 % d'entre elles sont informelles au Sénégal[1]. La taille même de l'économie informelle dans la région implique plusieurs difficultés. Comparativement à celles du secteur formel, les exploitations agricoles, les entreprises et la main-d'œuvre du secteur informel disposent d'un mauvais accès à l'information sur les marchés des intrants, des connaissances et des extrants, souffrent d'une plus faible productivité et ont des revenus limités. Afin de relever le défi de l'informalité, le *Rapport sur le développement dans le monde 2019* (RDM 2019) plaide pour la création d'emplois privés stables dans le secteur formel pour les pauvres (Banque mondiale, 2019d). La mise en application de cette recommandation, formulée selon une perspective globale et de long terme, a eu un succès limité et ne prend peut-être pas pleinement en compte les besoins et difficultés immédiats des entreprises et travailleurs informels en Afrique.

Dans ce contexte, ce chapitre a pour objectif de traiter les questions suivantes :

- Quelles sont les caractéristiques propres à l'économie informelle en Afrique subsaharienne en comparaison des autres régions ?

- Comment les politiques relatives à l'informalité peuvent-elles mieux cibler les circonstances de l'Afrique subsaharienne, au-delà des réformes en faveur de la formalisation à long terme formulées dans le RDM 2019 ?
- Comment tirer parti des technologies numériques afin d'affronter les difficultés et de réaliser le potentiel des entreprises et travailleurs informels en Afrique subsaharienne ?

Ce chapitre vient compléter et contextualiser les mesures présentées dans le RDM 2019. Dans son traitement des difficultés de l'informalité en Afrique subsaharienne, l'analyse adopte un point de vue à l'horizon temporel multiple. Elle établit une distinction entre, d'une part, les mesures de formalisation visant à amorcer la transition des entreprises et travailleurs informels vers l'économie formelle, qui n'ont eu jusqu'à présent qu'un succès limité, et, d'autre part, les mesures à court et moyen terme centrées sur l'amélioration de la productivité des petites entreprises, exploitations agricoles et travailleurs non qualifiés du secteur informel. La mise en œuvre de mesures d'accroissement de la productivité dans le secteur informel semble plus réaliste à court et moyen terme. À long terme, les entreprises informelles plus productives chercheront probablement à se formaliser à mesure qu'elles grandiront et en percevront les avantages.

Le RDM 2019 traite, dans les grandes lignes, de la création d'emplois stables dans le secteur formel et des politiques de formalisation – notamment la réduction des coûts d'enregistrement, la rationalisation fiscale, le soutien au capital humain, l'investissement dans la formation et le versement des salaires par voie électronique – à titre de solutions aux problèmes de l'économie informelle, souvent qualifiée d'« économie grise ». L'objectif premier des réformes courantes en faveur de la formalisation est de parvenir à la transition des unités de main-d'œuvre et de production informelles vers le secteur formel au moyen d'un éventail d'incitations et d'outils d'application. Néanmoins, les preuves empiriques suggèrent que les politiques de formalisation mises en œuvre dans les pays en développement en général et d'Afrique subsaharienne en particulier n'ont, au mieux, exercé qu'une influence bénéfique modeste au regard de leurs coûts. Par exemple, les réformes de formalisation des points de vente multiservice ont entraîné, tout au plus, une augmentation de 5 % des enregistrements d'entreprises en Colombie et au Mexique, tandis que ces mesures de formalisation ont réduit le nombre de ces enregistrements au Brésil (Bruhn et McKenzie, 2014). Dans une récente étude expérimentale randomisée, Benhassine *et al.* (2018) montrent qu'un ensemble complet de mesures de formalisation – comprenant des incitations à l'enregistrement, un service de consultation et de formation pour les entreprises ainsi qu'une assistance fiscale et bancaire – avait engendré une hausse du taux de formalisation de seulement 16,3 % au Bénin pour des coûts d'intervention prohibitifs.

Afin de comprendre le succès assez limité des réformes en faveur de la formalisation, il convient de considérer celle-ci comme un processus graduel plutôt que comme une expérience ponctuelle. Nombre d'actions de formalisation sont réversibles, étant donné qu'entreprises et travailleurs soupèsent constamment le rapport entre, d'une part, les gains et avantages que procure la formalisation en matière d'accès élargi au marché, d'assouplissement des conditions de financement et de services d'assistance complémentaires et, d'autre part, les coûts et aspects dissuasifs, à savoir la fiscalité, les coûts d'homologation afférents et la déclaration des employés. Le secteur informel en Afrique subsaharienne se compose de petites et grandes entreprises opérant de manière informelle. À cet égard, il faudra probablement du temps avant que la formalisation ne s'y concrétise, et elle pourrait ne pas être généralisée, bien qu'elle puisse être efficace pour de grandes entreprises informelles, y compris à moyen terme, ainsi que le relèvent Benjamin et Mbaye (2012a). En conséquence, une question-clé en matière de développement est de savoir quelles mesures concrètes peuvent être mises en œuvre en attendant, c'est-à-dire à court et moyen terme. Au vu de l'omniprésence de l'informalité en Afrique subsaharienne et des obstacles à la formalisation, nous considérons dans ce chapitre que les interventions politiques s'attachant davantage à tirer parti des unités à faible productivité sont plus susceptibles de réussir à réaliser le potentiel de l'économie informelle. À court et moyen terme, les interventions politiques encourageant la productivité peuvent aider à stimuler la productivité des entreprises informelles aux côtés de politiques visant à améliorer les compétences des travailleurs, comme cela a été exposé au chapitre 2. En outre, une meilleure application des politiques peut encourager la transition de grandes entreprises informelles vers le secteur formel. À long terme, un environnement propice aux affaires et une juste mise en œuvre des politiques aideront probablement certaines entreprises informelles productives à croître et, en définitive, à devenir formelles à mesure qu'elles percevront que les gains du fonctionnement formel sont supérieurs aux coûts (Grimm, Knorringa et Lay, 2012).

Le RDM 2109 ne traite pas en détail les obstacles au crédit que rencontrent habituellement les petites entreprises en Afrique subsaharienne, ni comment il est possible de tirer profit des technologies numériques pour contourner ces difficultés. Intrinsèquement révolutionnaires, les technologies numériques sont présentées comme un catalyseur essentiel de la croissance économique. Leur adoption offre une trajectoire potentiellement très différente dans les pays à revenu élevé et à marché émergent, où la population sait lire et écrire et a au moins des notions minimales de calcul, à la différence des pays subsahariens à faible revenu, où une part importante de la population est encore quasi analphabète et ne sait pas ou presque pas compter.

L'économie numérique fournit aux entreprises et travailleurs d'Afrique subsaharienne, y compris ceux des secteurs informels, l'occasion de réorienter les marchés en minimisant l'asymétrie d'information, ce qui présente des avantages pluridimensionnels, notamment celui de faciliter la formalisation. En reliant davantage d'entreprises informelles aux consommateurs, les technologies numériques peuvent renforcer l'épine dorsale des économies subsahariennes. Dans les environnements à faible revenu, les technologies numériques destinées aux peu qualifiés – par le biais de vidéos éducatives, écrans tactiles à activation vocale et applications faciles d'utilisation – peuvent autonomiser les travailleurs informels peu qualifiés afin qu'ils soient en mesure de réaliser des tâches requérant davantage de compétences et apprennent en travaillant. Ces technologies peuvent permettre aux travailleurs qui ne disposent pas de garanties mais sont capables de constituer une petite épargne d'accéder à des produits de crédit et d'assurance sur la base de leurs antécédents d'épargne et d'achats, et de trouver de meilleurs emplois avec le temps. La numérisation crée déjà de nouvelles opportunités pour les plus petites entreprises et exploitations agricoles informelles, qui peuvent accéder à des réseaux et marchés plus étendus. Au Kenya, les femmes travaillant dans le secteur informel peuvent obtenir des crédits mobiles, acheter des produits alimentaires auprès d'un plus large réseau d'agriculteurs afin de les revendre sur les marchés locaux, et donc investir et épargner davantage. Un autre exemple est celui de l'utilisation de plateformes de réseaux sociaux telles qu'Instagram, Twitter et WhatsApp pour faire la promotion de biens et services auprès d'un plus large éventail de clients moyennant un coût minimal en comparaison des magasins physiques.

Afin de soutenir l'objectif politique à long terme de formalisation, sont examinées dans le présent chapitre d'autres voies qui, à court et moyen terme, peuvent réalistement entraîner un accroissement de la productivité des travailleurs et des entreprises du secteur informel. L'étude accorde une place centrale à l'économie numérique, laquelle peut générer des gains de productivité considérables. Nous présentons dans ce chapitre une vue d'ensemble sur les marchés des affaires et du travail en Afrique subsaharienne, caractérisés par un important secteur informel, et mettons en évidence leurs défis et opportunités. Nous mettons en évidence les principales tendances de l'offre et de la demande sur le marché du travail dans le contexte de grande informalité propre à la région. Cette démarche permet d'affiner notre compréhension du rôle des technologies numériques dans l'augmentation de la productivité des entreprises informelles. Nous examinons comment la numérisation peut libérer le potentiel entrepreneurial des unités informelles, encourageant de la sorte une croissance durable et inclusive en Afrique subsaharienne. Dans la mesure où l'accès au crédit est l'un des obstacles fondamentaux à l'entrepreneuriat en Afrique subsaharienne, nous analysons en quoi l'adoption et la diffusion des technologies mobiles, telles que les téléphones mobiles, l'argent mobile et les applications de comptabilité, peuvent permettre aux travailleurs indépendants pratiquant une activité de subsistance, ne disposant pas de garanties mais ayant la capacité de constituer une petite épargne, d'accéder à des produits de crédit et d'assurance. Ces travailleurs peuvent s'appuyer sur leurs antécédents d'épargne et d'achats pour obtenir de petits crédits et développer leurs activités ou trouver un meilleur emploi avec le temps. En outre, nous abordons dans ce chapitre l'importance de la mise en place de politiques synergiques pour accroitre la productivité tout en réduisant les nouveaux risques sur le marché du travail. En effet, bien que la numérisation puisse faciliter la création de nouvelles entreprises formelles centrées sur la technologie (par exemple, des influenceurs YouTube et Instagram qui tirent un revenu de la publicité pour les produits d'autres entreprises), elle rend difficile pour les pouvoirs publics des pays subsahariens à faible revenu l'exploitation de l'assiette fiscale de tels emplois. Le reste du chapitre est organisé comme suit : nous passons d'abord en revue les différentes dimensions de l'informalité et fournissons un aperçu de la situation des entreprises et des exploitations agricoles informelles en Afrique subsaharienne. Nous abordons ensuite le rôle des technologies numériques dans l'avenir du travail informel en Afrique subsaharienne. Enfin dans la dernière partie, nous présentons nos recommandations en matière d'interventions politiques afférentes et nous concluons.

Vue d'ensemble de la situation des entreprises et exploitations agricoles informelles

Cette partie établit une synthèse de la littérature récente et relève les faits stylisés liés aux racines et difficultés de l'informalité en Afrique subsaharienne. Elle passe en revue les sources potentielles de l'informalité, examine divers corrélats et discute des interactions entre le secteur formel et l'économie informelle[2]. Elle brosse également le portrait de l'économie informelle en mettant en exergue les principaux traits qui caractérisent la productivité des travailleurs, entreprises et exploitations agricoles du secteur informel. Dans cette partie, on utilisera indifféremment Afrique et Afrique subsaharienne.

Que sait-on de l'informalité ?

L'informalité est un concept subtil présentant de nombreuses facettes. De manière générale, elle désigne la production de biens et services légaux par des entreprises et des travailleurs qui ne respectent pas les réglementations du marché des affaires ou du travail. Il existe plusieurs définitions ou typologies de l'informalité, ainsi que différentes dimensions, telles que les motifs (survie, évasion, exclusion) et les marges (entreprises, travailleurs) de participation. Trois perspectives principales viennent expliquer les sources de l'informalité (Boly, 2018 ; Kanbur, 2017 ; Loayza, 1996 ; Banque mondiale, 2019c). En premier lieu, les entreprises à faible productivité peuvent être forcées d'opérer de manière informelle à titre de stratégie de survie (La Porta et Shleifer, 2014). Les « survivants » regroupent des personnes peu qualifiées et des entrepreneurs de subsistance qui seraient préférablement les employés d'entreprises prospères si cela était seulement possible. En deuxième lieu, des réglementations sévères peuvent pousser des entreprises potentiellement productives à se cacher des autorités (de Soto, 1989). Ces « organisations freinées » sont entravées par les coûts d'entrée élevés et d'autres réglementations. En troisième lieu, des entreprises peuvent aussi choisir de mener leurs activités au sein de l'économie grise car après avoir rationnellement soupesé les avantages et les inconvénients, elles favorisent la maximisation du profit au détriment de la légalité (de Mel, McKenzie et Woodruff, 2011). Ces « passagers clandestins » pourraient être aussi productifs s'ils était des entreprises formelles, mais ils refusent la formalisation afin de s'épargner les coûts réglementaires et les taxes. Ulyssea (2018) montre en quoi ces perspectives complémentaires reflètent les différentes réponses d'entreprises hétérogènes à un même environnement institutionnel dans un modèle où les entreprises formelles peuvent décider de payer (ou non) pour la formalisation et de choisir combien d'employés elles déclarent ou emploient « au noir ». Dans ce contexte, nous posons les questions suivantes :

• Quels sont les critères usuels de définition de l'informalité ?
• En quoi le secteur informel est-il lié à l'économie formelle ?
• Quelles sont les principales dimensions du secteur informel en Afrique ?

Il n'existe pas une seule et unique définition des activités informelles. Une façon généralement acceptée de définir l'informalité consiste à prendre en compte les employés et entreprises engagés dans des activités qui ne sont ni taxées ni enregistrées par l'État. Par exemple, le RDM 2019 définit un employé informel comme une personne qui « n'a pas de contrat de travail, ne bénéficie ni de la sécurité sociale ni d'une assurance-maladie, et n'appartient non plus à aucun syndicat » (Banque mondiale, 2019d, p. 27). La 17e Conférence internationale des statisticiens du travail (CIST), quant à elle, recommande une définition plus précise de l'emploi informel comme « tout travail rémunérateur (effectué par un indépendant ou un salarié) qui n'est pas enregistré, réglementé ni protégé par les cadres légaux et réglementaires, ainsi que tout travail non rémunérateur réalisé dans une entreprise générant un revenu » (OIT, 2013). En outre, la CIST définit les entreprises informelles comme des unités de production constituées par des entreprises sans personnalité juridique détenues par des ménages, y compris les entreprises informelles des personnes travaillant pour leur propre compte et les entreprises d'employeurs informels (généralement de petites entreprises non enregistrées). Globalement, l'économie informelle concerne des travailleurs et des entreprises, comme l'indique le tableau 3.1. Dans le contexte de l'Afrique subsaharienne, les critères pertinents pour la définition des entreprises formelles peuvent inclure un ou plusieurs éléments suivants :

• Inscription au registre du commerce national ou local ;

• Enregistrement auprès de l'autorité fiscale nationale (possession d'un numéro d'identification fiscale) ;

• Respect des obligations fiscales ;

• Respect des normes comptables (par exemple, Organisation pour l'harmonisation en Afrique du droit des affaires) ;

• Déclaration de tous les employés auprès des autorités locales ou nationales compétentes, et respect de toutes les obligations afférentes.

Le niveau d'informalité est difficile à évaluer car il s'agit d'un trait endogène de l'économie. D'une part, l'informalité peut influer sur la croissance des économies en développement – par exemple, en absorbant une large part de la main-d'œuvre non qualifiée ou en restreignant l'espace budgétaire. D'autre part, le niveau de développement économique – croissance, pauvreté et inégalités – peut également affecter la taille et la composition du secteur informel (graphique 3.1.a). En outre, les politiques commerciales et les situations budgétaires sont des corrélats-clés de l'informalité (graphique 3.1.b). Les réformes commerciales peuvent façonner le secteur informel à travers la concurrence. Un niveau élevé d'informalité peut aussi orienter les politiques fiscales vers une taxation des échanges commerciaux – plutôt que vers une imposition plus globale des entreprises et de la main-d'œuvre. La qualité des institutions importe également, car un environnement propice aux affaires et une application uniforme des réglementations peuvent contribuer à réduire le niveau d'informalité (graphique 3.1.c). De plus, le degré d'informalité peut varier d'une entreprise à l'autre (Perry *et al.*, 2007).

Certaines peuvent opérer entièrement de manière informelle sur les marchés des produits et les marchés de l'emploi, tandis que d'autres, officiellement enregistrées, peuvent employer, partiellement, de la main-d'œuvre informelle. Par conséquent, l'évaluation des caractéristiques du secteur informel s'effectue souvent en fonction du contexte, en s'appuyant sur des corrélations – plutôt que sur des relations de cause à effet – et à l'aide d'indicateurs reposant sur des modèles (cadres d'analyse à causes et indicateurs multiples, modèles d'équilibre général dynamique), sur des enquêtes (auprès des ménages, de la population active)

Tableau 3.1 Cadre conceptuel de l'économie informelle

Unités de production par type	Emplois par statut							
	Travailleurs à leur compte		Employeurs		Travailleurs familiaux non rémunérés	Salariés		Membres de coopératives
	Informel	Formel	Informel	Formel	Informel	Informel	Formel	Informel
Entreprises du secteur formel					1	2		
Entreprises du secteur informel[a]	3		4		5	6	7	8
Ménages[b]	9					10		

Source : OIT, 2013.

Note : Les cellules colorées en jaune vif indiquent des emplois qui, par définition, n'existent pas dans le type d'unité de production en question. Les cellules colorées en jaune clair indiquent les emplois formels. Les cellules blanches représentent les différents types d'emplois informels.

a. Selon la définition de la 15e CIST (à l'exclusion des ménages employant des travailleurs domestiques rémunérés).
b. Ménages produisant des biens uniquement pour leur propre consommation finale et ménages employant des travailleurs domestiques rémunérés.

Emploi informel :   Cellules 1 à 6 et 8 à 10
Emploi dans le secteur informel :   Cellules 3 à 8
Emploi informel en dehors du secteur informel : Cellules 1,2,9, et 10.

et sur la perception (Enquêtes auprès des entreprises de la Banque mondiale, indices du Forum économique mondial).

Au fil des cycles économiques, il se peut que les dynamiques respectives des secteurs formel et informel se recoupent du fait de leurs liens existants. Lors de replis économiques, le secteur informel peut croître, tandis que l'économie formelle est en recul. À cet égard, l'économie grise peut servir d'amortisseur ou de filet de sécurité pour soutenir les revenus des ménages pauvres (Loayza et Rigolini, 2011). L'économie informelle peut aussi évoluer de façon procyclique et soutenir la croissance économique en fournissant davantage de services et d'intrants intermédiaires à l'économie formelle pendant les reprises économiques ; toutefois, le comportement procyclique du secteur informel peut amplifier les effets néfastes des replis économiques (Chen, 2005 ; Dell'Anno, 2008 ; Meagher, 2013). Les dynamiques à court et long terme de l'informalité ont aussi leur importance. À court terme, l'activité informelle peut fournir un filet de sécurité au fil des fluctuations du cycle économique et des perturbations du marché du travail engendrées par des réformes structurelles majeures telles qu'une libéralisation du commerce. Néanmoins, à long terme, le secteur informel peut entraver le développement en restreignant potentiellement l'élargissement de l'assiette fiscale, limitant de ce fait la mobilisation des ressources intérieures destinées au développement (Dix-Carneiro *et al.*, 2018 ; Docquier, Muller et

Graphiques 3.1 **Corrélats-clés de l'informalité : états de développement, indicateurs fiscaux et gouvernance**

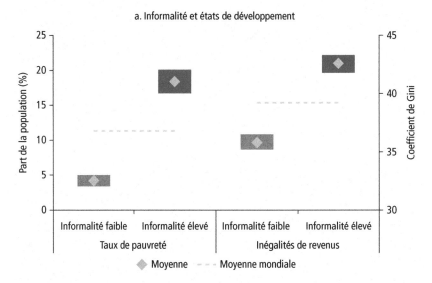

a. Informalité et états de développement

(suite page suivante)

Graphiques 3.1 Corrélats-clés de l'informalité : états de développement, indicateurs fiscaux et gouvernance (*suite*)

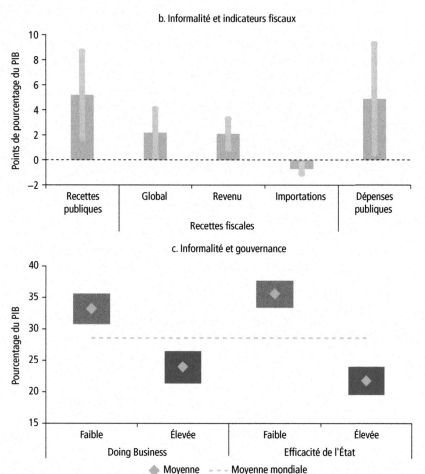

b. Informalité et indicateurs fiscaux

c. Informalité et gouvernance

Source : Banque mondiale, 2019c.
Note : Moyennes non pondérées des données s'étendant de 1990 à 2016. Dans le graphique a, les moyennes de groupe (losanges) et les intervalles de confiance à 95 % (barres) sont représentés en fonction du taux de pauvreté à 1,90 dollar par jour (parité du pouvoir d'achat de 2011, pourcentage de la population) et des coefficients de Gini. « Informalité élevée » et « Informalité faible » indiquent les pays ayant un produit informel respectivement au-dessus et en dessous de la moyenne (estimations basées sur l'équilibre général dynamique). Le graphique b donne à voir les différences d'indicateurs fiscaux moyens, pour la période 2000-2016, parmi le tiers des économies en développement et à marché émergent ayant l'informalité la plus élevée et la plus faible (mesurées par la part de la moyenne, entre 2000 et 2016, de la production informelle basée sur l'équilibre général dynamique). Les barres verticales représentent les intervalles de confiance à 90 % de la différence. L'échantillon se compose de 70 économies en développement et à marché émergent non exportatrices d'énergie ayant une population supérieure à 3 millions. Dans le graphique c, les moyennes de groupe de la production informelle basée sur l'équilibre général dynamique en pourcentage du produit intérieur brut (PIB) officiel en 2016 sont représentées par les losanges, les barres indiquant les bandes de confiance à 95 %. La moyenne mondiale est figurée par une ligne en pointillé. « Élevée » et « Faible » indiquent les pays au-dessus et en dessous des valeurs moyennes dans les mesures suivantes : distance de la frontière Doing Business et efficacité de la gouvernance (indicateurs mondiaux de gouvernance).

Naval, 2017). La synchronisation – ou l'absence de synchronisation – du mouvement entre les secteurs formel et informel varie considérablement d'un pays à l'autre et dépend du degré d'intégration des activités formelle et informelle, de la composition sectorielle, des structures de marché et des rigidités. Les politiques commerciales, budgétaires et autres réglementations qui affectent – à dessein ou involontairement – l'informalité sont responsables d'importantes sources et dynamiques de l'économe grise. En dernière instance, ces politiques doivent trouver un équilibre entre l'application des réglementations, la flexibilité du marché et la protection des segments vulnérables de la population.

Des estimations fondées sur des enquêtes auprès des ménages révèlent que, depuis 2000, la part du secteur informel dans le produit intérieur brut du Bénin, du Burkina Faso et du Sénégal se situe en moyenne, respectivement, à 74 %, 49 % et 54 % (Benjamin et Mbaye, 2012a, 2012b). L'activité informelle prédomine dans le secteur primaire des trois pays (graphique 3.2.a). Les secteurs secondaire et tertiaire affichent davantage d'hétérogénéité. Au Sénégal, près de la moitié de la valeur ajoutée dans les secteurs secondaire et tertiaire peut être attribuée à l'économie grise. Au Burkina Faso, environ la moitié de la valeur ajoutée du secondaire mais seulement un quart de la production du tertiaire proviennent du secteur informel. En revanche, au Bénin, plus de 60 % de la production du secondaire et du tertiaire relève du secteur informel. En dépit d'une hétérogénéité sectorielle substantielle entre les pays, ces données suggèrent une forte prédominance de l'informalité dans les secteurs primaire et tertiaire.

Le secteur secondaire (industries manufacturières) est réduit ou embryonnaire dans beaucoup d'économies africaines. Si l'on se penche sur les exportations, il apparaît clairement que les grandes entreprises informelles ont des exportations comparables en pourcentage du total des ventes à celles des entreprises formelles (graphique 3.2.b). Les grandes entreprises informelles présentent cependant un profil d'exportation très différent de celui des petites entreprises informelles (Benjamin et Mbaye, 2012b).

Taille et caractéristiques du secteur informel

L'informalité est un trait caractéristique de la plupart des pays en développement, dont découlent de vastes implications socio-économiques pour les politiques de réduction de la pauvreté et d'amélioration du bien-être. L'informalité tend à être plus prononcée dans les économies agraires à faible revenu et ayant une grande part de travailleurs non qualifiés (Schneider et Enste, 2002). Les entreprises et exploitations agricoles informelles absorbent une part substantielle de la main-d'œuvre non qualifiée. En outre, de petites start-ups se servent souvent du secteur informel comme d'un incubateur pour croître, devenir plus productives et, finalement, passer dans le secteur formel (Nguimkeu, 2014). Le secteur informel est un élément-clé du tissu de nombreux pays subsahariens et,

Graphiques 3.2 Part de l'activité informelle dans trois économies d'Afrique de l'Ouest

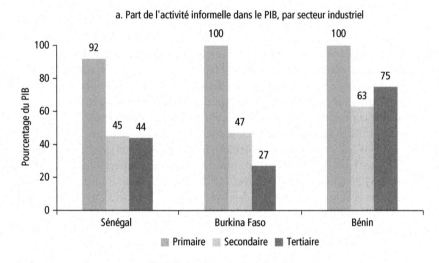

a. Part de l'activité informelle dans le PIB, par secteur industriel

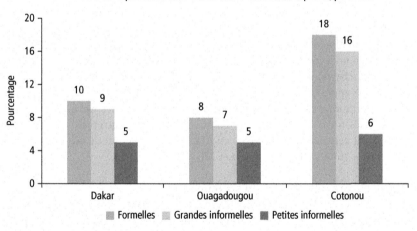

b. Part des exportations dans le total des ventes de trois capitales, par secteur

Source : Benjamin et Mbaye, 2012a.
Note : Le graphique a représente l'activité informelle exprimée en pourcentage du produit intérieur brut (PIB) par secteur industriel au Sénégal, au Burkina Faso et au Bénin vers 2009. Le graphique b affiche la proportion des exportations par rapport au total des ventes par degré d'informalité des entreprises dans les capitales (Dakar pour le Sénégal, Ouagadougou pour le Burkina Faso et Cotonou pour le Bénin).

à ce titre, doit être pleinement pris en compte lors de l'élaboration des politiques économiques.

Cette section décrit l'offre de main-d'œuvre au sein d'une informalité généralisée. Au cours des deux prochaines décennies, les projections envisagent un accroissement de la main-d'œuvre en Afrique supérieur au reste du monde (FMI, 2017). Cet accroissement engendre une demande d'emplois supérieure à ce que le secteur formel est susceptible d'offrir. En Afrique subsaharienne, 89 % des travailleurs – soit à peu près 20 points de pourcentage de plus que dans les marchés émergents et économies en développement (MEED) – sont employés dans le secteur informel (graphiques 3.3.a et 3.3.b). L'informalité est plus prononcée en Afrique de l'Ouest, dans les pays à faible revenu, les États fragiles et les exportateurs de produits de base (graphiques 3.3.b et 3.3.c). En outre, les individus jeunes et les plus âgés tendent à être confrontés à un degré d'informalité plus élevé. En Afrique, 95 % des jeunes et des plus âgés sont des travailleurs informels (graphiques 3.4). Cette part est nettement supérieure à la moyenne des MEED (85 %) et à la moyenne mondiale (77 %). Étant donné que l'éducation permet l'acquisition de compétences de production, elle constitue un déterminant-clé du capital humain, comme cela a été développé au chapitre 2. Comme on pouvait s'y attendre, l'informalité est corrélée négativement au niveau d'éducation (Banque mondiale, 2019c).

Les travailleurs ayant bénéficié d'une éducation de niveau secondaire ou supérieur sont moins susceptibles d'être employés dans le secteur informel que les travailleurs peu qualifiés qui n'ont pas d'instruction ou n'ont terminé que leurs études primaires. Ce phénomène est plus prononcé en Afrique que dans les autres régions du monde (OIT, 2018). Il est manifeste que l'Afrique subsaharienne est extrêmement informelle (Fox *et al.*, 2013).

Graphiques 3.3 Main-d'œuvre informelle généralisée en Afrique

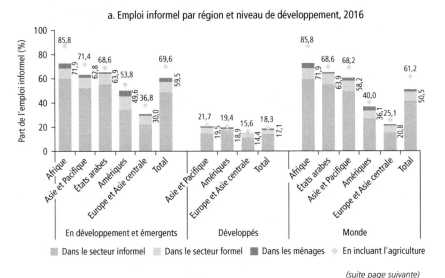

a. Emploi informel par région et niveau de développement, 2016

(suite page suivante)

Graphiques 3.3 Main-d'œuvre informelle généralisée en Afrique *(suite)*

b. Emploi informel, par région, 2016

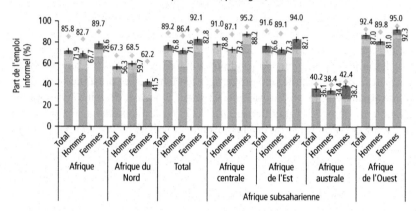

c. Travail indépendant en Afrique subsaharienne, par classification et région, 1990-2016

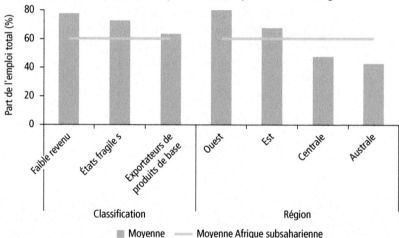

Sources : OIT, 2018 ; Banque mondiale, 2019c.
Note : Dans le graphique a, le regroupement pour l'Afrique effectué en 2018 par l'Organisation internationale du travail se compose de pays nord-africains (la république arabe d'Égypte, le Maroc et la Tunisie) et subsahariens. Le graphique b représente les estimations régionales pour les régions d'Afrique du Nord et d'Afrique subsaharienne (total), cette dernière étant décomposée en Afrique centrale, de l'Est, australe et de l'Ouest. Le graphique c représente les estimations de la Banque mondiale (2019c) et emploie les classifications de pays de la Banque mondiale.

Graphiques 3.4 **Emploi formel, par âge des travailleurs et niveau de développement de l'économie, 2016**

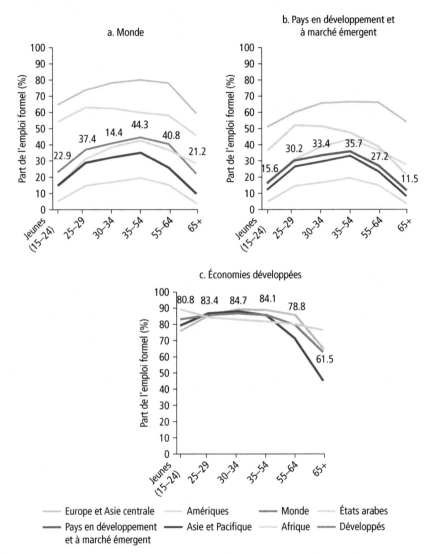

Source : OIT, 2018.

Les entreprises informelles peuvent constituer de puissants moteurs de croissance si elles augmentent leur productivité. Leur contribution estimée à la valeur ajoutée est déjà importante, au vu de leurs chiffres élevés, dont la moyenne se situe autour de 40 % du produit intérieur brut (PIB) en Afrique subsaharienne entre 2010 et 2014 (graphique 3.5.a). Les entreprises informelles typiques, qui représentent 90 % de l'activité commerciale de la région, emploient généralement de la main-d'œuvre non qualifiée, ont des moyens financiers limités, un accès réduit aux marchés et sont relativement petites (Ali et Najman, 2017 ; Perry *et al.*, 2007 ; Xaba, Horn et Motala, 2002). L'emploi ou autoentrepreneuriat informel est un choix courant chez les personnes non qualifiées ou moins instruites (Fox et Sohnesen, 2012). Malgré un environnement moins propice aux

Graphiques 3.5 Informalité et dynamisme entrepreneurial, comparaison de l'Afrique subsaharienne avec les autres régions du monde et MEED

a. Secteur informel sous forme de pourcentage de la production totale, par région du monde

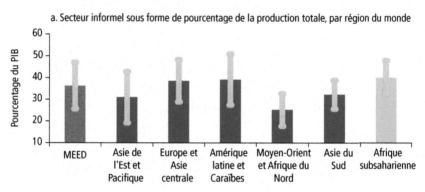

b. Environnement entrepreneurial

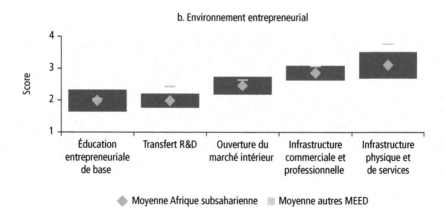

◆ Moyenne Afrique subsaharienne ■ Moyenne autres MEED

(suite page suivante)

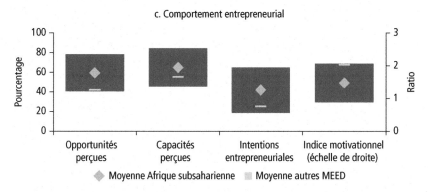

Graphiques 3.5 Informalité et dynamisme entrepreneurial, comparaison de l'Afrique subsaharienne avec les autres régions du monde et MEED (*suite*)

c. Comportement entrepreneurial

◆ Moyenne Afrique subsaharienne   ▪ Moyenne autres MEED

Source : Banque mondiale, 2019c.
Note : Le graphique a représenté une estimation par modèle à indicateurs et causes multiples de la production informelle. Les barres verte et bleues indiquent les moyennes de groupe pour 2006-2016, les barres verticales jaunes indiquant plus ou moins un écart-type. Dans le graphique b, le score (allant de 1 à 9) se base sur l'Enquête nationale d'expert (National Expert Survey) de Global Entrepreneurship Monitor. Un score plus élevé représente une meilleure situation perçue. Les barres bleues correspondent à plus ou moins un écart-type par rapport à la moyenne de l'Afrique subsaharienne. « Autres MEED » (marchés émergents et économies en développement) fait référence à tous les pays MEED à l'exception de l'Afrique subsaharienne. Dans le graphique c, les données proviennent de l'Enquête sur la population adulte (Adult Population Survey) de Global Entrepreneurship Monitor pour 2001-2016. L'indice motivationnel est le pourcentage d'individus qui ont récemment lancé une entreprise et étaient motivés par l'opportunité, divisé par le pourcentage de ceux qui étaient motivés par la nécessité. Un ratio plus faible indique une plus grande proportion d'entreprises motivées par la nécessité. Les barres bleues sont plus ou moins un écart-type par rapport à la moyenne de l'Afrique subsaharienne. « Autres MEED » correspond à tous les pays MEED à l'exception de l'Afrique subsaharienne. PIB = produit intérieur brut ;

affaires, l'Afrique subsaharienne a pu bénéficier d'attitudes entrepreneuriales plus dynamiques (graphiques 3.5.b et 3.5.c). Par conséquent, une amélioration des compétences et de l'accès aux ressources peut aider les entreprises informelles à devenir plus productives.

L'écart de productivité entre les entreprises formelles et informelles est nettement moins important dans les pays d'Afrique de l'Est que dans ceux d'Afrique australe, peut-être en raison d'un environnement institutionnel plus faible en Afrique de l'Est[3]. Des résultats semblables mis en évidence par Benjamin et Mbaye (2012a) corroborent la corrélation négative entre informalité et productivité des entreprises dans le contexte de l'Afrique de l'Ouest. L'économie grise en Afrique compte également de grandes entreprises menant leurs activités de manière informelle mais concurrençant – sur le plan de la taille et du savoir-faire – de grandes entreprises du secteur formel. Ces grandes organisations informelles sont fondamentalement différentes des petites entreprises informelles typiques, car elles tirent profit de réseaux complexes mettant en relation des microentreprises informelles apparemment isolées (Benjamin et Mbaye, 2012a).

L'existence de grandes entreprises informelles laisse supposer que la taille et la contribution de l'économie grise pourraient être sous-estimées dans la plupart des données d'enquête. L'Afrique se caractérise également par un volume non négligeable de commerce informel transfrontalier (CIT), notamment la contrebande et la réexportation clandestine de marchandises vers des pays voisins. Les organisations informelles impliquées dans le CIT tirent profit des différences de quotas et de taxes à l'importation entre les pays d'une même sous-région. Le volume estimé de CIT dépasse largement les chiffres officiels du commerce transfrontalier. Ainsi, les estimations de CIT entre le Cameroun et le Nigeria concernant les biens produits sur le territoire national s'élèvent à 240 millions de dollars, soit six fois la quantité maximale des volumes officiellement enregistrés (Benjamin, Golub et Mbaye, 2015 ; Golub 2014).

En Afrique, les économies reposant majoritairement sur l'agriculture se composent principalement de petites exploitations agricoles qui exigent beaucoup de main-d'œuvre et sont peu mécanisées (Christiaensen et Demery, 2018 ; OIT, 2018). L'agriculture absorbe une large part de la main-d'œuvre dans la plupart des pays africains. Fox et Sohnesen (2012) montrent que le secteur de l'agriculture est de loin la plus grande source d'emploi dans un grand nombre (13) de pays d'Afrique subsaharienne, représentant 72 % de l'emploi primaire. En Afrique, beaucoup d'exploitations agricoles informelles sont des organisations familiales et de petite taille. S'appuyant sur des données issues des recensements mondiaux de l'agriculture, Lowder, Skoet et Raney (2016) révèlent que 9 % des 570 millions estimés d'exploitations agricoles dans le monde se trouvent en Afrique et ont une taille moyenne inférieure à 2 hectares (graphiques 3.6.a et 3.6.b). La quantité de terres consacrées aux cultures est relativement faible, en partie en raison de la fragmentation (Christiaensen et Demery, 2018). En Éthiopie, par exemple, le ménage moyen possède près de trois parcelles, et la superficie travaillée par adulte (les membres du ménage âgés de 14 à 60 ans) est inférieure à un demi-hectare (graphique 3.6.c). Il existe aussi une différence substantielle de rendement quotidien moyen de la main-d'œuvre familiale – approximation de la productivité agricole calculée sur la base du revenu –, qui va de 1,20 dollar en Ouganda à 2,20 dollars au Malawi.

En outre, et contrairement à la croyance populaire, les marchés du travail et des terres pour les activités agricoles en Afrique subsaharienne sont relativement profonds. Une grande part des ménages sont actifs sur les marchés agricoles, opérant des transactions liées au travail (embauche de travailleurs au cours du cycle agricole) et aux terres (location ou emprunt de parcelles). En Ouganda, par exemple, au lieu de compter uniquement sur la main-d'œuvre

Graphiques 3.6 **Répartition et caractéristiques des exploitations agricoles, Afrique subsaharienne et autres régions du monde**

a. Distribution of farms, by regionRépartition des exploitations agricoles, par région du monde

- 9 % Asie de l'Est et Pacifique, sauf Chine (14)
- 35 % Chine
- 7 % Europe et Asie centrale (14)
- 4 % Amérique latine et Caraïbes (26)
- 3 % Moyen-Orient et Afrique du Nord (12)
- 6 % Asie du Sud, sauf Inde (6)
- 24 % Inde
- 9 % Afrique subsaharienne (41)
- 4 % Pays à revenu élevé (46)

b. Répartition des terres cultivées en Afrique subsaharienne

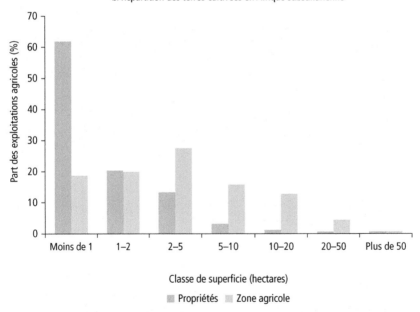

(suite page suivante)

Graphiques 3.6 Répartition et caractéristiques des exploitations agricoles, Afrique subsaharienne et autres régions du monde (suite)

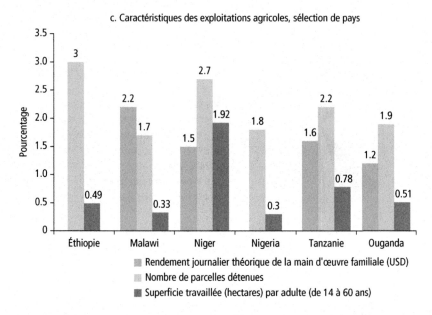

c. Caractéristiques des exploitations agricoles, sélection de pays

■ Rendement journalier théorique de la main d'œuvre familiale (USD)
■ Nombre de parcelles détenues
■ Superficie travaillée (hectares) par adulte (de 14 à 60 ans)

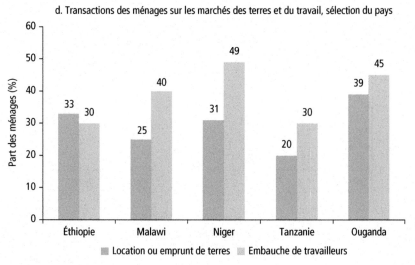

d. Transactions des ménages sur les marchés des terres et du travail, sélection du pays

■ Location ou emprunt de terres   ■ Embauche de travailleurs

Sources : Christiaensen et Demery, 2018 ; Lowder, Skoet et Raney, 2016.
Note : Le graphique a donne à voir la répartition par région du monde de 570 millions exploitations agricoles de 161 pays du monde entier. Le nombre de pays pris en compte est indiqué entre parenthèses. Le graphique b représente la part en pourcentage du nombre total des exploitations agricoles par superficie terrienne en Afrique subsaharienne. Le graphique c représente les différences de caractéristiques des exploitations agricoles dans les pays d'Afrique subsaharienne. Le graphique d donne la proportion de ménages ruraux qui opèrent des transactions sur les marchés des terres ou du travail dans certains pays d'Afrique subsaharienne. USD = dollars américains.

familiale et sur les terres qu'ils possèdent, 45 % des ménages embauchent du personnel pour les aider dans les tâches agricoles, et 39 % des exploitants louent ou empruntent des terres (graphique 3.6.d). La profondeur des marchés agricoles du travail et des terres, conjuguée à l'existence de disparités dans la répartition et la productivité des terres, offre aux économies subsahariennes une opportunité unique (Christiaensen et Demery, 2018). Les transactions réalisées sur les marchés agricoles du travail et des terres peuvent contribuer à niveler les dotations et à stimuler la productivité de ces économies. À cet effet, il est crucial de promouvoir une gestion durable des terres, d'encourager les transferts améliorant l'efficacité, de réduire les asymétries d'information en facilitant l'accès à des registres clairs et détaillés des propriétés terriennes et de garantir des droits de propriété qui protègent efficacement contre le risque de perte de terres.

L'emplacement géographique a son importance dans l'analyse des modèles d'informalité. Dans les zones rurales, les activités informelles sont principalement liées à l'agriculture et au travail domestique. En revanche, les villes sont généralement des centres économiques offrant des avantages liés à l'agglomération : marchés plus étendus, meilleure infrastructure pour accéder aux marchés et faire des affaires, réservoir de travailleurs plus grand et effets de débordement technologiques plus importants (Duranton et Puga, 2004 ; Rosenthal et Strange, 2004). Le secteur informel urbain sert de réceptacle à l'afflux de migrants ruraux (Mbaye et Benjamin, 2015). Dans leur évaluation de la dimension spatiale de l'informalité en Ouganda, Hobson et Kathage (2017) identifient des regroupements d'entreprises informelles à proximité des clients potentiels de la région du grand Kampala. Ce résultat est corroboré pas des données d'enquête révélant que 97 % des entreprises informelles négocient directement avec des individus ou des ménages, et que 84 % d'entre elles vendent à des clients se trouvant dans un rayon de 30 minutes à pied. Par conséquent, les entreprises informelles tendent à opérer à proximité des zones densément peuplées pour bénéficier d'un accès facile à la clientèle.

De plus, les activités informelles urbaines sont généralement menées dans la rue et dans des espaces publics, et elles sont souvent mal vues et considérées comme indésirables par les autorités. Par exemple, il est souvent reproché aux vendeurs de rue et aux opérateurs de transport informels d'aggraver la congestion des villes. Les pays africains connaissent une urbanisation rapide dans un contexte de grande informalité : sur le plan spatial, les autorités tâchent de faire respecter règles et règlements et de garder leur ville ordonnée, tandis que les activités informelles urbaines ont besoin d'espace. Cette situation, si l'on n'y apporte pas de réponse, pourrait mener à des tensions entre autorités locales, entreprises formelles et opérateurs informels. Le secteur informel urbain est vital en ce qu'il fournit des moyens de subsistance aux ménages démunis habitant les villes. Dans la mesure où l'accessibilité apparaît comme un déterminant-clé de la viabilité des entreprises informelles, les pouvoirs publics locaux peuvent travailler en étroite collaboration avec les opérateurs du secteur informel afin de délimiter des secteurs spécifiquement destinés au commerce.

Défis et opportunités de l'informalité

Les défis de l'informalité

Une réglementation pesante, une imposition excessive, une mauvaise gouvernance, de trop longues procédures et des coûts d'enregistrement élevés sont souvent dénoncés comme les principaux responsables de l'informalité en Afrique (Distinguin, Rugemintwari et Tacneng, 2016 ; Djankov *et al.*, 2002 ; Banque mondiale, 2019c). Bien que la réglementation soit nécessaire pour collecter les recettes fiscales et garantir la conformité aux normes minimales en matière de travail, de santé, d'environnement et de qualité, une réglementation excessive augmente en réalité le coût d'entrée et de fonctionnement dans le secteur formel. Ce coût élevé peut contribuer à la taille même de l'économie informelle et poser d'importants problèmes de développement. Le tableau 3.2 présente une liste de pays se situant aux extrémités du classement *Doing Business* 2019 sur la facilité de faire des affaires, établi par la Banque mondiale. Aucune économie africaine ne figure parmi les dix premières, mais huit pays africains se trouvent parmi les dix derniers, aux côtés de Haïti et de la république bolivarienne du Venezuela. En outre, les coûts moyens de réglementation en matière de coûts d'enregistrement, de nombre de jours et de procédures administratives ainsi que les taux d'imposition exprimés en part du revenu national brut (RNB) par habitant sont considérablement plus élevés en Afrique subsaharienne que dans les autres régions du monde. Par exemple, le coût d'entrée y est estimé à 225 % du RNB, contre 8 % dans les pays de l'Organisation de coopération et de développement économiques (un ratio de 28 pour 1), 45,4 % en Asie du Sud, 47,1 % en Asie de l'Est et au Pacifique, 51,2 % au Moyen-Orient et en Afrique du Nord, et 60,4 % en Amérique latine et aux Caraïbes.

Les réglementations sévères et l'environnement moins propice aux affaires en Afrique subsaharienne peuvent freiner la productivité de la majorité des entreprises, les poussant à fonctionner dans l'informalité. Nguimkeu (2016) analyse les effets qu'exercent les compétences, l'octroi des prêts sur la base des garanties et les contraintes institutionnelles – coûts d'enregistrement et imposition – sur l'entrepreneuriat et l'informalité en Afrique. Il conclut que les barrières à l'entrée incitent les entrepreneurs moins productifs à se positionner dans l'informalité. Les résultats montrent également que la probabilité de formalisation en fonction du niveau d'éducation de l'entrepreneur revêt la forme d'une courbe en U : la probabilité de formalisation diminue lorsque le niveau d'éducation est plus faible, et ce, jusqu'à un certain seuil au-delà duquel cette probabilité commence à augmenter. Les entrepreneurs moins éduqués perçoivent l'informalité comme plus profitable, tandis que les plus éduqués trouvent la formalité plus attrayante. Ces résultats soulignent l'importance de politiques pluridimensionnelles qui allient des réformes se renforçant mutuellement. Il est nécessaire de mener davantage de recherches afin de comprendre

Tableau 3.2 10 premières et 10 dernières économies du classement Doing Business, 2019

Pays	Rang Doing Business	Création d'entreprise	Obtention de permis de construire	Raccordement à l'électricité	Transfert de propriété	Obtention de prêts	Protection des investisseurs minoritaires	Paiement des taxes et impôts	Commerce transfrontalier	Exécution des contrats	Règlement de l'insolvabilité
10 premières mondiaux											
Nouvelle-Zélande	1	1	6	45	1	1	2	10	60	21	31
Singapour	2	3	8	16	21	32	7	8	45	1	27
Danemark	3	42	4	31	11	44	38	9	1	14	6
Hong Kong, RAS de (Chine)	4	5	1	3	53	32	11	1	27	30	44
Corée, rép. de	5	11	10	2	40	60	23	24	33	2	11
Géorgie	6	2	27	39	4	12	2	16	43	8	60
Norvège	7	22	22	19	13	85	15	30	22	3	5
États-Unis	8	53	26	54	38	3	50	37	36	16	3
Royaume-Uni	9	19	17	7	42	32	15	23	30	32	14
Macédoine du Nord	10	47	13	57	46	12	7	31	29	37	30
10 derniers mondiaux											
Tchad	181	186	153	177	134	144	161	188	172	153	154
Haïti	182	189	180	142	181	178	188	147	86	124	168
République centrafricaine	183	181	181	184	172	144	149	187	163	183	154
Congo, rép. dém. du	184	62	165	174	156	144	165	180	188	178	168
Soudan du Sud	185	177	169	187	179	178	180	66	180	85	168
Libye	186	160	186	136	187	186	185	128	128	141	168
Yémen, rép. du	187	175	186	187	81	186	132	83	189	139	157
Venezuela, rép. bol. Du	188	190	152	186	138	124	180	189	187	148	165
Érythrée	189	187	186	187	180	186	174	152	189	103	168
Somalie	190	188	186	187	152	186	190	190	164	114	168

Source : Base de données Doing Business de la Banque mondiale, données de 2019.

les types de contexte où les technologies numériques, associées à des types spécifiques d'aide complémentaire, pourraient contribuer à stimuler la productivité des entreprises informelles en comblant les lacunes combinées des États (coûts de transaction élevés à l'enregistrement) et du marché (manque d'informations relatives à la solvabilité et aux antécédents bancaires des entreprises).

Les réformes de formalisation n'ont guère réussi à infléchir la prédominance de l'informalité. En s'appuyant sur des données provenant du Brésil, Ulyssea (2018) montre que la plupart des entreprises informelles (52,6 %) sont des survivantes à faible productivité qui demeureront vraisemblablement informelles même si les coûts d'entrée du secteur formel sont levés[4]. Cette observation fait écho aux données de la littérature, établissant une correspondance entre la composition du secteur informel et les performances limitées des réformes de formalisation dans les économies en développement en général et en Afrique en particulier. L'allégement des coûts d'entrée a eu un impact très limité – voire nul – sur la formalisation des entreprises informelles existantes, surtout en matière d'immatriculation fiscale au Bangladesh, au Brésil, en Colombie, au Mexique, au Pérou et au Sri Lanka (Alcázar, Andrade et Jaramillo, 2010 ; Bruhn et McKenzie, 2014 ; de Giorgi et Rahman, 2013 ; de Mel, McKenzie et Woodruff, 2013).

Se concentrant sur l'Afrique, Lince (2011) analyse le programme de formalisation du « marché de plein air » pour les vendeurs et pêcheurs locaux introduit en 2004 en Ouganda. Cette réforme promouvait le passage des entreprises informelles à l'économie formelle en soulignant les avantages de la formalisation : meilleure prospérité et implication accrue dans la gouvernance locale. Cette réforme a cependant entraîné des effets économiques néfastes qui ont nui au bien-être des entrepreneurs informels. Dans des travaux connexes, Grimm, Knorringa et Lay (2012) étudient le comportement des entreprises informelles face à la possibilité de se formaliser, dans sept pays d'Afrique de l'Ouest. Leurs résultats suggèrent que les entreprises informelles à faible et moyen potentiel – composées de « survivalistes » et de « gazelles contraintes » – constituent près de 90 % de la population des entreprises informelles dans ces pays ; toutefois, moins de 44 % de ces entreprises informelles envisageraient la formalisation[5]. Cette part représente un seuil supérieur, car on suppose le taux réel de formalisation nettement inférieur.

Au Malawi, selon les travaux de Campos, Goldstein et McKenzie (2015), une concentration des efforts sur l'information et l'assistance a un impact limité sur l'immatriculation fiscale. Qui plus est, l'enregistrement des entreprises (formalisation) n'a pas d'effet substantiel sur les leviers de productivité des entreprises tels que l'accès aux financements et leur utilisation. Benhassine et al. (2018) ont mené une expérience randomisée centrée autour de l'introduction du statut légal d'« entreprenant » au Bénin. Les auteurs se sont servis des données administratives mensuelles relatives à la formalisation pour décrire l'efficacité de trois programmes de formalisation : de base, intermédiaire et complet.

Ils observent qu'un programme complet de formalisation, associant incitations à l'enregistrement, formation et conseil aux entreprises ainsi qu'assistance fiscale et bancaire, a augmenté le taux de formalisation au Bénin de seulement 16,3 %, tandis qu'il avait des coûts d'intervention très élevés. L'efficacité limitée des programmes en faveur de la formalisation plaide pour un changement de paradigme permettant de relever efficacement les défis de l'économie informelle en Afrique en axant davantage les interventions politiques sur l'amélioration de la productivité des entreprises du secteur informel.

Les opportunités de l'informalité en Afrique : dépasser la dichotomie de la formalisation

Ce changement de paradigme en matière de priorités politiques est nécessaire afin de réaliser le potentiel du secteur informel en Afrique. Depuis le début du xxie siècle, la plupart des politiques portant sur l'informalité en Afrique ont eu pour objectif d'encourager les entreprises et travailleurs informels à se formaliser. Comme cela a été mentionné précédemment, l'objectif de formalisation du secteur informel pourrait se révéler hors d'atteinte, tout au moins à court terme. Les résultats de plusieurs évaluations des politiques indiquent que, malgré d'importants efforts en faveur des réformes de formalisation, la plupart des entreprises demeurent informelles (Bruhn et McKenzie, 2014). Un éventail de raisons peuvent expliquer les limites de la formalisation (Campos, Goldstein et McKenzie, 2018). Le processus de formalisation est une expérience progressive et non ponctuelle. Il est réversible et implique des modifications potentiellement lentes des cadres institutionnel et des affaires. Au fil de leur parcours de formalisation, les entreprises et travailleurs arbitrent constamment entre les avantages de la formalisation (accès élargi aux marchés, assouplissement des conditions de financement et services d'assistance supplémentaires) et ses aspects dissuasifs (fiscalité, coûts d'homologation afférents et déclaration des employés).

Dans une certaine mesure, les politiques favorisant la formalisation adoptent une « approche par détournement » en incitant à réaffecter les facteurs de production d'un secteur informel peu productif à un secteur formel plus productif. À cet égard, les réformes de formalisation proposent une réponse de type « inter » (« between ») au défi de l'informalité. À l'opposé, une approche « intra » (« within ») de l'informalité vise l'accroissement de la productivité des entreprises informelles par l'amélioration de leurs capacités internes telles que l'esprit d'entreprise, les compétences managériales, la capacité d'assimiler les technologies, les compétences de la main-d'œuvre et la capacité d'innovation (Campos et al., 2017 ; Cusolito et Maloney, 2018). Une voie permettant d'atteindre cet objectif consiste à réorienter les politiques et les réformes sur la stimulation de la productivité des petites entreprises peu productives et sur l'amélioration des compétences des travailleurs informels. Une formalisation ciblée et de meilleurs programmes d'application des lois peuvent aider les grandes entreprises informelles à passer dans le secteur formel.

L'avenir du travail informel dans l'économie numérique

Cette partie interroge la façon dont les technologies numériques peuvent venir renforcer les différentes compétences des individus du secteur informel. Elle propose une synthèse des plus récents exemples d'adoption des technologies par – et ayant un impact potentiel sur – les entreprises et exploitations agricoles informelles. Cette partie souligne aussi l'impact des technologies numériques essentiellement sur les marchés du travail informel, étant donné que les contrats de travail officiels ne concernent qu'une petite part des travailleurs d'Afrique.

Acquisition, diffusion et impact des technologies sur les marchés du travail informel

Comment les petites entreprises informelles d'Afrique accèdent-elles aux nouvelles technologies et les utilisent-elles ? En dépit d'un consensus croissant sur le rôle joué par les technologies numériques dans l'amélioration des activités professionnelles et le développement économique en général, les preuves d'une adoption et d'une utilisation de ces technologies par les entreprises informelles sont encore rares. Bien que les données révèlent une utilisation répandue des téléphones mobiles parmi les entreprises informelles, on ignore quelle est leur utilisation d'autres technologies de l'information et de la communication (TIC). Deen-Swarray, Moyo et Stork (2013) examinent l'utilisation du téléphone mobile et des technologies numériques associées – telles que l'Internet mobile, l'argent mobile et les applications mobiles – et analysent en quoi ces technologies peuvent améliorer la façon dont les entreprises informelles mènent leurs activités.

Le tableau 3.3 décrit l'utilisation des TIC de quatre pays d'Afrique de l'Est. Il montre que les téléphones mobiles demeurent l'appareil de TIC le plus important et le plus couramment utilisé parmi les entreprises informelles. Peut-être les entreprises pourraient-elles donc améliorer leur croissance et leur durabilité par le biais de cette technologie.

Le tableau 3.3 indique également que des entreprises informelles n'utilisent pas le téléphone mobile principalement parce qu'elles n'en éprouvent pas le besoin. Cette absence de besoin caractérise typiquement les activités de subsistance, dont le périmètre est très limité (par exemple, le commerce de rue), les activités qui ne sont pas exposées à l'automatisation ou encore les activités d'entrepreneurs qui ne disposent pas des compétences pour utiliser un téléphone mobile ou ne sont pas conscients des services et avantages potentiels que cela procure. Dans le chapitre 1 sont présentées des statistiques détaillées sur les évolutions et tendances principales des technologies numériques en Afrique subsaharienne.

Tableau 3.3 Utilisations des TIC par les entreprises informelles dans une sélection de pays d'Afrique de l'Est

		Ouganda	Tanzanie	Rwanda	Kenya
Utilisation de TIC par les entreprises	Téléphones mobiles à des fins professionnelles	67.9	44.4	53.4	67.4
	Ordinateurs personnels	2.0	0.1	0.7	3.0
	Connexion Internet fonctionnelle	3.2	2.8	2.0	3.5
	Ligne téléphonique fixe fonctionnelle	6.9	1.0	1.3	0.1
Si l'entreprise utilise les SMS et messages texte	Envoie	27.2	77.3	63.9	78.1
	Reçois	18.1	37.4	33.3	55.3
Pourquoi les entreprises n'utilisent pas de téléphones mobiles	Trop coûteux	37.1	41.7	55.3	5.5
	Pas besoin	48.7	55.8	33.1	20.2

Source : Deen-Swarray, Moyo et Stork 2013.
Remarque : TIC = technologies de l'information et de la communication; SMS = *short message service* (service de messages succincts).

La formalisation des entreprises informelles a toujours été l'un des principaux objectifs des pouvoirs publics (OCDE, 2016). Les États ont envisagé différentes politiques afin d'encourager une transition de l'informel vers le formel, comme la simplification des procédures d'enregistrement des entreprises conjuguée à une réduction d'impôts. Ces politiques n'ont affiché qu'un succès limité dans nombre de pays (Ulyssea, 2010), et le processus de formalisation n'a été une réussite dans aucune économie africaine, ce qui n'est sans doute pas appelé à changer. Qui plus est, dans le cas de nombreuses activités en Afrique, les entrepreneurs n'ont pas l'impression que les réformes en matière d'enregistrement ou de fiscalité leur procureront de véritable avantage. C'est le cas notamment des spirites traditionnels africains, dont les activités sont principalement confinées au secteur informel[6]. À la différence de ceux qui se consacrent à d'autres types d'activités informelles, ils sont peu susceptibles d'entrer dans le secteur formel en raison des restrictions socioculturelles et du secret qui entoure leurs activités, non de leur manque de ressources ou de compétences.

En mobilisant les données Global Findex, Berkmen *et al.* (2019) analysent comment les services financiers numériques peuvent encourager la formalisation des entreprises informelles et discutent des politiques de réduction des risques[7]. Ils décrivent le paysage technologique financier en rendant compte de l'évolution du nombre d'entrepreneurs informels qui réalisent des paiements numériques, utilisent des produits d'épargne et empruntent de l'argent, ainsi que de l'accès des entrepreneurs informels aux téléphones mobiles et à Internet.

D'une part, étant donné que le secteur informel utilise constamment les systèmes de vente au détail par paiement électronique, l'épargne virtuelle et les plateformes d'offre de crédits virtuelle, le processus de numérisation (qui implique l'existence de plateformes de paiement facile et l'accessibilité aux marchés) pourrait permettre aux marchés informels d'Afrique de rejoindre la sphère des transactions formelles. Par conséquent, l'imposition incohérente des technologies numériques (comme celle instaurée par les réglementations exagérées d'Ouganda et du Zimbabwe) a entrainé une réduction de l'accès, ce qui nuit au processus. Par exemple, la Commission ougandaise de la communication a estimé que le nombre d'utilisateurs d'Internet avait chuté de près de 30 % entre mars et septembre 2018, pointant les graves conséquences de la taxe démesurée imposée par l'État ougandais[8]. De plus, selon les prévisions, le coût économique de la taxe sur les réseaux sociaux devrait se traduire par une diminution de 750 millions de dollars de la croissance du PIB et de 106 millions de dollars des taxes perçues en Ouganda (Stork et Esselaar, 2018).

D'autre part, dans la mesure où la formalisation est liée à l'acquisition de compétences, un accès plus large aux technologies à usages multiples pourrait fournir davantage d'informations et de ressources ainsi que des applications faciles d'emploi, à même de contribuer à réduire l'informalité. Il est néanmoins nécessaire de mener davantage de recherches afin de montrer que ces technologies numériques qui facilitent l'accès aux services financiers peuvent améliorer efficacement le respect des exigences auxquelles doivent se conformer les entreprises formelles. Ces résultats posent dès lors la question de savoir si l'objectif politique annoncé de formalisation du secteur informel en Afrique est hors d'atteinte, étant donné qu'on a essayé cette approche dans la région et qu'elle a échoué. Un objectif plus réaliste (qui est aussi utile pour la formalisation) pourrait consister à concentrer les efforts sur l'augmentation de la productivité des entreprises informelles, toutes activités confondues, puisque les entreprises ne se formaliseront pas sans croître. Cet objectif pourrait être atteint moyennant l'adoption des technologies numériques qui permettent à ces entreprises de surmonter les contraintes en matière d'information grâce aux réseaux sociaux et d'atteindre une plus large clientèle, ainsi que de surmonter les contraintes financières par l'adoption de technologies qui accroissent la productivité, telles que les applications facilitant l'accès à l'argent mobile.

Les technologies agricoles émergent rapidement dans toute la région, grâce à de faibles coûts, une meilleure connectivité et des analyses de données sophistiquées (Banque mondiale, 2019b). Plus précisément, les technologies numériques se révèlent être actuellement à un point d'inflexion où le coût décroissant rend possibles des innovations évolutives. Par exemple, les abonnements mobiles grimpent en flèche, avec 420 millions d'abonnés mobiles uniques en Afrique subsaharienne et une pénétration de l'Internet mobile atteignant 240 millions d'individus (26 % de pénétration) en 2016. Bien que les abonnements mobiles et la pénétration d'Internet aient augmenté sur le continent, ils sont limités par l'accès numérique (graphique 3.7). Le taux de pénétration de l'Internet rural est de 10 % en Afrique, et varie selon l'âge, le sexe et le revenu.

L'évolution rapide des technologies agricoles disruptives répond aux caractéristiques du système alimentaire africain (encadré 3.1). L'une de ces caractéristiques est l'inégalité d'accès aux technologies, à l'information, aux compétences et aux marchés. Une large gamme de modèles technologiques sont en cours de développement afin d'offrir des services aux agriculteurs en tout genre et en particulier à ceux à qui l'accès aux ressources et à l'information fait défaut. Pour certains types de services, les agriculteurs sont disposés à payer si les technologies numériques sont adaptées à leurs besoins et répondent à leurs difficultés en matière agricole. Les plateformes numériques d'information agricole ou solutions mobiles peuvent mettre sur un pied d'égalité les groupes marginalisés, telles les femmes, qui bénéficient habituellement d'un moins bon accès à l'information et aux marchés.

Graphique 3.7 **Internet en Afrique, par caractéristiques démographiques et socio-économiques, 2011-2012**

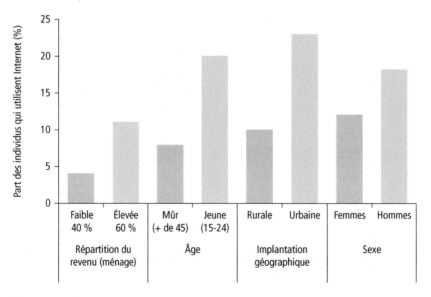

L'« e-extension » accroît la productivité des petits agriculteurs en Afrique subsaharienne

En agriculture, l'e-extension, ou vulgarisation électronique, est l'utilisation des technologies modernes de l'information et de la communication dans le but de communiquer facilement et rapidement des informations pertinentes aux agriculteurs. En veillant à ce que les petits agriculteurs aient accès en temps réel aux informations agronomiques pertinentes afin qu'ils prennent des décisions éclairées, les dispositifs de vulgarisation électronique favorisent la productivité agricole, augmentent la sécurité alimentaire et améliorent les moyens de subsistance ruraux. Les petits agriculteurs sont souvent des utilisateurs disposant de peu de compétences et d'un accès réduit aux technologies. Parmi les innovations conçues pour répondre aux besoins de ce segment, on peut citer :

- *8028 Farmer Hotline.* En Éthiopie, l'Agricultural Transformation Agency (Agence pour les transformations agricoles) – en collaboration avec le ministère de l'Agriculture, l'institut éthiopien de recherche agricole Livestock Resources et Ethio Telecom – propose une plateforme afin de fournir directement des informations aux agriculteurs par téléphone mobile. La technologie employée est un système de serveur vocal interactif et de messagerie SMS qui ne requiert pas d'échange de données mais seulement l'accès à un téléphone mobile de base et le suivi d'instructions simples.

- *Precision Agriculture for Development (PAD).* PAD est une organisation pour le développement active en Éthiopie, au Kenya et au Rwanda, couvrant plus de 6 millions d'agriculteurs. Elle se consacre à l'envoi aux petits agriculteurs de SMS contenant des conseils d'agriculture pour augmenter les récoltes.

- *Farm.ink.* Farm.ink repose sur une plateforme d'apprentissage de pair à pair et est soutenue par le Programme de recherche du CGIAR sur le bétail. Grâce à un robot conversationnel, Farm.ink revêt la forme d'une communauté en ligne active où les agriculteurs peuvent poser leurs questions. Des classificateurs d'apprentissage automatique fournissent des réponses adaptées aux questions des petits agriculteurs. Le robot conversationnel peut fonctionner avec un smartphone bon marché et une connexion de base à Internet.

- *Digital Green.* L'approche par la vidéo de Digital Green est une solution adaptable, évolutive et rentable permettant à un service de conseils de vulgarisation agricole d'atteindre un grand nombre de petits agriculteurs. Un partenariat avec des prestataires de services de vulgarisation existants en Éthiopie, au Kenya et au Malawi a permis à Digital Green de puiser dans des réseaux de confiance actifs au sein des communautés rurales reculées, ce qui a permis son expansion rapide. Les prestataires de services de vulgarisation produisent et diffusent des courtes vidéos localement ciblées et en étudient l'impact. Ces vidéos sont souvent adaptées en fonction des besoins et des capacités des agriculteurs.

Source : Kim *et al.*, à paraître.

Avantages complémentaires des technologies numériques

Tandis que les avantages des technologies numériques ont été étudiées d'un point de vue général dans le chapitre 1, nous nous concentrons dans cette partie sur leurs avantages pour le secteur informel. Il est possible d'adapter les récents cadres d'analyse des technologies axées sur les compétences (Acemoglu, 1998 ; Aghion, 2002 ; Violante, 2008) afin de mettre en évidence quatre types d'avantages complémentaires des technologies numériques qui peuvent se révéler particulièrement importants pour l'amélioration des résultats de croissance et d'inclusion des entreprises et exploitations agricoles du secteur informel : effets de complémentarité avec le capital existant, gains d'inclusion, gains d'efficacité et gains d'innovation.

L'adoption et la diffusion des technologies ont un effet de complémentarité avec le capital existant. Elles aident à assouplir les contraintes de crédit et à améliorer l'inclusion financière.

Par exemple, la possession d'un téléphone mobile par un pourcentage élevé des entrepreneurs peut être un moyen d'améliorer l'accès au crédit. En effet, l'un des principaux obstacles au crédit est l'asymétrie d'information entre les entreprises informelles et les institutions financières. Si les entreprises ne disposent ni d'un business plan ni d'antécédents de transactions, les banques n'ont aucun moyen d'évaluer la viabilité d'un investissement pour lequel un crédit est sollicité. Il leur est par conséquent difficile de démontrer la rentabilité d'une activité (McCormick, 2012). À défaut de pouvoir évaluer une demande de prêt, les banques exigent généralement des garanties, ce qui exclut les entrepreneurs pauvres (bien que possiblement talentueux) et crée des frictions importantes, comme l'a révélé Nguimkeu (2014). L'administration de microcrédits crée d'autres difficultés qui sont bien documentées (Ivatury, 2009)[9]. La popularité croissante de l'argent mobile pourrait fournir une plateforme permettant de résoudre la majorité de ces problèmes, car il rend possible la circulation de l'argent entre différentes parties. Étant donné que les individus et les entreprises utilisent aussi les technologies pour les paiements de biens et de services, les données issues de ces transactions monétaires génèrent une trace électronique (par exemple, les montants, fréquences et motifs des transactions) qui fournit de riches ensembles de données exploitables pour un ensemble d'analyses de données financières. En outre, dans la mesure où les opérateurs disposent de données liant les transactions aux situations géographiques des utilisateurs, la combinaison des données des transactions en argent mobile et des données d'opérateur fournit un solide appui pour réaliser le suivi du comportement des entreprises informelles dans le temps et dans l'espace. De telles informations peuvent servir à une meilleure gestion des risques au sein des banques et ce, au bénéfice des deux parties.

Les gains d'inclusion s'obtiennent par la résolution des asymétries d'information, en créant et en développant des marchés des intrants et des extrants plus transparents et en permettant aux exclus d'y accéder (par exemple, de meilleures opportunités d'arbitrage découlant d'une plus forte intégration des marchés des intrants et des extrants aux niveaux local, national et mondial ; une coordination plus efficace ; des appariements d'entreprises). Ainsi, une étude quasi expérimentale menée par Annan et Sanoh (2018) – qui a tiré parti de l'introduction exogène de la réforme nationale d'enregistrement obligatoire des cartes SIM en 2013 au Niger – a révélé qu'un ménage dont l'activité requiert l'utilisation de technologies mobiles et qui se retrouve dans un environnement sans activité mobile en raison de la désactivation des cartes SIM, avait à peu près 33,1 points de pourcentage de chance en moins de s'engager dans des activités professionnelles non agricoles. Les technologies numériques telles que les paiements numériques et l'administration électronique ouvrent des voies d'inclusion financière (encadré 3.2).

ENCADRÉ 3.2
_____

Des services accroissant l'inclusion financière des agriculteurs

Parmi les innovations destinées à accroître l'inclusion financière des petits agriculteurs, on trouve par exemple :

- *Arifu.* Arifu est une plateforme numérique personnalisée et un marché éducatif répondant aux besoins des agriculteurs et leur offrant un accès à l'information. Elle propose une formation interactive en connaissances financières de base afin d'augmenter l'adoption et l'utilisation de nouveaux produits d'épargne et d'emprunt chez les populations rurales. Les agriculteurs de zones rurales n'ont souvent pas connaissance des avantages du crédit, de l'épargne et de l'assurance, ni du processus pour en faire la demande.

- *Apollo Agriculture.* Le client Apollo type est un agriculteur rural qui vit en un lieu reculé et subvient aux besoins d'une famille de cinq à sept personnes en faisant pousser du maïs ou d'autres cultures sur environ un hectare de terres. Apollo Agriculture dresse des profils de crédit pour les petits agriculteurs non bancarisés, grâce à des modèles d'apprentissage automatique traitant de grands volumes de données de clients, notamment les données satellite relatives aux champs des clients. Ces données satellite permettent de déduire des caractéristiques, telles que le niveau de production, le type de culture et la présence de bétail, et intègre ces informations dans un modèle d'évaluation du crédit. Apollo Agriculture a également conçu des processus numériques automatisés pour chaque étape du cycle de vie du client, de l'acquisition du client au recouvrement des remboursements en passant par la formation. Combinées, ces innovations permettent de fournir des outils agricoles efficaces aux petits agriculteurs ruraux reculés.

Source : Kim *et al.*, à paraître.
_____

La croissance impressionnante de l'inclusion financière en Afrique subsaharienne observée au cours de la dernière décennie a été soutenue principalement par l'argent mobile et les services bancaires sans agence. L'argent mobile permet la réalisation de transactions entre pairs et entre appareils mobiles, ainsi que la conservation de l'argent et de cartes de crédit et de débit (Diniz, de Albuquerque et Cernev, 2011). Cette technologie est perçue comme un fondement de l'inclusion financière des personnes qui n'ont pas accès aux services financiers formels, tels l'épargne, le crédit et l'assurance (par exemple, Comninos *et al.*, 2009).

À mesure que l'argent mobile se généralise, au-delà des agents, pour inclure les distributeurs automatiques de billets, les cartes bancaires et les plateformes en ligne destinées aux transactions de dépôt et de retrait, une forme d'interaction pourrait s'opérer entre l'utilisation de l'argent mobile et l'accès ultérieur à un compte bancaire. D'autres données détaillées sur le rôle que joue l'accès numérique dans l'inclusion financière en Afrique figurent dans SFI (2018). Plus précisément, en collaboration avec quatorze institutions microfinancières, banques, opérateurs de réseaux mobiles et fournisseurs de services de paiement présents sur le continent, une initiative conjointe de la Société financière internationale et de la fondation Mastercard pour le soutien de la croissance de la finance numérique en Afrique s'est traduite par 7,2 millions de nouveaux utilisateurs de services financiers numériques (soit une augmentation de 250 % de la base initiale), 45 000 nouveaux agents bancaires et des transactions mensuelles s'élevant à 300 millions de dollars (SFI, 2018). Il convient de souligner que les transactions numériques laissent une empreinte fournissant des informations qui peuvent faire apparaître les entreprises sur les écrans radar des créditeurs et des organismes de réglementation. Concernant les créditeurs, une telle visibilité peut contribuer à élargir l'accès au crédit et accroître l'inclusion financière. Quant aux organismes de régulation, cela peut étendre la zone grise dans laquelle les entreprises ne se conforment pas entièrement aux réglementations et à la fiscalité, car certains aspects de leurs transactions peuvent être surveillés ou réglementés. Ces effets ambivalents invitent à élaborer des réglementations adaptées et impartiales qui favorisent les gains mais réduisent les coûts perçus de la numérisation.

Les gains d'efficacité s'obtiennent grâce à un accès aux connaissances et à l'accroissement de la productivité des entreprises et des exploitations agricoles qui en résulte (par exemple, de meilleures décisions d'investissement, de plus faibles coûts de production et une meilleure qualité grâce à des conseils de vulgarisation agricole sur les engrais et graines les plus appropriés aux conditions météorologiques et du sol prédominantes, l'accès à une meilleure technique de plantation, de récolte et une meilleure connaissance des processus opérationnels, ainsi qu'un apprentissage continu grâce à des logiciels de gestion d'entreprise et d'autres outils de productivité). Par exemple, Cole et Fernando (2016) ont mené un essai contrôlé randomisé afin d'examiner les effets d'un service de conseil agricole par téléphone mobile fourni aux agriculteurs sur la productivité agricole en Inde. L'offre de conseils agricoles a aidé à modifier les pratiques et à augmenter les récoltes de cumin (28 %) et de coton (8,6 %) d'un sous-groupe recevant des rappels. Elle produit également des effets favorables sur les pairs, car les agriculteurs témoins acquièrent de meilleures pratiques au contact des sujets étudiés et subissent moins de pertes dues aux attaques de nuisibles. De même, Kirui, Okello et Nyikal (2012) utilisent la technique de l'appariement sur score de propension afin d'évaluer l'impact des technologies d'argent mobile sur les ménages des zones rurales au Kenya. Selon leurs résultats, les services de transferts mobiles augmentent sensiblement la consommation annuelle d'intrants par les exploitations agricoles des ménages, de 42 dollars ; la commercialisation agricole, de 37 % ; et les revenus, de 224 dollars.

Il ne fait aucun doute que les technologies d'argent mobile contribuent à atténuer les déficiences du marché agricole, stimulent la production et améliorent le bien-être, en particulier dans les zones rurales. Un examen détaillé de l'évaluation de l'impact de la numérisation sur les moyens de subsistance des agriculteurs en Afrique subsaharienne figure dans Clark *et al.* (2015). Les gains d'efficacité obtenus grâce à la numérisation peuvent être abordés sous l'angle du développement du capital humain et du bien-être. Vasilaky *et al.* (2016) analysent l'effet de la formation au moyen de vidéos sur le taux d'adoption d'une nouvelle technologie agricole par les individus. Ils observent une plus forte probabilité d'adoption après des formations vidéo personnalisées qu'après une formation standard (une augmentation de 50 % entre le groupe étudié et les groupes témoins).

Les gains d'innovation s'obtiennent par la mise en place de nouveaux processus et produits, parmi lesquels l'accès à moindre coût aux clients et aux services, au moyen de plateformes numériques au niveau des chaînes d'approvisionnement, de la logistique et des services financiers (par exemple, une gestion améliorée de la chaîne d'approvisionnement ; une meilleure qualité des produits, notamment sur le plan de la sécurité alimentaire et de la traçabilité ; et des paiements électroniques plus rapides, plus sûrs et vérifiables permettant des paiements plus sécurisés, ainsi qu'un accès aux produits d'épargne, de crédit et d'assurance pour ceux qui étaient auparavant non bancarisés) (Deichmann, Goyal et Mishra, 2016)[10].

L'innovation résultant de la numérisation tire avantage des opportunités de générer des revenus plus importants dans un environnement de capacité excédentaire en créant plus d'emplois au lieu d'en détruire (Spiezia et Vivarelli, 2000), ce qui permet une augmentation nette globale de la création d'emplois. Par exemple, alors que les plateformes de commerce en ligne gagnent du terrain dans nombre de pays africains (telles que Jumia, Nuria, Kilimall et Lynk au Kenya), les centres commerciaux physiques occupés principalement par des supermarchés et des échoppes de petits commerçants continuent de prospérer dans les grandes et moyennes villes. Bien que les clients continuent à se rendre dans les magasins, les commerçants atteignent à présent plus de clients à travers les plateformes de commerce en ligne et leur livrent les produits achetés. Ce changement génère également de plus grandes opportunités pour les individus qui rejoignent le secteur de la distribution et bénéficient des services de livraison porte à porte. Les écosystèmes d'innovation ont déjà un impact sur les productions agricoles au Kenya et au Nigeria, où les petits agriculteurs tirent divers avantages en exploitant les innovations des technologies agricoles disruptives (voir encadré 3.3). De manière générale, l'écosystème d'innovation de ces pays améliore la transparence du marché, accroît la productivité des exploitations agricoles et rend possible une logistique efficace.

Défis et risques

L'adoption des technologies numériques s'accompagne d'un certain nombre de défis et de risques qui pourraient entraver la capacité des pays à atteindre les résultats évoqués dans les sections précédentes. Ces défis et risques concernent l'absence d'actifs correspondants nécessaires, de nouveaux risques sur le marché du travail et des défis en matière d'économie politique.

Outre l'infrastructure numérique requise, l'utilisation croissante des technologies numériques exige une infrastructure mobilisant du capital physique, comme l'électricité, le transport et la logistique ; du capital humain, notamment des compétences et niveaux de connaissances numériques ; et le soutien d'une infrastructure institutionnelle, nécessaire aussi pour l'environnement des affaires au sens large. L'utilisation généralisée des cartes d'identité électroniques non seulement augmenterait les avantages, mais pourrait aussi faciliter la formalisation. Malheureusement, beaucoup de pays rencontrent encore des difficultés liées à la qualité des connexions mobiles et de l'infrastructure des télécommunications. Les risques d'aggravation de la fracture en matière d'accès à l'internet à haut débit demeurent d'actualité (fractures entre urbain et rural, villes principales et secondaires, fractures au sein des villes, entre les sexes, jeunes et vieux, et autres). Dans beaucoup de pays africains, d'autres dimensions de l'infrastructure institutionnelle fondamentale de soutien sont également insuffisantes. Par exemple, des décennies de conflit et un développement fragile en république démocratique du Congo ont généré des difficultés infrastructurelles telles que l'absence de documents nationaux d'identité et de procédures légales d'endossement de garanties traditionnelles. Ces difficultés ont limité le développement du secteur financier. Les obstacles à la numérisation sont de plus grande ampleur dans les zones rurales et parmi les agriculteurs. Une difficulté majeure de la numérisation de la chaîne de valeur du cacao en Côte d'Ivoire (plus grand producteur de cacao au monde) consiste en ce que de nombreux agriculteurs n'ont pas de document d'identité valide. Selon la SFI (2018), à peine plus de la moitié de la population ivoirienne dispose d'un acte de naissance ou d'un autre justificatif d'identité, ce qui constitue un facteur limitant pour les agriculteurs qui souhaitent ouvrir un compte bancaire ou mobile.

ENCADRÉ 3.3

L'impact potentiel des écosystèmes d'innovation agricole au Kenya et au Nigeria

Parmi les entreprises de technologies agricoles disruptives actives en Afrique subsaharienne, la moitié se situent au Kenya ou au Nigeria. Ces deux pays disposent des écosystèmes agrotechnologiques les plus à la pointe du continent. Ces écosystèmes dynamiques d'innovation agricole démontrent en quoi ces deux pays excellent concernant six dimensions : culture, densité, finance, capital humain, infrastructure et cadre de réglementation (voir Kim *et al.*, à paraître, annexe B).

Les petits agriculteurs du Kenya et du Nigeria ont identifié les avantages qu'ils pouvaient tirer des innovations technologiques agricoles disruptives. Parmi les plus attendus, on trouve notamment une diminution des durées de déplacement, une réduction du coût des affaires, une augmentation de l'action collective *via* des réseaux d'agriculteurs plus solides, un accès plus rapide aux informations sur les prix, les marchés et l'agriculture, une adaptabilité accrue aux changements de situation, et un plus grand pouvoir de négociation des agriculteurs face aux grossistes, négociants et transporteurs.

De manière générale, l'écosystème d'innovation de ces pays semble parvenir à :

- Améliorer la transparence du marché en fournissant de meilleures opportunités d'arbitrage, en réduisant la dispersion spatiale des prix et en diminuant le gaspillage. Il permet aussi une plus grande participation au marché dans les zones reculées grâce à une coordination plus efficace ainsi que des prix départ ferme plus élevés grâce à un meilleur pouvoir de négociation avec les intermédiaires.

- Accroître la productivité dans les exploitations agricoles en facilitant l'adoption de meilleurs intrants grâce à des conseils et des prévisions météorologiques fournis à moindre coût, permettant aux ménages de bénéficier d'une meilleure sécurité alimentaire, de meilleurs revenus et d'une meilleure valeur des actifs du fait de pratiques de gestion améliorées. Les estimations réalisées à partir des données d'enquête révèlent que les technologies d'argent mobile aident les agriculteurs à améliorer leur production et leur bien-être. Les utilisateurs d'argent mobile consomment davantage d'intrants agricoles, commercialisent une plus grande part (environ 19 % de plus) de leur production et récoltent des bénéfices 35 % supérieurs à ceux des non-utilisateurs (Kikulwe, Fischer et Qaim, 2014).

- Mettre en place une logistique efficace en optimisant la gestion de la chaîne d'approvisionnement, la coordination du transport, la livraison des produits et l'utilisation des capacités. La traçabilité du point d'origine aux consommateurs garantit une meilleure sécurité alimentaire des chaînes de production agricoles. Des moyens de paiement faciles et sécurisés permettent des transferts de fonds rapides et sûrs pour le paiement des produits et intrants, des subventions agricoles ou des envois de fonds.

Source : Kim *et al.*, à paraître.

Les technologies numériques génèrent aussi de nouveaux types de risques sur le marché du travail : concurrence insuffisante, insécurité de l'emploi, chômage technologique, confidentialité des données et cybersécurité, ainsi que des problèmes de protection du consommateur en matière de fraude, de manipulation et d'arnaque (Artecona et Chau, 2017). Bien que la numérisation puisse faciliter la création de nouvelles entreprises formelles axée sur les technologies, elle pose de nouvelles difficultés aux pouvoirs publics des pays africains à faible revenu sur le plan de leur capacité à exploiter l'assiette fiscale de ces emplois, comme cela est développé au chapitre 4. Une autre situation à deux marges se crée avec, d'une part, une marge extensive qui implique de s'enregistrer et de payer des frais d'entrée pour obtenir un statut officiel et gagner de la crédibilité auprès des partenaires extérieurs et, d'autre part, une marge intensive où ces nouvelles entreprises décident quelle quantité de leur revenu imposable elles déclarent en vertu de la loi fiscale en vigueur. Dans le domaine numérique, les produits et services sont achetés et vendus, téléchargés et utilisés sans qu'aucun produit ni aucune personne ne traverse physiquement de frontière internationale. Des bénéfices substantiels sont générés grâce à des sources situées à l'intérieur des frontières sans qu'aucune présence physique n'y soit établie.

Les technologies numériques posent tout un éventail de difficultés en matière d'économie politique (Autor, 2015). À mesure que les réseaux sociaux et Internet continuent à gagner considérablement en puissance et en capacité d'action à travers le monde, beaucoup d'États pourraient y voir une menace existentielle à contenir, au mépris des conséquences que cela pourrait avoir sur d'autres secteurs. Dans la plupart des cas, le souhait de maîtriser le processus de numérisation peut trouver son origine dans la détermination des États à contrôler le discours politique. Ceux qui s'aperçoivent qu'ils seront les perdants des changements rapides liés aux technologies numériques peuvent notamment chercher à les bloquer. Par exemple, Internet peut être considéré comme une menace parce qu'il perturbe les formes traditionnelles de contrôle politique officiel, en particulier le contrôle de la production et de la diffusion de l'information, qui a été un outil politique inestimable pour de nombreux gouvernements africains.

Recommandations et futur programme de recherche

Cette partie examine les interventions politiques qui facilitent l'accès à des ensembles de services d'aide sur les marchés des intrants, des connaissances et des extrants, qui sont essentiels au développement de la capacité productive d'entreprises et d'exploitations agricoles informelles peu qualifiées et confrontées à des restrictions de crédit (encadré 3.4). L'objectif est la mise en œuvre efficace d'une stratégie numérique inclusive pour les entreprises informelles agricoles et non agricoles, afin d'aider les entreprises et travailleurs informels à récolter les fruits technologiques de l'économie numérique.

En résumé, la plupart des réformes politiques, qui visaient à formaliser les entreprises et les travailleurs, ont eu un succès limité, en dépit de leurs coûts de mise en œuvre relativement élevés. D'une part, des mesures à court et moyen terme plus réalistes doivent se focaliser sur des interventions favorisant la productivité et l'amélioration des compétences des petites entreprises informelles et des travailleurs non qualifiés. D'autre part, les politiques de formalisation doivent davantage cibler les grandes entreprises informelles qui concurrencent férocement les entreprises formelles. Les technologies numériques peuvent être mises à profit afin de stimuler la productivité, la création d'emplois, l'accès au crédit et l'inclusion financière dans le secteur informel tout en facilitant aussi à terme la formalisation dans la région.

ENCADRÉ 3.4

Des politiques mises en œuvre pour relever le défi de l'informalité

Toute une gamme de réformes politiques ont été entreprises par différents pays, produisant des effets souhaités et non souhaités sur l'informalité (Banque mondiale, 2019c). En comparaison des autres régions du monde, les pays d'Afrique subsaharienne ont mis en œuvre des réformes à un rythme plus soutenu (graphique E3.4.1.a). Nonobstant, la majorité de ces réformes semblent ne pas cibler directement l'informalité (graphique E3.4.1.b), ce qui souligne la nécessité d'une stratégie de développement englobante qui soit minutieusement adaptée aux circonstances des pays tout en prenant en compte les sources, les types et les difficultés spécifiques de l'informalité.

Parmi les politiques mises en œuvre, les réformes s'attaquant au défi de l'informalité se sont surtout focalisées sur la formalisation. La difficulté principale dans le fait d'aider les organisations informelles à passer à l'économie formelle est de trouver la bonne combinaison de mesures qui corresponde à la grande diversité des caractéristiques et des motifs de l'informalité. Les réformes budgétaires qui rationalisent les systèmes fiscaux, de gestion et de marchés publics peuvent conduire à une plus faible informalité dans certaines économies. Des environnements propices aux affaires qui soutiennent l'entrepreneuriat et la productivité – en mettant sur un pied d'égalité tous les travailleurs et toutes les entreprises grâce à une flexibilité accrue du marché du travail et un une meilleure gouvernance – peuvent aider à brider le niveau d'informalité. Des règles adaptables, une application uniforme des réglementations, une offre fiable de services publics et une protection sociale équilibrée des segments les plus

(suite page suivante)

Graphiques E3.4.1 Réformes politiques visant à endiguer l'informalité, Afrique subsaharienne et autres régions du monde

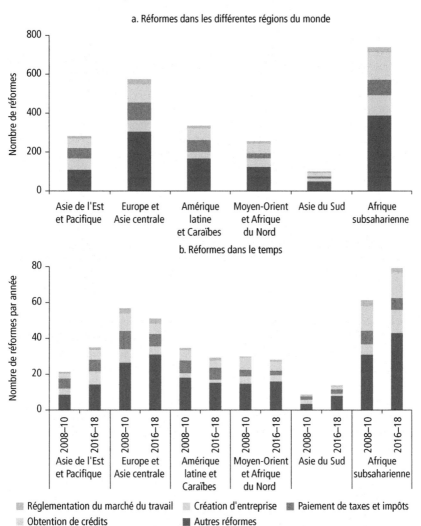

a. Réformes dans les différentes régions du monde

b. Réformes dans le temps

Sources : Banque mondiale, 2019a, 2019c.
Note : Classements Doing Business pour 2008-2018. Le graphique a décrit le nombre de réformes politiques qui ont été menées depuis 2008 et sont considérées comme des « améliorations » concernant la facilité de faire des affaires ou « neutres » (ce qui ne s'applique qu'à la « réglementation du marché du travail ») par Doing Business 2008-2018. Le graphique b décrit le nombre annuel moyen de réformes politiques menées entre 2008 et 2010 en comparaison du nombre annuel moyen de réformes politiques mises en œuvre entre 2016 et 2018 (représentés sous forme de barres).

(suite page suivante)

Encadré 3.4 (suite)

vulnérables de la population active peuvent aussi améliorer les conditions de travail dans le secteur informel et faciliter une transition plus fluide de ce secteur vers le secteur formel. Ces politiques de formalisation peuvent tirer profit des technologies numériques pour stimuler la productivité (Nguimkeu 2016).

À la lumière du succès limité des réformes de formalisation en Afrique, les politiques qui se concentrent sur les technologies destinées aux peu qualifiés – incitations et subventions favorisant la mise au point de technologies pour les peu qualifiés – peuvent donner les moyens aux travailleurs et entreprises informels peu qualifiés d'atteindre une meilleure productivité et une croissance inclusive (Bruhn et McKenzie, 2014). Les améliorations en matière de gouvernance de nature à susciter le changement peuvent stimuler davantage ces effets positifs complémentaires. Il convient de mener davantage de recherches afin d'identifier l'efficacité de ces réformes politiques et de concevoir des combinaisons de mesures appropriées pour relever les défis de l'informalité en Afrique subsaharienne.

Des politiques complémentaires pour un accès élargi au crédit

Au vu de la discussion qui précède, les décideurs politiques doivent voir l'inclusion financière numérique comme un outil pour atteindre les objectifs de développement et pas nécessairement comme un bâton pour forcer la formalisation (Klapper, Miller et Hess, 2019). Les mesures d'amélioration de l'accès au crédit et à l'assurance commencent par une amélioration de l'infrastructure institutionnelle qui favorise l'adoption et la diffusion des technologies financières numériques. Outre les besoins précédemment mentionnés en matière d'infrastructure énergétique, routière et de transport, une offre d'accès abordable à Internet constitue une infrastructure complémentaire essentielle. L'extension de la couverture du réseau et le développement de la capacité de réseau sont toutes deux impératives dans des pays à la faible densité démographique, au faible taux d'alphabétisation et au contenu numérique local lacunaire. D'autres efforts sont à déployer pour améliorer et mettre en œuvre un système efficace d'identification des individus dans les différents pays. Enfin, la combinaison des données des transactions effectuées en argent mobile et d'autres données des opérateurs de réseaux fournit un outil puissant pour le traçage du comportement des entreprises informelles dans le temps et dans l'espace, qui peut servir à une meilleure gestion des risques au sein des banques. Cette amélioration pourrait bénéficier aux deux parties en réduisant l'asymétrie d'information, une étape essentielle sur la voie d'un marché du crédit plus efficace.

Répercuter les gains tirés des technologies numériques

La question posée ici est de savoir comment les travailleurs africains peuvent obtenir une juste part des bienfaits de l'innovation que procurent les technologies numériques. Les États africains doivent relever ce défi non seulement dans l'élaboration de politiques de formalisation des entreprises tous secteurs confondus, mais aussi dans la recherche de nouveaux moyens de faire profiter les travailleurs d'une juste part des gains d'efficacité et de productivité qu'offre la numérisation. Comme l'ont soutenu Ng'weno et Porteous (2018), les États pourraient répercuter les gains de la numérisation en commençant par admettre que l'emploi reposant sur le numérique est susceptible de devenir une source importante de moyens de subsistance dans ces pays. Les décideurs politiques doivent dès lors imposer que « les fournisseurs de plateformes ouvrent leurs systèmes pour permettre aux travailleurs de s'enregistrer afin de bénéficier d'allocations d'aide publique et de services privés au lieu de créer toute une série de réglementations mal appliquées » (Ng'weno et Porteous, 2018). Les États doivent aussi améliorer la fiabilité des paiements et élaborer une stratégie de lutte contre la fraude. Par exemple, beaucoup de transactions numériques s'effectuent moyennant des paiements non supervisés des acheteurs aux vendeurs, qui peuvent être exécutés avec du retard ou détournés sans conséquences punitives. Pour autant, États et entreprises doivent collaborer afin d'améliorer prioritairement les paiements dans l'économie numérique. Enfin, malgré les difficultés (notamment la mise au point de bons registres d'antécédents des activités économiques), il est possible pour les États de taxer l'économie numérique, tout particulièrement les plateformes numériques internationales, et de redistribuer les recettes sous la forme de services publics améliorés.

Compléter les données actuelles : de nouvelles pistes de recherche

Tout indique que les technologies numériques vont bouleverser l'avenir du travail en Afrique et cela ouvre de nouvelles pistes pour des recherches plus approfondies visant à mieux comprendre les opportunités et défis des entreprises et des exploitations agricoles informelles. Plusieurs orientations sont à envisager, parmi lesquelles :

• Recueillir des données harmonisées et de qualité sur l'utilisation des technologies numériques dans le secteur informel des pays africains.

• Pour comprendre et quantifier dans quelle mesure les différentes politiques ciblant l'adoption et la diffusion des technologies numériques peuvent influencer la (mauvaise) affectation des compétences et des ressources entre les secteurs, construire un modèle afin de rationaliser et mettre en place les canaux par lesquels l'intérêt pour la numérisation peut façonner les choix d'activité professionnelle et l'entrepreneuriat au sein de l'informalité.

- Évaluer dans quelle mesure des stratégies majeures de développement pour l'Afrique, telles que les Objectifs de développement durable pour 2030 et l'Agenda 2063, prennent en compte l'informalité omniprésente sur le continent.

- Identifier et discuter les affinements (s'il en est) qui s'imposent pour améliorer l'efficacité de mise en œuvre de ces stratégies afin d'atteindre les objectifs ambitieux de développement en Afrique.

- Examiner comment les incubateurs d'entreprises numériques et les *joint-ventures* peuvent aider les entreprises africaines à s'internationaliser et à accroître leurs exportations.

Dans ce chapitre, nous avons d'abord mis en évidence les difficultés rencontrées par les travailleurs du secteur informel en matière de pauvreté. La prochaine vague d'emplois informels à plus haute productivité nécessitera une protection sociale plus ciblée afin d'aider les travailleurs à s'adapter à de nouveaux risques. Davantage de protection sociale sera également nécessaire à mesure que l'entrepreneuriat dans les technologies numériques se développera : plus les personnes produiront et essaieront de produire de nouveaux biens et services et mieux elles produiront les biens et services existants, plus elles seront confrontées à des risques de marché. Nous verrons dans le prochain chapitre qu'au vu de la faiblesse des niveaux de ressources disponibles, pour que la protection sociale couvre ces risques liés au travail, la protection sociale en Afrique subsaharienne à court et moyen terme doit viser en priorité à accroitre l'efficacité de la mobilisation des ressources intérieures et des mesures de protection sociale plutôt qu'à élargir leur portée.

Notes

1. L'informalité, telle qu'elle est définie dans ce chapitre, recouvre les travailleurs et les entreprises (voir encadré 3.1). Les données de recensement des entreprises proviennent du *Rapport global du Recensement général des Entreprises* de 2016 publié par le ministère de l'Économie, des Finances et du Plan du Sénégal.
2. Sont exposées dans ce chapitre les raisons sous-jacentes de l'informalité des entreprises (survie, évasion, exclusion) en s'attachant spécifiquement au contexte socio-économique de l'Afrique. Benjamin et Mbaye (2012a), par exemple, mettent en évidence le rôle majeur joué par les grandes entreprises informelles dans certains secteurs en Afrique francophone, en particulier le commerce. Les données relatives aux entreprises informelles se fondent principalement sur les immatriculations, car il est difficile de comprendre l'étendue de la conformité fiscale à partir des enquêtes ordinaires menées auprès des entreprises. Il s'agit d'un domaine, parmi d'autres, où les recommandations pour l'avenir que formule le rapport soulignent la nécessité d'un meilleur recueil de données et de meilleures analyses.

3. Voir Gelb *et al.* (2009), qui utilisent les données d'enquête de pays d'Afrique australe et de l'Est.
4. Ulyssea (2018) estime que 35,9 % des entreprises informelles sont des passagers clandestins et que 11,5 % sont des entrepreneurs freinés.
5. Le tableau 4 de Grimm, Knorringa et Lay (2012) indique que seulement 44 % des « gazelles contraintes » s'enregistreraient, et que seulement 22 % des survivalistes envisageraient la formalisation.
6. Les spirites traditionnels africains sont des personnes pratiquant des rites spirituels indigènes pour leurs clients. Il s'agit de tous les individus qui utilisent des pouvoirs, connaissances et compétences héréditaires spirituels pour aider des gens à résoudre des problèmes résistant aux remèdes physiques. Ce sont par exemple des prêtres et prêtresses de divinités ancestrales, diseurs de bonne aventure, guérisseurs spirituels, psychothérapeutes, herboristes, rebouteux, devins, médiums, magiciens et faiseurs de pluie (Truter, 2006).
7. La base de données sur l'inclusion financière à l'échelle internationale (Global Findex) fournit des indicateurs nationaux de l'inclusion financière pour plus de 140 pays. La base de données Global Findex est accessible à l'adresse https://datacatalog .worldbank.org/dataset/global-financial-inclusion-global-findex-database.
8. Cette nouvelle taxe sur le secteur des TIC a été imposée par l'État ougandais en juillet 2018 sous la forme de droits d'accise sur l'utilisation des réseaux sociaux et des services d'argent mobile. Elle consistait en une taxe en monnaie mobile de 1 % sur la valeur de transaction des paiements, transferts et retraits et d'une taxe sur les réseaux sociaux de 200 shillings ougandais par jour (Stork et Esselaar, 2018).
9. Par exemple, l'offre de microcrédits aux entreprises informelles demande beaucoup de main-d'œuvre et est coûteuse pour les banques.
10. Ces avantages des technologies numériques pour les entreprises formelles et informelles entraînent une diminution de la pauvreté des ménages par le biais de quatre canaux économiques principaux : (1) de meilleures opportunités de consommation pour les personnes pauvres (provenant de biens et services de meilleure qualité et de plus faible coût tels que les services de santé, éducatifs et de protection sociale, qui découlent des accroissements de la productivité associés), (2) des revenus du travail plus importants (grâce à davantage d'emplois et à des salaires plus élevés, avec des effets différentiels selon que les technologies sont destinées aux hautement qualifiés ou aux peu qualifiés), (3) des revenus tirés des profits plus importants (pour les entreprises et les exploitations agricoles entrepreneuriales et autres détenteurs de capitaux, dans la mesure où il s'agit de personnes ayant de plus faibles revenus) et (4) davantage de transferts de revenus (résultant des gains d'efficacité liés à la technologie, de l'intégrité accrue de la perception des recettes fiscales ainsi que d'une affectation et d'un ciblage plus transparents et comptables des ressources publiques).

Bibliographie

Acemoglu, D. 1998. « Why Do New Technologies Complement Skills? Directed Technical Change and Wage Inequality ». *Quarterly Journal of Economics* vol. 113, n° 4, p. 1055–1089.

Aghion, P. 2002. « Schumpeterian Growth Theory and the Dynamics of Income Inequality ». *Econometrica* vol. 70, n° 3, p. 855–882.

Alcázar, L., Andrade, R. et Jaramillo, M. 2010. « Panel/Tracer Study on the Impact of Business Facilitation Processes on Enterprises and Identification of Priorities for Future Business Enabling Environment Projects in Lima, Peru—Report 5: Impact Evaluation after the Third Round ». Rapport d'évaluation de la Société financière internationale (SFI), Groupe Banque mondiale, Washington.

Ali, N. et Najman, B. 2017. « Informal Competition, Firms' Productivity and PR Policy Reforms in Egypt ». *In* Horodnic, A. *et al.* (dir.), *The Informal Economy: Exploring Drivers and Practices*. New York : Routledge, p. 229–254.

Annan, F. et Sanoh, A. 2018. « Social Protection in Niger: What Have Shocks and Time Got to Say? ». Document de travail de recherche sur les politiques n° 8455, Banque mondiale, Washington.

Artecona, R. et Chau, T. 2017. « Labour Issues in the Digital Economy ». *Studies and Perspectives* n°17. Commission économique pour l'Amérique latine et les Caraïbes, Nations unies, Washington.

Autor, D. 2015. « Why Are There Still So Many Jobs? The History and Future of Workplace Automation ». *Journal of Economic Perspectives* vol. 29, n° 3, p. 7–30.

Banque mondiale. 2019a. *Doing Business 2019: Training for Reform*. Washington : Banque mondiale.

———. 2019b. « Future of Food: Harnessing Digital Technologies to Improve Food System Outcomes ». Banque mondiale, Washington.

———. 2019c. *Global Economic Prospects, January 2019: Darkening Skies*. Washington : Banque mondiale.

———. 2019d. *World Development Report 2019: The Changing Nature of Work*. Washington : Banque mondiale.

Benhassine, N. *et al.* 2018. « Does Inducing Informal Firms to Formalize Make Sense? Experimental Evidence from Benin ». *Journal of Public Economics* vol. 157, n° 1, p. 1–14.

Benjamin, N., Golub, S. et Mbaye, A. A. 2015. « Informality, Regional Integration and Smuggling in West Africa ». *Journal of Borderland Studies* vol. 30, n° 3, p. 381–394.

Benjamin, N. et Mbaye, A. A. 2012a. « Informality, Productivity, and Enforcement in West Africa: A Firm-Level Analysis ». *Review of Development Economics* vol. 16, n° 4, p. 664–680.

———. 2012b. *The Informal Sector in Francophone Africa: Firm Size, Productivity, and Institutions*. Washington : Banque mondiale.

Berkmen, P. *et al.* 2019. « Fintech in Latin America and the Caribbean: Stocktaking ». Document de travail n° 19/71, Fonds monétaire international, Washington.

Boly, A. 2018. « On the Short—and Medium—Term Effects of Formalisation: Panel Evidence from Vietnam ». *Journal of Development Studies* vol. 54, n° 4, p. 641–656.

Bruhn, M. et McKenzie, D. 2014. « Entry Regulation and the Formalization of Microenterprises in Developing Countries ». *World Bank Research Observer* vol. 29, n° 2, p. 186–201.

Campos, F. *et al.* 2017. « Teaching Personal Initiative Beats Traditional Training in Boosting Small Business in West Africa ». *Science* vol. 357, n° 6357, p. 1287–1290.

Campos, F., Goldstein, M. et McKenzie, D. 2015. « Short-Term Impacts of Formalization Assistance and a Bank Information Session on Business Registration and Access to Finance in Malawi ». Document de travail de recherche sur les politiques n° 7183, Banque mondiale, Washington.

———. 2018. « How Should the Government Bring Small Firms into the Formal System? ». Document de travail de recherche sur les politiques n° 8601, Banque mondiale, Washington.

Chen, M. A. 2005. « Rethinking the Informal Economy: Linkages with the Formal Economy and the Formal Regulatory Environment ». Document de travail n° 2005/10, Groupe d'experts sur les problématiques de développement (EGDI) et Université des Nations unies – Institut mondial pour la recherche en économie du développement (UNU-WIDER), Helsinki.

Christiaensen, L. et Demery, L. 2018. *Agriculture in Africa: Telling Myths from Facts*. Série Directions du développement. Washington : Banque mondiale.

Clark, C. *et al.* 2015. « Evidence on the Impact of Rural and Agricultural Finance on Clients in Sub-Saharan Africa: A Literature Review ». *EPAR Brief* n° 307/ *Learning Lab Technical Report* n° 2, Evans School of Public Policy and Governance, Université de Washington, Seattle.

Cole, S. A. et Fernando, A. 2016. « 'Mobile'izing Agricultural Advice: Technology Adoption, Diffusion and Sustainability ». Document de travail n° 13-047, Harvard Business School, Cambridge.

Comninos, A. *et al.* 2009. « Airtime to Cash: Unlocking the Potential of Africa's Mobile Phones for Banking the Unbanked ». *In* Cunningham, P. et Cunningham, M. (dir.), *IST-Africa 2009 Conference Proceedings IIMC*. Dublin : International Information Management Corporation, p. 1–16.

Cusolito, A. P. et Maloney, W. F. 2018. *Productivity Revisited: Shifting Paradigms in Analysis and Policy*. Washington : Banque mondiale.

Deen-Swarray, M., Moyo, M. et Stork, C. 2013. « ICT Access and Usage among Informal Businesses in Africa ». *Info* vol. 15, n° 5, p. 52–68.

De Giorgi, G. et Rahman, A. 2013. « SME's Registration: Evidence from an RCT in Bangladesh ». *Economics Letters* vol. 120, n° 3, p. 573–578.

Deichmann, U., Goyal, A. et Mishra, D. 2016. « Will Digital Technologies Transform Agriculture in Developing Countries? ». Document de travail de recherche sur les politiques n° 7669, Banque mondiale, Washington.

Dell'Anno, R. 2008. « What Is the Relationship between Unofficial and Official Economy? An Analysis in Latin American Countries ». *European Journal of Economics, Finance and Administrative Sciences* vol. 12 (octobre), p. 185–203.

De Mel, S., McKenzie, D. et Woodruff, C. 2011. « What Is the Cost of Formality? Experimentally Estimating the Demand for Formalization ». Document de travail, Université de Warwick, Coventry.

——. 2013. « The Demand for, and Consequences of, Formalization among Informal Firms in Sri Lanka ». *American Economic Journal: Applied Economics* vol. 5, n° 2, p. 122–150.

De Soto, H. 1989. *The Other Path: The Invisible Revolution in the Third World*. New York : Harper & Row.

Diniz, E. H., de Albuquerque, J. P. et Cernev, A. K. 2011. « Mobile Money and Payment: A Literature Review Based on Academic and Practitioner-Oriented Publications (2001–2011) ». In *Proceedings of SIG Global Development Fourth Annual Workshop*, Shanghai, 3 décembre, p. 1–35.

Distinguin, I., Rugemintwari, C. et Tacneng, R. 2016. « Can Informal Firms Hurt Registered SMEs' Access to Credit? ». *World Development* vol. 84 (août), p. 18–40.

Dix-Carneiro, R. *et al.* 2019. « Trade and Informality in the Presence of Labor Market Frictions and Regulations ». https://site.stanford.edu/sites/g/files/sbiybj8706/f/5151-trade_and_informality_in_the_presence_of_labor_market_frictions_and_regulations.pdf.

Djankov, S. *et al.* 2002. « The Regulation of Entry ». *Quarterly Journal of Economics* vol. 117, n° 1, p. 1–37.

Docquier, F., Müller, T. et Naval, J. 2017. « Informality and Long-Run Growth ». *Scandinavian Journal of Economics* vol. 119, n° 4, p. 1040–1085.

Duranton, G. et Puga, D. 2004. « Micro-Foundations of Urban Agglomeration Economies ». *In* Henderson, V. et Thisse, J. F. (dir.), *Handbook of Regional and Urban Economics, vol. 4*. Amsterdam : Elsevier, p. 2063–2117.

FMI (Fonds monétaire international). 2017. *Regional Economic Outlook: Sub-Saharan Africa—Restarting the Growth Engine*. Washington : FMI.

Fox, L. et Sohnesen, T. 2012. « Household Enterprises in Sub-Saharan Africa: Why They Matter for Growth, Jobs, and Livelihoods ». Document de travail de recherche sur les politiques n° 6184, Banque mondiale, Washington.

Fox, L. *et al.* 2013. « Africa's Got Work to Do: Employment Prospects in the New Century ». Document de travail n° 13/201, Fonds monétaire international, Washington.

Gelb, A. *et al.* 2009. « To Formalize or Not to Formalize? Comparisons of Microenterprise Data from Southern and East Africa ». Document de travail n° 175, Center for Global Development, Washington.

Golub, S. 2014. « Informal Cross-Border Trade and Smuggling in Africa ». *In* Morrissey, O., López, R. A. et Sharma, K. (dir.), *Handbook on Trade and Development: Africa*. Cheltenham : Edward Elgar, p. 179–209.

Grimm, M., Knorringa, P. et Lay, J. 2012. « Constrained Gazelles: High Potentials in West Africa's Informal Economy ». *World Development* vol. 40, n° 7, p. 1352–1368.

Hobson, E. et Kathage, A. 2017. « From Regulators to Enablers: Role of City Governments in Economic Development of Greater Kampala ». Banque mondiale, Washington.

Ivatury, G. 2009. « Using Technology to Build Inclusive Financial Systems ». *In* Pischke, J. et Matthäus-Maier, I. (dir.), *New Partnerships for Innovation in Microfinance*. Berlin : Springer-Verlag, p. 140–164.

Kanbur, R. 2017. « Informality: Causes, Consequences and Policy Responses ». *Review of Development Economics* vol. 21, n° 4, p. 939–961.

Kikulwe, E. M., Fischer, E. et Qaim, M. 2014. « Mobile Money, Smallholder Farmers, and Household Welfare in Kenya ». *PLOS ONE* vol. 9, n° 10, e109804.

Kim, J. *et al.* À paraître. *Scaling Up Disruptive Agricultural Technologies in Africa.* Série International Development in Focus. Washington : Banque mondiale.

Kirui, O. K., Okello, J. J. et Nyikal, R. A. 2012. « Impact of Mobile Phone-Based Money Transfer Services in Agriculture: Evidence from Kenya ». Communication préparée pour la conférence triennale de l'Association internationale des économistes agricoles (IAAE) à Foz do Iguaçu, Brésil.

Klapper, L., Miller, M. et Hess, J. 2019. « Leveraging Digital Financial Solutions to Promote Formal Business Participation ». Banque mondiale, Washington.

La Porta, R. et Shleifer, A. 2014. « Informality and Development ». *Journal of Economic Perspectives* vol. 28, n° 3, p. 109–126.

Lince, S. 2011. « The Informal Sector in Jinja, Uganda: Implications of Formalization and Regulation ». *African Studies Review* vol. 54, n° 2, p. 73–93.

Loayza, N. 1996. « The Economics of the Informal Sector: A Simple Model and Some Empirical Evidence from Latin America ». *Carnegie-Rochester Conference Series on Public Policy* vol. 45 (décembre), p. 129–162.

Loayza, N. et Rigolini, J. 2011. « Informal Employment: Safety Net or Growth Engine? ». *World Development* vol. 39, n° 9, p. 1503–1515.

Lowder, S. K., Skoet, J. et Raney, T. 2016. « The Number, Size, and Distribution of Farms, Smallholder Farms, and Family Farms Worldwide ». *World Development* vol. 87 (novembre), p. 16–29.

Mbaye, A. A. et Benjamin, N. 2015. « Informality, Growth and Development in Africa ». *In* Monga, C. et Lin, J. Y. (dir.), *The Oxford Handbook of Africa and Economics. Volume 1: Context and Concepts.* New York : Oxford University Press, p. 620–655.

McCormick, D. 2012. « Risk and Firm Growth: The Dilemma of Nairobi's Small-Scale Manufacturers ». *Discussion Paper* n° 291, Institute for Development Studies, Université de Nairobi, Kenya.

Meagher, K. 2013. « Unlocking the Informal Economy: A Literature Review on Linkages between Formal and Informal Economies in Developing Countries ». Document de travail n° 27, réseau WIEGO – Femmes dans l'emploi informel : globalisation et organisation, Manchester.

Nguimkeu, P. 2014. « A Structural Econometric Analysis of the Informal Sector Heterogeneity ». *Journal of Development Economics* vol. 107 (mars), p. 175–191.

———. 2016. « Some Effects of Business Environment on Retail Firms ». *Applied Economics* vol. 48, n° 18, p. 1647–1454.

Ng'weno, A. et Porteous, D. 2018. « Let's Be Real: The Informal Sector and the Gig Economy Are the Future, and the Present, of Work in Africa ». *CDG Notes* (octobre), Center for Global Development, Washington. https://www.cgdev.org/publication/lets-be-real-informal-sector-and-gig-economy-are-future-and-present-work-africa.

OCDE (Organisation de coopération et de développement économiques). 2016. « Automation and Independent Work in a Digital Economy ». *Policy Brief on the Future of Work*, OCDE, Paris.

OIT (Organisation internationale du travail). 2013. *Measuring Informality: A Statistical Manual on the Informal Sector and Informal Employment*. Genève : OIT.

———. 2018. *Women and Men in the Informal Economy: A Statistical Picture*, 3e éd. Genève : OIT.

Perry, G. E. *et al*. 2007. *Informality: Exit and Exclusion*. Washington : Banque mondiale.

Rosenthal, S. S. et Strange, W. C. 2004. « Evidence on the Nature and Source of Agglomeration Economies ». *In* Henderson, V. et Thisse, J. F. (dir), *Handbook of Regional and Urban Economics, vol. 4*. Amsterdam : Elsevier, p. 2119–2171.

Schneider, F. et Enste, D. H. 2002. « Shadow Economies: Size, Causes, and Consequences ». *Journal of Economic Literature* vol. 38, n° 1, p. 77–114.

Sénégal, Ministère de l'Économie, des Finances et du Plan. 2016. « Rapport global du Recensement général des Entreprises ». Ministère de l'Économie, des Finances et du Plan, Dakar.

SFI (Société financière internationale). 2018. « Digital Access: The Future of Financial Inclusion in Africa ». SFI, Washington.

Spiezia, V. et Vivarelli, M. 2000. « The Analysis of Technological Change and Employment ». *In* Pianta, M. et Vivarelli, M. (dir.), *The Employment Impact of Innovation: Evidence and Policy*. Londres : Routledge, p. 12–25.

Stork, C. et Esselaar, S. 2018. « ICT Sector Taxes in Uganda: Unleash, Not Squeeze, the ICT Sector ». Note de synthèse, Research ICT Solutions, Vancouver Nord. https://researchictsolutions.com/home/wp-content/uploads/2019/01/Unleash-not-squeeze-the-ICT-sector-in-Uganda.pdf.

Truter, I. 2006. « African Traditional Healers: Cultural and Religious Beliefs Intertwined in a Holistic Way ». *South African Pharmaceutical Journal* vol. 74, n° 8, p. 56–60.

Ulyssea, G. 2010. « Regulation of Entry, Labor Market Institutions and the Informal Sector ». *Journal of Development Economics* vol. 91, n° 1, p. 87–99.

———. 2018. « Firms, Informality, and Development: Theory and Evidence from Brazil ». *American Economic Review* vol. 108, n° 8, p. 2015–2047.

Vasilaky, K *et al*. 2016. « Learning Digitally: Evaluating the Impact of Farmer Training via Mediated Videos? ». Document de travail, Laboratoire Jameel d'Action contre la pauvreté (J-PAL), Cambridge, É.-U.

Violante, G. L. 2008. « Skilled Biased Technical Change ». *In* Blume, L. et Durlauf, S. (dir.), *The New Palgrave Dictionary of Economics*, 2e éd. Londres : MacMillan.

Xaba, J., Horn, P. et Motala, S. 2002. « The Informal Sector in Sub-Saharan Africa ». Document de travail sur l'économie informelle n° 2002/10, Organisation internationale du travail, Genève.

Élargir la couverture de la protection sociale

Zainab Usman

Introduction

Ce chapitre vise à identifier et analyser l'éventail des politiques publiques en matière de protection sociale et d'emploi (PSE) afin d'aider les pays subsahariens à répondre aux mutations du monde du travail. L'avenir du travail en Afrique subsaharienne sera façonné par les bouleversements provoqués par la diffusion et l'adoption des technologies numériques. Cette révolution numérique ne s'opère pas de façon isolée, mais dans un contexte où d'autres tendances disruptives sont à l'œuvre, telles que l'accélération de l'intégration économique, le changement et la fragilité climatiques, ainsi que des évolutions démographiques rapides. L'interaction des innovations numériques avec d'autres forces disruptives se traduira par des niveaux élevés de mobilité fonctionnelle, entre les espaces ruraux et urbains, les emplois, les secteurs, les filières et les pays. Cette mobilité ne va pas seulement générer des risques, elle va aussi offrir des opportunités d'élargissement de la couverture de la protection sociale en Afrique subsaharienne. Ce chapitre s'articule autour des questions suivantes :

- À quels risques sur les marchés du travail les économies subsahariennes s'exposent-elles dans le monde du travail en mutation ?

- Quelles mesures de protection sociale les États africains doivent-ils envisager pour préparer l'avenir du monde du travail et comment peuvent-ils les financer ?

Il s'agit dans ce chapitre de montrer que la mobilité de la main-d'œuvre subsaharienne provoquée par la révolution numérique, qui se produit parallèlement à d'autres tendances disruptives, va nécessiter des stratégies de protection sociale et de gestion des risques plus réactives. La mise en place d'une protection sociale réactive dans le monde du travail en mutation des économies africaines implique : (1) de rééquilibrer les programmes traditionnels de PSE en accordant davantage d'attention aux travailleurs en phase de transition, surtout dans le secteur informel, (2) d'exploiter de nouvelles solutions en matière de protection sociale qui convertissent les risques en opportunités et (3) d'optimiser les ressources afin d'augmenter les investissements dans la protection sociale des travailleurs en phase de transition au moyen de réformes budgétaires qui permettent d'augmenter les recettes nationales, en s'attaquant à l'inefficacité des dépenses sociales et en naviguant avec intelligence dans l'économie politique des politiques publiques.

Ce chapitre met vivement, mais pas exclusivement, l'accent sur les filets sociaux en tant que forme la plus répandue de protection sociale en Afrique subsaharienne.

Les systèmes, politiques et instruments de PSE aident les individus à gérer le risque et l'instabilité et les protègent contre la pauvreté et le dénuement en renforçant l'équité, la résilience et les opportunités (Banque mondiale, 2012). L'équité est améliorée grâce à des dispositifs de protection contre la pauvreté chronique et le dénuement. La résilience est définie comme la « capacité des pays, communautés et ménages à gérer le changement en conservant ou en transformant les niveaux de vie face à des chocs ou tensions » sans compromettre les perspectives à long terme (Alfani *et al.*, 2015, p. 4 ; DFID, 2011). Les programmes peuvent favoriser la résilience en minimisant les effets négatifs des chocs économiques et des catastrophes naturelles sur les individus et les familles. La notion de préparation aux chocs, associée à celle de résilience, permet d'évaluer dans quelle mesure les systèmes de PSE peuvent répondre aux besoins des populations vulnérables attendus en cas de chocs endogènes ou exogènes qui affectent négativement les moyens de subsistance et les marchés du travail[1]. Enfin, les opportunités sont améliorées au moyen de politiques et d'instruments qui contribuent à développer le capital humain et à faciliter l'accès aux emplois et aux investissements dans les moyens de subsistance[2]. Les systèmes de PSE fournissent une assise à une croissance inclusive ayant la capacité de transformer la vie des personnes (Banque mondiale, 2012). La discussion tenue dans ce chapitre mobilise principalement la fonction de résilience et la caractéristique de préparation aux chocs des systèmes de PSE en vue de gérer le risque et l'incertitude dans le monde du travail en mutation, ce à quoi ils parviennent au moyen d'instruments répartis en trois catégories, synthétisés dans le tableau 4.1 et exposés plus en détail dans l'annexe 4A.

Pour surmonter les risques associés aux marchés du travail d'aujourd'hui et de demain, les États africains doivent repenser les systèmes de protection sociale (Banque mondiale, 2019b) tout en tenant compte de plusieurs problématiques.

Tableau 4.1 **Programmes de protection sociale et d'emploi**

Programmes de protection sociale et d'emploi	Objectifs	Types de programmes
Filets sociaux et assistance sociale (non contributifs)	Réduisent la pauvreté et les inégalités	• Transferts monétaires inconditionnels • Transferts monétaires conditionnels • Pensions sociales • Transferts alimentaires et en nature • Programmes de repas scolaires • Travaux publics • Exonérations de cotisations et subventions ciblées • Autres interventions (services sociaux)
Assurance sociale (contributive)	Garantit un niveau de vie adapté en cas de chocs et de changements de mode de vie	• Pensions contributives de vieillesse, de réversion et d'invalidité • Congés de maladie • Allocations de maternité et de paternité • Couverture d'assurance maladie • Autres types d'assurance
Programmes d'intervention sur le marché du travail (contributifs et non contributifs)	Augmentent les chances d'emploi et de rémunération ; revenus lissés pendant les périodes de chômage	• Programmes actifs d'intervention sur le marché du travail (formation, services d'intermédiation de l'emploi, subventions salariales) • Programmes passifs d'intervention sur le marché du travail (assurance chômage, incitations au départ à la retraite anticipé)

Source : Banque mondiale, 2019b.

Premièrement, les marchés du travail de la région sont exposés à des risques prononcés résultant de la révolution numérique et d'autres tendances mondiales, qui se traduisent par d'importants mouvements de travailleurs entre les espaces ruraux et urbains, les emplois, les secteurs, les filières et les pays. Par conséquent, les politiques de protection sociale devront gérer efficacement un large éventail de risques pour les travailleurs en phase de transition. Deuxièmement, en raison du faible niveau initial de la couverture de protection sociale dans la majorité des pays subsahariens, un élargissement complet de la couverture nécessiterait davantage de ressources qu'il n'y en aura de disponibles dans les années à venir. En conséquence, il sera essentiel de prendre en compte les implications budgétaires de l'élargissement de la couverture dans le contexte subsaharien. Troisièmement, étant donné le faible niveau de revenu dans la plupart des pays subsahariens, il conviendra d'identifier des moyens de trouver un équilibre entre des priorités politiques concurrentes, telles que l'éducation et la santé, l'infrastructure et la sécurité, et l'optimisation des investissements publics.

Ce chapitre est structuré de la façon suivante. La première partie vise à identifier les transformations des marchés africains du travail engendrées par la révolution numérique, laquelle se produit parallèlement à d'autres tendances, qui créeront un besoin de protection sociale. Seront également examinées dans cette partie les contraintes budgétaires et politiques qui pèsent sur une couverture universelle de la protection sociale en Afrique subsaharienne. Seront ensuite présentées dans le chapitre plusieurs options de politique de protection sociale à envisager pour faire face à l'incertitude de l'emploi et à la mobilité du travail du demain.

Seront également formulées des recommandations pour surmonter les contraintes budgétaires et politiques et offrir des niveaux plus réalistes de couverture de protection sociale. Enfin, un exposé des perspectives de recherche viendra conclure ce chapitre.

Risques systémiques et contraintes budgétaires pesant sur la couverture de la protection sociale en Afrique subsaharienne

Les bouleversements systémiques subis par les marchés du travail subsahariens dans un monde du travail en mutation obligeront les travailleurs à changer d'emplois, de secteurs, de filières ou de pays. Ces mobilités fonctionnelles aggraveront les niveaux déjà élevés de besoins non satisfaits de protection sociale et de gestion des risques en Afrique subsaharienne. En commençant par la révolution numérique, principal centre d'intérêt du présent rapport, cette partie vise à identifier ces facteurs disruptifs, les risques qu'ils génèrent pour la population active d'Afrique et les contraintes budgétaires et politiques pesant sur l'élargissement de la couverture de la protection sociale.

La révolution numérique, les autres tendances mondiales et les risques auxquels elles exposent les marchés du travail africains

De récentes études indiquent que les bouleversements systémiques des marchés du travail formel provoqués par la numérisation et la mondialisation constituent des facteurs déterminants de l'avenir du monde du travail (Banque mondiale, 2019b). Ces tendances ne devraient cependant pas affecter plus de 20 % des travailleurs de la région, car environ 90 % de la main d'œuvre d'Afrique subsaharienne évolue dans l'économie informelle, comme cela a été développé au chapitre 3. Compte tenu de la structure de ses économies et de leur faible niveau de formalisation, l'Afrique subsaharienne connaît une situation de départ différente des autres régions du monde. Comme cela a été observé dans le premier chapitre, la plupart des pays subsahariens ne disposent pas d'un vaste secteur de l'industrie manufacturière (moins de 10 % de la main-d'œuvre). La majorité des emplois se situent dans l'agriculture (60 à 70 %) et les services au consommateur (20 à 30 %) (FMI, 2018b), souvent dans le secteur informel et caractérisés par des revenus instables. Par conséquent, pour la plupart des Africains, l'interaction des innovations numériques avec d'autres facteurs va entraîner des mobilités fonctionnelles entre les secteurs, les filières et les pays, générant à la fois des risques et des opportunités en matière d'emploi. Ces moteurs mondiaux de la transformation des marchés du travail sont exposés dans cette sous-partie. Parmi eux figurent la création et l'adoption des technologies numériques, qui se produisent dans un contexte de plus grande intégration économique, ainsi que le changement et la fragilité climatiques, et les changements démographiques en Afrique[3]. Ces tendances bouleversent l'économie, diversifient le monde du travail et remettent en question un certain nombre de normes, notamment les relations qui régissaient traditionnellement le monde du travail et autour desquelles s'étaient développées les politiques de PSE de partage des risques dans les pays industrialisés au début du xxᵉ siècle (Banque mondiale, 2019a). Ces tendances exposent les économies subsahariennes à un certain nombre de risques, parmi lesquels des chocs (instabilité des revenus, transformation du travail, compétences obsolètes ou non recherchées, etc.) et des défaillances du marché (incertitude, déficits de coordination, pouvoir de marché, etc.). Selon le Forum économique mondial, on pourra observer l'impact de presque tous ces phénomènes moteurs d'ici à 2025, ce qui souligne l'urgence d'une action adaptative dès aujourd'hui (FEM, 2016).

Les technologies numériques

Les innovations liées aux technologies numériques sont en train de transformer la nature du travail, y compris en Afrique subsaharienne. Comme cela a été exposé dans le premier chapitre, l'adoption des technologies numériques peut avoir un effet positif très fort sur l'emploi. Il a également été dit au chapitre 3 que l'adoption des technologies numériques a le potentiel de conduire à une plus grande productivité et à des gains en matière d'emploi dans le secteur informel, dans la mesure où les technologies mobiles dans des secteurs tels que les services financiers et l'agriculture généreront probablement un nombre significatif d'emplois pour les travailleurs peu qualifiés (FMI, 2018b ; Ng'weno et Porteous, 2018 ; Banque mondiale et Banque de développement de Chine, 2017). Néanmoins, comme le montre l'encadré 4.1, les technologies numériques pourraient avoir des effets perturbateurs et de nature à détruire des emplois dans certains secteurs, comme l'exploitation minière dans les pays riches en ressources et le secteur public.

Même si l'on s'attend à ce que les technologies numériques génèrent des gains nets cumulés en matière de productivité et d'emploi, les décideurs politiques devront gérer les coûts de mobilité. Les personnes passant d'un emploi ou d'un ensemble de tâches à un autre, ou qui sont temporairement sans emploi en

Les technologies numériques et les bouleversements dans le secteur minier en Afrique

Le secteur des ressources non renouvelables est l'un des principaux secteurs « traditionnels » des pays subsahariens voués à être bouleversés par l'adoption des technologies numériques, avec des répercussions sur les emplois formels et informels. Parmi les 48 économies de la région, 19 peuvent être considérées comme riches en ressources minérales, soit, selon la définition du Fonds monétaire international, comme disposant de rentes minérales contribuant à leurs exportations à hauteur d'au moins 25 % (Lundgren, Thomas et York, 2013). À l'échelle mondiale, on estime que les technologies robotiques de véhicules sans chauffeur, de tri des minerais par capteurs et d'analyse de données auront atteint leur pic de déploiement dans le secteur minier d'ici à 2030. Dans l'industrie minière mondiale, l'adoption des technologies numériques pourrait se traduire par une perte de 330 000 emplois, soit près de 5 % de la main-d'œuvre, et cela aura des conséquences pour les pays d'Afrique riches en minerais. Même si l'on focalise sur le risque de pertes d'emploi causé par l'automatisation, les progrès associés en matière de sécurité pourraient cependant entraîner une diminution de 10 % des décès et de 20 % des blessures d'ici à 2030 (FEM et Accenture, 2017). En Afrique subsaharienne, le secteur minier contribue à une petite part de l'emploi national cumulé, bien qu'il représente entre 25 et 86 % des exportations dans les 19 économies riches en minerais et 60 à 90 % des investissements directs étrangers dans de nombreux pays (graphiques E4.1.1).

Graphiques E4.1.1 **Contribution du secteur minier aux exportations et à l'emploi national dans une sélection de pays subsahariens**

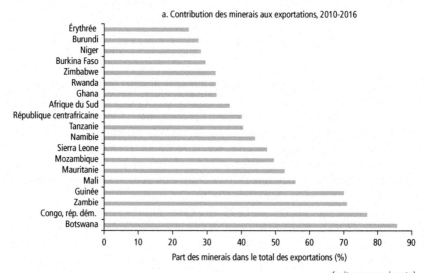

a. Contribution des minerais aux exportations, 2010-2016

(suite page suivante)

Graphiques E4.1.1 Contribution du secteur minier aux exportations et à l'emploi national dans une sélection de pays subsaharienss (suite)

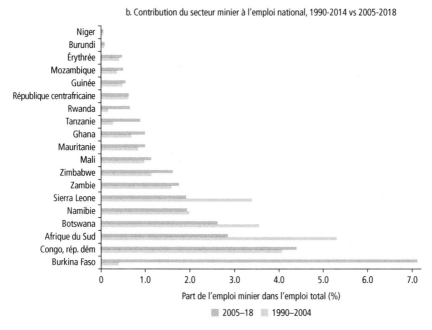

b. Contribution du secteur minier à l'emploi national, 1990-2014 vs 2005-2018

Part de l'emploi minier dans l'emploi total (%)

■ 2005–18   ▨ 1990–2004

Source : Usman *et al.*, à paraître.

Dans de nombreux pays, le nombre de personnes qui travaillent dans l'exploitation minière artisanale et principalement informelle est trois à six fois supérieur à celui des emplois directs formels du secteur (graphique E4.1.2). L'exploitation minière représente une plus petite part de l'emploi national que l'agriculture, par exemple. L'emploi dans le secteur est stable, en dehors d'exceptions notables. Dans des pays comme le Burkina Faso et le Mali, il a augmenté en raison de récents flux d'investissements directs étrangers et d'activités d'exploitation aurifère à grande échelle relativement nouvelles. Seule l'Afrique du Sud a connu une baisse constante de l'emploi absolu dans le secteur, passant d'un pic de plus de 900 000 employés à moins de 400 000 en 2017, et il s'agit de l'un des pays où l'adoption à grande échelle des technologies numériques pourrait bouleverser encore davantage l'emploi.

Les travaux universitaires et les recherches sur les politiques publiques sont la scène d'un débat actuel sur l'impact des technologies numériques sur le travail dans le secteur minier. Les données sont pour l'instant incomplètes et en brossent un portrait ambigu : les technologies numériques portent la promesse de produire des résultats avantageux pour les entreprises, les communautés et les pouvoirs publics, mais elles menacent d'aggraver les tensions entre accroissement de la productivité et souci d'équité.

(suite page suivante)

Graphique E4.1.2 **Emploi dans l'exploitation minière formelle vs artisanale dans une sélection de pays subsahariens, 2017**

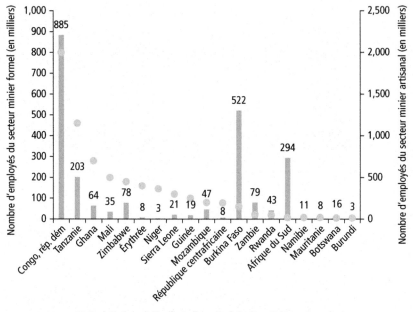

Exploitation minière formelle ● Exploitation minière artisanale

Source : Usman *et al.*, à paraître.
Note : Les chiffres de l'emploi dans le secteur minier formel sont basés sur les estimations de l'Organisation internationale du travail. Les chiffres de l'emploi dans l'exploitation minière artisanale sont basés sur les estimations du Forum intergouvernemental sur l'exploitation minière, les minéraux, les métaux et le développement durable.

Plusieurs questions sont soulevées : l'adoption des technologies numériques pourrait-elle se traduire par une destruction d'emplois massive, en particulier au niveau des postes professionnels et tâches routinières requérant peu de qualifications (voir graphiques E4.1.3) ? Pourrait-elle éliminer des postes dangereux – par exemple, dans les mines souterraines ? Pourrait-elle créer de nouveaux postes qui incluent davantage les femmes, les personnes âgées et d'autres groupes marginalisés ? Les technologies numériques pourraient-elles améliorer la productivité des mineurs artisanaux, formaliser leur activité et favoriser le développement de petites et moyennes entreprises dans le secteur grâce à la miniaturisation de l'équipement ? Les technologies numériques pourraient-elles permettre d'atteindre les objectifs nationaux de développement dans le secteur en dehors de l'emploi, par le biais de mesures fiscales et de leur application, d'une meilleure protection sociale et d'interventions plus énergiques sur les machés du travail en faveur des communautés minières ? Il s'agit là d'importants débats politiques pour les parties prenantes du secteur minier, à savoir les pouvoirs publics, l'industrie et les communautés minières où l'emploi dans ce secteur est souvent la seule source importante de revenus.

(suite page suivante)

ENCADRÉ 4.1 (suite)

Graphiques E4.1.3 **Emploi dans l'industrie minière par catégorie professionnelle en Afrique du Sud et en Zambie**

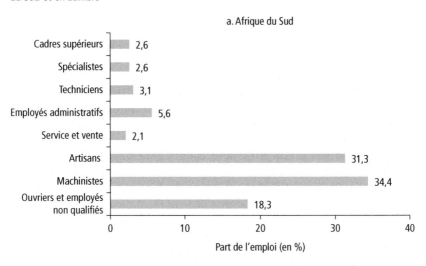

a. Afrique du Sud

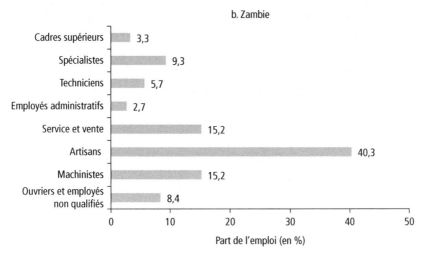

b. Zambie

Source : Usman *et al.,* à paraître.

Source : D'après Usman *et al.,* à paraître.

attendant de trouver un nouveau travail, devront bénéficier d'une protection sociale. Les décideurs devront aussi réduire les inégalités de répartition de ces gains et la disproportion des impacts potentiels en fonction des sexes, des secteurs et des niveaux de compétence (OIT, 2017).

L'intégration économique mondiale et régionale
La révolution numérique en Afrique subsaharienne se produit dans un contexte caractérisé par l'accélération de l'intégration régionale des échanges. L'intégration commerciale aura une incidence profonde sur les marchés du travail en raison de nouvelles opportunités économiques mais aussi des coûts d'ajustement qu'elle induit. Malgré les faibles niveaux d'intégration en Afrique subsaharienne (graphique 4.1), l'intégration commerciale s'accélère et a presque triplé depuis les années 1980 (FMI, 2018b). Seulement quelque 17 % du total des exportations sont négociées au sein de l'Afrique, contre 68 % en Europe et 59 % en Asie (graphique 4.1). Les pays africains ont à présent ratifié la Zone de libre-échange continentale africaine (ZLECAf), s'appuyant sur de précédents efforts d'intégration infrarégionaux[4]. La mise en œuvre de la ZLECAf modifiera le cadre commercial et d'investissement des pays du continent[5]. D'après les estimations de la Commission économique pour l'Afrique des Nations unies, la seule suppression des droits de douane pourrait permettre d'accroître le commerce intra-africain de 52 % (ONU CEA, Union africaine et Banque africaine de développement, 2017). La plus grande facilitation des échanges et la levée des barrières non tarifaires devraient doubler les gains du commerce intrarégional. De récentes analyses suggèrent qu'en raison des économies d'échelles, en particulier pour les plus petites

Graphique 4.1 **Commerce extrarégional et intrarégional, 2017**

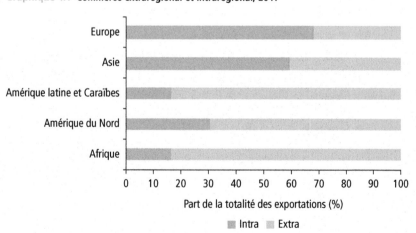

Part de la totalité des exportations (%)

■ Intra   ■ Extra

Source : Banque mondiale sur la base des données de 2018 de la base de données de la Conférence des Nations unies sur le commerce et le développement (UNCTADstat).

économies africaines, le renforcement de l'intégration économique permet de développer les capacités de résilience face aux chocs mondiaux, en diversifiant les exportations (Brixiová, Meng et Ncube, 2015), en soutenant la croissance industrielle (FMI, 2019), en permettant la participation aux chaînes de valeur mondiales et en augmentant les flux d'investissement vers la région (graphiques 4.2). On s'attend à ce que la ZLECAf accroisse la concurrence, ce qui produira des gains d'efficacité et une baisse des coûts et des prix, et par conséquent des gains considérables en matière de bien-être.

Graphiques 4.2 Composition du commerce intra-africain vs composition des exportations africaines vers le reste du monde

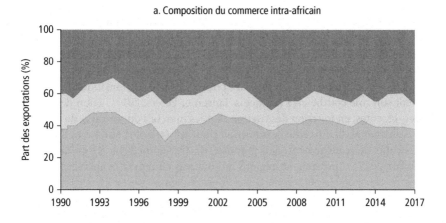

a. Composition du commerce intra-africain

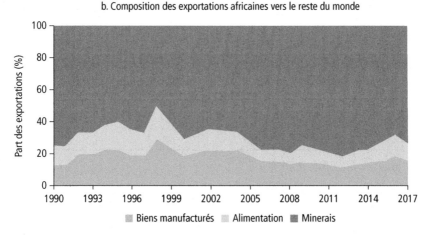

b. Composition des exportations africaines vers le reste du monde

■ Biens manufacturés ■ Alimentation ■ Minerais

Source : Calculs de la Banque mondiale sur la base des données Comtrade des Nations unies et du Fonds monétaire international.

La transformation structurelle découlant de la ZLECAf aura des répercussions sur l'avenir du travail dans la région. Les mouvements de réaffectation des facteurs de production entre les secteurs et les pays, et au sein de chacun d'eux, imposeront des coûts de réajustement.

À court terme, des déplacements d'emplois vont se produire entre entreprises, secteurs et pays à mesure que la levée des barrières commerciales augmentera la substituabilité du travail dans et entre les pays. En dépit des augmentations des investissements et de l'emploi escomptées à l'échelle des économies, il est probable que les investissements, tout comme les emplois, seront géographiquement redirigés là où ils sont plus efficaces. À défaut de politiques publiques de soutien, les communautés dont une grande partie de l'emploi est concentrée dans des industries en déclin seront susceptibles de connaître des niveaux de pauvreté plus élevés. Dans les phases ultérieures de l'intégration, la facilité de la mobilité fonctionnelle pourrait influer sur la migration.

Les graphiques 4.3 représentent les coûts d'ajustement, définis comme la valeur de production sacrifiée à la transition vers de nouveaux modèles de production à long terme en raison du délai de réaffectation des facteurs. La baisse du niveau de production au cours des phases initiales de transition ou d'ajustement suit une courbe en J (Francois, Jansen et Peters, 2011). Selon des études plus récentes, en fonction des frictions sur les marchés du travail et de la mobilité du capital, la durée de la transition pourrait être plus longue, et l'ampleur des coûts de réajustement, plus grande (Dix-Carneiro, 2014 ; Dix-Carneiro et Kovak, 2017). Au Brésil, les régions qui ont mis en œuvre la libéralisation des

Graphiques 4.3 **Trajectoires d'ajustement consécutives à la libéralisation du commerce**

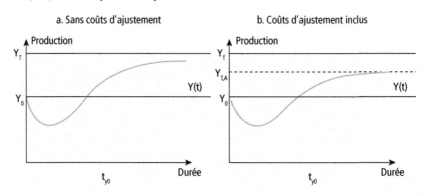

Source : Francois, Jansen et Peters, 2011.
Note : La trajectoire d'équilibre à long terme est représentée par YT. Si la libéralisation des échanges a lieu à l'instant t_{y0}, la production augmente de Y_0 à Y_T en l'absence de coûts d'ajustement. Avec coûts d'ajustement, toutefois, la production suit plutôt une courbe en J, la courbe $Y_{(t)}$ baissant d'abord sous le niveau de production initial Y_0 et se rapprochant ensuite progressivement de Y_T. L'écart actualisé entre Y_T et la courbe $Y_{(t)}$ est le coût d'ajustement.

droits de douane ont été confrontées à des effets de détérioration des marchés du travail se traduisant par une baisse de l'emploi et des salaires dans le secteur formel sur une plus longue période : bien qu'en moyenne, les ménages aient bénéficié de gains nets dans tous les percentiles de la répartition du revenu, les travailleurs de certaines régions ont souffert de baisses des salaires après 20 ans trois fois supérieures aux baisses après 10 ans (Dix-Carneiro, 2014)[6].

De manière générale, l'accroissement des échanges aura des effets distributifs, avec un impact sur les revenus, la pauvreté, le développement humain et le bien-être.

Un large segment de la population de chaque pays est exposé à un degré élevé de vulnérabilité en raison de l'intensification de la concurrence régionale, mais il y aura aussi des gains de consommation. Des mesures complémentaires, économiques et de protection sociale, sont nécessaires pour réduire les coûts des échanges et les obstacles à la libre circulation des facteurs et pour aider les travailleurs à s'adapter et à bénéficier des nouvelles opportunités de l'intégration régionale.

Le changement et la fragilité climatiques

Le climat et les sources de conflit constituent le deuxième ensemble de facteurs caractérisant l'environnement dans lequel les innovations numériques transforment les marchés du travail et entraînent la mobilité des travailleurs. Le changement climatique provoque des pertes d'actifs (par exemple, à travers des incapacités consécutives à des inondations ou à d'autres catastrophes naturelles), des pertes de récoltes (suite à une sécheresse ou une maladie des cultures) et des chocs des prix alimentaires (Banque mondiale, 2016). Les chocs climatiques sont particulièrement graves dans la région subsaharienne en raison de la forte dépendance de l'emploi et de la subsistance à l'égard du secteur agricole, ce qui expose de nombreuses vies à un risque accru de pauvreté et d'insécurité alimentaire (OIT, 2018). Les économies agraires sont particulièrement vulnérables aux situations météorologiques imprévisibles et aux conflits terriens qui en découlent. Les effets du changement climatique ont déjà réduit les récoltes de quelque 40 millions de tonnes de céréales par an entre 1981 et 2002 (Banque mondiale, 2016), et l'on s'attend à ce que les pertes s'élèvent à 3 % par an d'ici à 2030 (OIT, 2017). L'augmentation des températures dans les pays tropicaux à faible revenu a des conséquences durables, surtout dans les secteurs de l'agriculture et de l'industrie manufacturière, mais aussi plus généralement sur la productivité de la main-d'œuvre, la mortalité, la santé et les conflits (FMI, 2017 ; 2018b). Pour le pays en développement et à faible revenu médian où la température moyenne est de 25 °C, l'effet d'une hausse de 1 °C réduit la croissance de 1,2 point de pourcentage (carte 4.1).

Les situations fragiles et de conflit causent aussi des perturbations et le déplacement de nombreux groupes d'individus dans les pays africains.

Carte 4.1 Effet d'un réchauffement de 1 °C sur le produit réel par habitant au niveau du point de grille

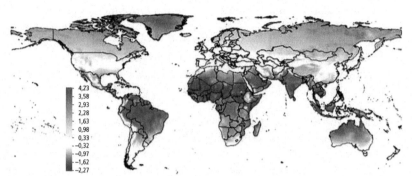

Source : FMI, 2017. © Fonds monétaire international. Reproduit avec l'autorisation du Fonds monétaire international ; toute réutilisation devra faire l'objet d'une nouvelle autorisation.
Note : C = Celsius.

Le cadre d'analyse sur la fragilité développé par l'Organisation de coopération et de développement économiques (OCDE) identifie 58 contextes fragiles, dont 35 se trouvent en Afrique subsaharienne (OCDE, 2018b). Les cas de conflit et de violence ont augmenté, passant de moins de 10 000 en 2000 à environ 50 000 en 2019. Les décès liés aux conflits ont augmenté, de quelque 2 500 en 2002 à près de 15 000 en 2019. Le nombre de personnes déplacées dans leur propre pays pour cause de conflit et de violence a atteint le chiffre sans précédent de 14 millions (graphiques 4.4). Sur les neuf pays en situation d'extrême fragilité impliqués dans des conflits armés en cours, cinq sont africains.

Ces situations fragiles prennent une dimension de plus en plus transnationale et sont dues à une combinaison de facteurs, notamment la rivalité pour le pouvoir politique, l'extrémisme violent, les conflits intercommunautaires, le changement climatique, la croissance des inégalités, la rareté des ressources, les pressions démographiques, les nouvelles technologies et les flux financiers illégaux (ONU et Banque mondiale, 2018). Les conflits violents éparpillent la population et causent des pertes de revenus. Selon le Haut-Commissariat des Nations unies pour les réfugiés, à la fin du mois de février 2019, plus de 2,5 millions de déplacés internes s'étaient installés dans le bassin du lac Tchad, parmi lesquels quelque 2 millions au Nigeria, 246 000 au Cameroun, 126 000 au Tchad et 104 000 au Niger[7]. En Afrique centrale, les conflits ont provoqué le déplacement forcé d'environ 641 000 déplacés internes et d'environ 591 000 réfugiés au Cameroun, au Tchad et en république démocratique du Congo. En Afrique de l'Est, on dénombre 806 680 réfugiés somaliens, principalement en Éthiopie, au Kenya et en république du Yémen. L'expulsion par la force d'individus de leur

Graphiques 4.4 **Conflits à l'échelle mondiale et déplacés internes en Afrique**

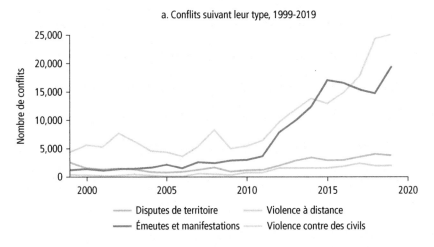

a. Conflits suivant leur type, 1999-2019

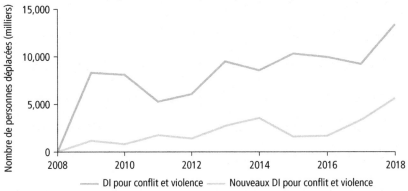

b. DI pour cause de conflits en Afrique subsaharienne, 2008-2018

Sources : Calculs de la Banque mondiale sur la base de l'Armed Conflict Location and Event Data Project (ACLED), www.acleddata.com (graphique a) et de la base de données de l'Internal Displacement Monitoring Center, www.internal-displacement.org (graphique b).
Note : DI = Déplacés internes.

foyer et de leur communauté forme le contexte plus large dans lequel s'inscrit la révolution numérique en matière de systèmes de paiement, de technologies mobiles et d'autres innovations dans de nombreuses parties de l'Afrique subsaharienne.

Des évolutions démographiques rapides
Le troisième facteur définissant l'environnement au sein duquel les technologies numériques auront un impact sur l'avenir du travail en Afrique subsaharienne

est la rapide transition démographique. L'évolution démographique dans la région se caractérise par une augmentation de la population jeune, une urbanisation rapide et un accroissement des flux migratoires. Selon les prévisions, la population dans les pays subsahariens devrait presque doubler au cours des deux prochaines décennies, passant d'approximativement 900 millions en 2015 à 1,7 milliard en 2040 (graphique 4.5.a) (FMI, 2018b). Plus de la moitié de la croissance démographique mondiale prévue d'ici à 2050 devrait se situer en Afrique (ONU DAES, 2017). La moitié de la population subsaharienne étant âgée de moins de 25 ans, l'offre de main-d'œuvre dans la région augmentera, selon les estimations, de 198 millions d'individus entre 2017 et 2030 (OIT, 2018), et 11 millions de jeunes Africains devraient entrer sur le marché du travail chaque année au cours de la décennie à venir. Au vu de cette augmentation de la main-d'œuvre, il sera nécessaire de créer 20 millions d'emplois chaque année (FMI, 2018b).

De plus, si la population croissante de la région s'urbanise rapidement, elle dispose de faibles revenus et travaille pour une large part dans le secteur informel. Depuis le milieu des années 1990, la population urbaine subsaharienne a doublé, atteignant presque 400 millions en 2016 et passant de 31 % en 2000 à 38 % en 2016 (Hommann et Lall, 2019). Près de trois quarts (72 %) de la population urbaine de la région réside dans des zones urbaines à la périphérie des plus grandes villes de chaque pays. L'Afrique subsaharienne s'urbanise toutefois avec un niveau de revenu bien inférieur à celui des autres régions par le passé (graphique 4.5.b). Aujourd'hui, 40 % de la population subsaharienne vit en zone urbaine et le revenu moyen par habitant est d'à peu près 1 000 dollars. À titre de comparaison, lorsque la région Moyen-Orient et Afrique du Nord a atteint le seuil des 40 % en 1968, son revenu par habitant se montait à 1 800 dollars, et lorsque la région Asie de l'Est et Pacifique a atteint ce même seuil en 1994, le revenu par habitant y était de 3 617 dollars (Hommann et Lall, 2019).

Le faible niveau des revenus urbains suggère que l'urbanisation en Afrique subsaharienne s'opère sans que cela ne crée de bons emplois productifs. La piètre qualité des emplois dans les villes africaines en croissance est imputable à des investissements insuffisants dans les infrastructures liées au capital physique (transport et logement) et au capital humain (écoles, dispensaires, etc.), ce qui réduit considérablement les avantages de l'agglomération dans les villes, augmente les coûts des affaires et rend les villes non compétitives. La plupart des pays subsahariens n'ont pas observé de phénomène massif de réaffectation de l'activité économique de l'agriculture de subsistance aux secteurs plus productifs de l'industrie et des services, et ce manque de réaffectation s'est traduit par une urbanisation sans croissance.

Enfin, la croissance de la population africaine est liée à une augmentation du phénomène migratoire, surtout à l'intérieur du continent. Depuis 1990, le nombre total des migrants d'Afrique a augmenté de près de 80 %,

 **Transition démographique et urbanisation en Afrique subsaharienne**

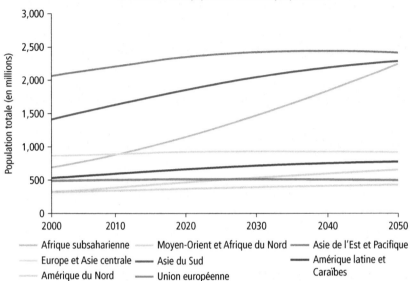

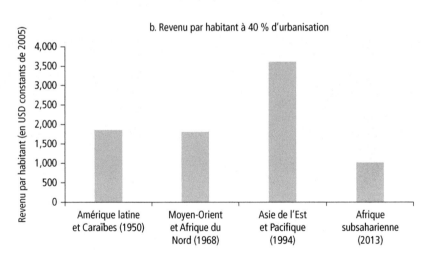

Sources : Calculs de la Banque mondiale à partir de la base des indicateurs du développement dans le monde ; Hommann et Lall, 2019.
Note : Dans le graphique b, les années entre parenthèses indiquent l'année où la région a atteint le seuil de 40 %. USD = dollars américains.

atteignant 36,3 millions d'individus en 2017 (Mo Ibrahim Foundation, 2019). En 2017, les migrants africains ne représentaient toutefois que 14 % de la population mondiale de migrants, soit beaucoup moins que ceux originaires d'Asie (41 %), d'Europe (24 %) et d'Amérique latine (14,6 %). Plus de 70 % des migrants subsahariens se déplacent à l'intérieur du continent (graphique 4.6.a). Et près de 80 % des migrants africains sont motivés par l'espoir de meilleures conditions économiques et sociales (graphique 4.6.b). Selon les données Afrobaromètre, les migrants africains d'aujourd'hui sont principalement jeunes, 60 % des migrants en situation irrégulière étant âgés de moins de 35 ans. La combinaison de l'explosion démographique, de la croissance de la population jeune, de l'urbanisation et de la migration aura dès lors d'importantes conséquences en matière d'emploi, surtout dans les villes et les zones urbaines des pays africains. À la différence des autres régions du monde, l'Afrique subsaharienne dispose d'une population à la croissance rapide qui se déplace vers les villes et se consacre de plus en plus à des activités dans le secteur informel.

Graphiques 4.6 Destinations et motifs d'émigration des Africains

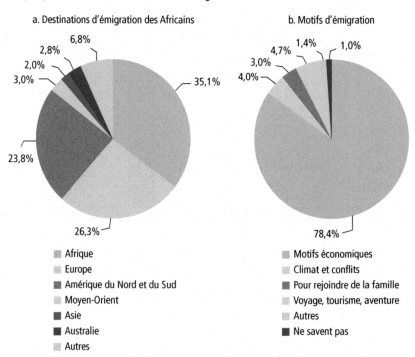

a. Destinations d'émigration des Africains

6,8%
2,8%
2,0%
3,0%
35,1%
23,8%
26,3%

- Afrique
- Europe
- Amérique du Nord et du Sud
- Moyen-Orient
- Asie
- Australie
- Autres

b. Motifs d'émigration

4,7% 1,4% 1,0%
3,0%
4,0%
78,4%

- Motifs économiques
- Climat et conflits
- Pour rejoindre de la famille
- Voyage, tourisme, aventure
- Autres
- Ne savent pas

Les contraintes budgétaires pesant sur la couverture de la protection sociale en Afrique subsaharienne

Dans un contexte de montée des risques où la protection sociale doit être renforcée, le niveau initial de couverture en Afrique subsaharienne est faible, et la protection sociale est parcellaire et soumise à un ensemble de contraintes budgétaires et politiques[8]. Les systèmes de PSE couvrent moins de 20 % de la population subsaharienne (graphique 4.7.a). La majorité des pays africains ont

Graphiques 4.7 **Couverture de la protection sociale et nombre de programmes**

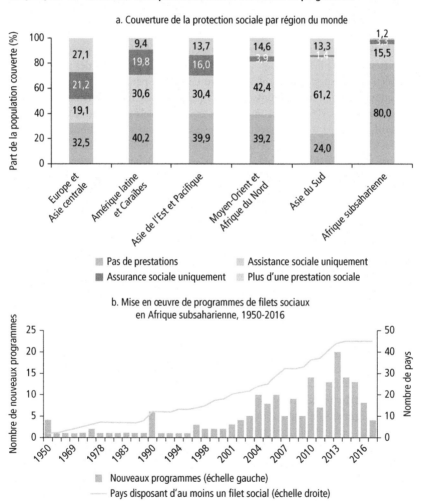

a. Couverture de la protection sociale par région du monde

b. Mise en œuvre de programmes de filets sociaux en Afrique subsaharienne, 1950-2016

Nouveaux programmes (échelle gauche)

Pays disposant d'au moins un filet social (échelle droite)

Sources : Base de données ASPIRE (Atlas de la protection sociale : Indicateurs de résilience et d'équité) de la Banque mondiale ; Beegle, Coudouel et Monsalve, 2018.
Note : PSE = protection sociale et emploi.

récemment mis en place des programmes de filets sociaux afin de protéger les pauvres et les personnes vulnérables (Beegle, Coudouel et Monsalve, 2018). Le nombre de pays disposant de programmes de filets sociaux était de 18 en 2000, 36 en 2010 et 45 en 2017 (graphique 4.7.b). En 2016, 32 pays africains avaient mis en œuvre des stratégies ou des politiques publiques nationales de protection sociale qui s'articulaient essentiellement sur des filets sociaux. Le nombre moyen de programmes par pays est de 15, allant de 2 en république du Congo et au Gabon à 56 au Burkina Faso. Mais malgré la multiplication des filets sociaux, la couverture de la protection sociale au sens plus large demeure très faible pour diverses raisons, notamment les contraintes budgétaires.

Les programmes de filets sociaux couvrent un plus grand nombre de personnes que l'assurance sociale et les autres instruments de PSE. Parmi les populations subsahariennes bénéficiant d'une couverture, 78 % n'ont accès qu'à des programmes de filets sociaux, et seulement 17 % sont couvertes par l'assurance sociale (graphiques 4.8). Il existe différents types d'instrument de filets sociaux. En Afrique subsaharienne, les transferts monétaires conditionnels et inconditionnels représentent près de 41 % du budget des filets sociaux ; les travaux publics, 12 % ; et les transferts en nature, 11 %. Parmi les pays de la région, le Burundi, la République centrafricaine, l'Éthiopie et le Liberia sont ceux qui dépensent la plus grande part du produit intérieur brut (PIB) en travaux publics (Beegle, Coudouel et Monsalve, 2018 ; Banque mondiale, 2018d). Les pensions sociales sont plus répandues dans les pays à revenu intermédiaire de la tranche supérieure et en Afrique australe. En Afrique centrale et dans les États fragiles, les filets sociaux servent surtout à répondre à des chocs, et les types de programmes les plus courants sont les programmes d'intervention d'urgence et les programmes alimentaires.

Les programmes d'assurance sociale en Afrique sont destinés aux personnes âgées et les programmes de filets sociaux principalement aux enfants, directement ou indirectement, par le biais d'une aide aux ménages avec enfants (Beegle, Coudouel et Monsalve, 2018). De tous les filets sociaux ciblant directement les enfants avec des interventions alimentaires, 29 % bénéficient aux orphelins et autres enfants vulnérables ; il s'agit de programmes de repas scolaires, de fourniture de matériel scolaire et d'allocations d'éducation (graphiques 4.8).

Parmi les 31 % de programmes ciblant plus largement les ménages, 19 % concernent des membres de la population active, 6 %, les personnes âgées, et 14 %, d'autres segments de population, notamment les personnes souffrant de handicap, les réfugiés et les déplacés internes. Le nombre de pensions sociales vieillesse et ancien combattant varie de 7 % dans les pays à revenu intermédiaire de la tranche supérieure et 9 % en Afrique australe à moins de1 % dans les pays à faible revenu.

Le faible niveau de couverture de PSE en Afrique subsaharienne et les divers risques auxquels sont exposées les populations africaines en déplacement dans un monde du travail en mutation rendent difficile une mise en œuvre complète des dispositifs d'assistance sociale, tels que ceux qui sont recommandés dans le *Rapport sur le développement dans le monde 2019* (RDM 2019) et détaillés dans l'annexe B. Un revenu minimum universel (RMU) est, par exemple, présenté comme une option de choix pour élargir l'assistance sociale[9]. Mais l'impact budgétaire du RMU pour un plan d'assistance sociale de base pourrait représenter jusqu'à 9,6 % du PIB dans les pays à faible revenu, 5,1% dans ceux à revenu intermédiaire de la tranche inférieure et 3,5 % dans les pays à revenu

Graphiques 4.8 **Couverture de différents groupes démographiques par les filets sociaux, par région et type de programmes**

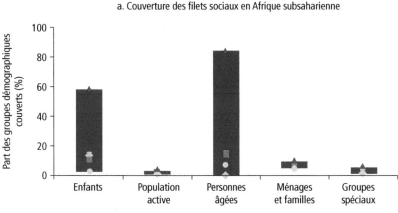

a. Couverture des filets sociaux en Afrique subsaharienne

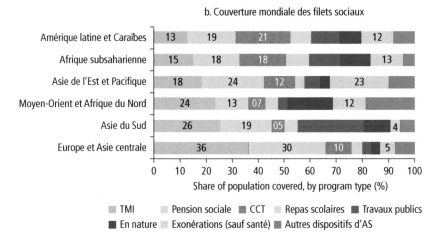

b. Couverture mondiale des filets sociaux

Sources : Beegle, Coudouel et Monsalve, 2018 ; Banque mondiale, 2018d.
Note : AS = assistance sociale ; TMC = transferts monétaires conditionnels ; TMI = transferts monétaires inconditionnels.

intermédiaire de la tranche supérieure (graphiques 4.9). Un plan d'assistance sociale complet pourrait représenter jusqu'à 19,3 % du PIB dans les pays les plus pauvres (Banque mondiale, 2019b).

La mise en œuvre de ces RMU et d'autres recommandations relatives aux minima sociaux présenterait des difficultés en Afrique subsaharienne en raison de plusieurs contraintes, notamment un investissement public insuffisant, un faible niveau de mobilisation des recettes et des priorités politiques en concurrence.

Graphiques 4.9 **Plans d'assistance sociale et coût du revenu minimum universel**

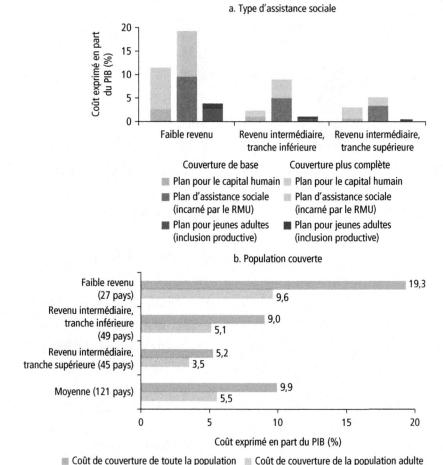

Source : Banque mondiale, 2019b.
Note : PIB = produit intérieur brut ; RMU = revenu minimum universel.

Un investissement public insuffisant dans les systèmes de PSE

Dans la majeure partie de l'Afrique subsaharienne, les ressources consacrées à la protection sociale sont insuffisantes. Cette situation peut être imputée au faible niveau des dépenses sociales, à la dépendance à l'égard de financements provenant de bailleurs étrangers et à des manques d'efficacité.

Au total, les dépenses publiques de protection sociale en Afrique subsaharienne concernent surtout les pensions des travailleurs formels. D'après les données disponibles pour certains pays, les dépenses de PSE s'élèvent à 1,7 % du PIB en Côte d'Ivoire, 1,8 % au Cameroun et 2,4 % en Tanzanie (graphiques 4.10). Ces parts correspondent à 6,3 % des dépenses totales en Côte d'Ivoire, 6,6 % au Cameroun et 12 % en Tanzanie. Un examen plus minutieux de la répartition des dépenses de PSE par type de programmes révèle une forte concentration sur les pensions, qui représentent 93,9 % du total en Côte d'Ivoire, 66,7 % au Cameroun et 51,1 % en Tanzanie. Les programmes de filets sociaux occupent la place de lointain second, constituant 27 % des dépenses totales en Côte d'Ivoire et 19,4 % en Tanzanie. Le Cameroun et la Tanzanie dépensent davantage en subventions générales qu'en programmes d'intervention sur le marché du travail.

Dans le cas des programmes de filets sociaux, par exemple, les dépenses exprimées en part du PIB en Afrique subsaharienne sont similaires à la moyenne mondiale des pays en développement, mais inférieures si l'on considère le PIB par habitant. Les pays subsahariens, comme les autres pays en développement, consacrent en moyenne 1,5 % du PIB aux programmes de filets sociaux, hors subventions générales aux prix (Banque mondiale, 2018d).

S'appuyant sur un échantillon de 124 pays, les graphiques 4.11 montrent comment l'Afrique subsaharienne tient la comparaison avec les autres régions

Graphiques 4.10 Programmes de protection sociale et d'emploi au Cameroun, en Côte d'Ivoire et en Tanzanie

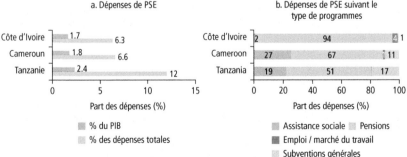

Source : Calculs de la Banque mondiale sur la base de l'examen des dépenses publiques.
Note : PIB = produit intérieur brut ; PSE = protection sociale et emploi.

Graphiques 4.11 Dépenses consacrées aux filets sociaux dans les différentes régions du monde

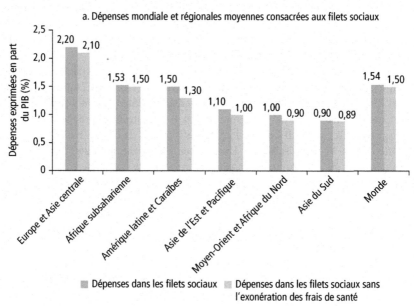

a. Dépenses mondiale et régionales moyennes consacrées aux filets sociaux

■ Dépenses dans les filets sociaux   ■ Dépenses dans les filets sociaux sans
l'exonération des frais de santé

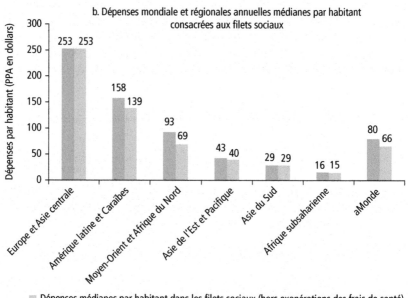

b. Dépenses mondiale et régionales annuelles médianes par habitant
consacrées aux filets sociaux

■ Dépenses médianes par habitant dans les filets sociaux (hors exonérations des frais de santé)
■ Dépenses médianes par habitant dans les filets sociaux (totales)

Source : Banque mondiale, 2018d.
Note : PIB = produit intérieur brut ; PPA = parité de pouvoir d'achat.

du monde en développement. De même, les dépenses médianes consacrées aux filets sociaux en Afrique subsaharienne, qui représentent 0,7-0,8 % du PIB, sont comparables à celles des régions Asie de l'Est et Pacifique, Moyen-Orient et Afrique du Nord, et Asie du Sud (Banque mondiale, 2018d). Bien que l'Afrique subsaharienne soit la deuxième région du monde dépensant le plus en termes relatifs, elle est la dernière en termes absolus. Là où les pays d'Amérique latine et des Caraïbes dépensent 158 dollars (en parité de pouvoir d'achat [PPA] en dollars), les pays africains dépensent 16 dollars en PPA par personne (Banque mondiale, 2018d).

Non seulement les programmes de filets sociaux disponibles sont peu nombreux mais ils dépendent aussi fortement des bailleurs de fond, ce qui pourrait entraver leur viabilité. Depuis le début du xxie siècle, nombre de pays subsahariens ont introduit des programmes phares de filets sociaux, et ils en élargissent rapidement la couverture, mais ces programmes sont largement financés par des bailleurs. L'aide au développement apportée par le biais d'organisations bilatérales et multilatérales représente en moyenne 55 % du financement des filets sociaux dans la majorité des pays africains (graphique 4.12) (Beegle, Coudouel et Monsalve, 2018). Environ deux tiers du budget du Haut-Commissariat des Nations unies pour les réfugiés sont affectés à des programmes africains, et cette aide humanitaire est comptabilisée comme dépense en filets sociaux (Banque mondiale, 2018d). Bien que le Soudan du Sud consacre 10 % de son PIB aux programmes de filets

Graphique 4.12 Part des filets sociaux financés par des bailleurs de fond dans les pays subsahariens

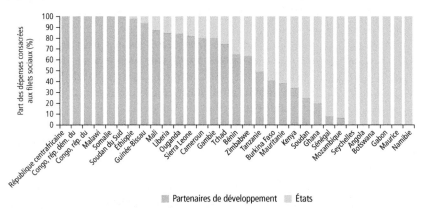

Source : Beegle, Coudouel et Monsalve, 2018.

sociaux, le niveau de dépense le plus élevé d'Afrique subsaharienne, il ne dispose que de deux programmes d'aide d'urgence, tous deux intégralement financés par des bailleurs. Une transition a été amorcée pour certains programmes de la région qui étaient intégralement financés par des partenaires de développement lors de leur lancement et dont la prise en charge repose désormais de plus en plus sur les ressources intérieures. Par exemple, le Kenya s'est engagé à soutenir des programmes de filets sociaux par des ressources intérieures à travers son National Safety Net Program (Programme national de filet social), qui finance entièrement certains programmes et couvre plus de la moitié du coût des autres. Nonobstant, les programmes de filets sociaux reposent encore majoritairement sur le financement extérieur.

Un certain manque d'efficacité dans les dépenses de PSE contribue également à la faiblesse des niveaux de couverture. Les coûts administratifs sont estimés en moyenne à 17 % des dépenses consacrées aux programmes de filets sociaux (Beegle, Coudouel et Monsalve, 2018 et reflètent notamment les investissements de départ dans les différents systèmes et la petite taille de nombreux programmes. À mesure qu'augmentera la taille des programmes, les coûts administratifs moyens devraient chuter. Par exemple, les coûts administratifs du Projet Filets sociaux, au Cameroun, constituaient 65 % des dépenses du programme à son lancement en 2015, mais ils sont tombés à 23 % en 2016, tandis que le nombre de bénéficiaires a quadruplé. Au Mali, les coûts administratifs du projet de filets sociaux Jigisemejiri (Arbre de l'espoir) ont baissé, passant de 41,8 % à 11,9 % des coûts totaux du programme entre 2014 et 2016, et le nombre de bénéficiaires a augmenté, de quelque 30 000 à plus de 375 000 personnes.

La difficulté à mobiliser les recettes pour élargir la couverture de protection sociale
Le deuxième élément qui limite la couverture et les dépenses de PSE dans les pays subsahariens sont les faibles niveaux de mobilisation des recettes intérieures (MRI). Le RDM 2019 indique que l'élargissement de l'assistance sociale nécessiterait une mobilisation substantielle des recettes par les pouvoirs publics dans le monde entier (Banque mondiale, 2019b). Les économies à faible revenu, comme celles d'Afrique subsaharienne, présentent le plus faible ratio recettes fiscales/PIB, ce dernier s'élevant à 14 % en 2016, soit moins que les économies à revenu intermédiaire (18 %) et celles à revenu élevé (23 %) (graphique 4.13). Bien que la perception des recettes se soit améliorée dans l'ensemble, certaines économies riches en ressources, dont la république démocratique du Congo, la Guinée équatoriale et le Nigeria, ont

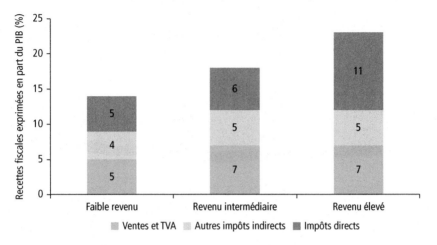

Graphique 4.13 **Recettes fiscales exprimées en part du PIB, par catégorie de revenu des pays**

Source : Banque mondiale, 2019b.
Note : PIB = produit intérieur brut ; TVA = taxe sur la valeur ajoutée.

observé des reculs (graphiques 4.14). En république démocratique du Congo, par exemple, les recettes fiscales et non fiscales de l'État sont en baisse depuis 2012 et se montent à seulement 8,1 % du PIB en 2017 (Banque mondiale, à paraître).

En comparaison des autres régions du monde, l'Afrique subsaharienne compte toujours le plus grand nombre d'économies où la MRI est inférieure à un seuil minimal de 15 % (FMI *et al.*, 2016) et le ratio recettes fiscales/PIB est le plus bas du monde.

Les raisons du faible niveau de recouvrement de l'impôt en Afrique subsaharienne sont nombreuses[10] et liées à des difficultés en matière de politique et d'administration fiscales. Un faible recouvrement de l'impôt est corrélé à un faible effort fiscal (voir graphiques 4.15)[11].

L'efficacité des plus importants instruments d'imposition est variable et tend à être inférieure aux moyennes mondiales, surtout parmi les économies riches en ressources (FMI, 2017)[12]. Bien que de nombreuses thématiques soient pertinentes, quatre méritent d'être mises en évidence. En premier lieu, la mobilisation de ressources est limitée par les exonérations fiscales et autres mesures fiscales d'incitation. Il est fréquent que certains secteurs, activités ou régions soient soumis à un régime fiscal différent et cela a de vastes

Graphiques 4.14 **Comparaison entre les revenus des pays subsahariens non pétroliers et pétroliers**

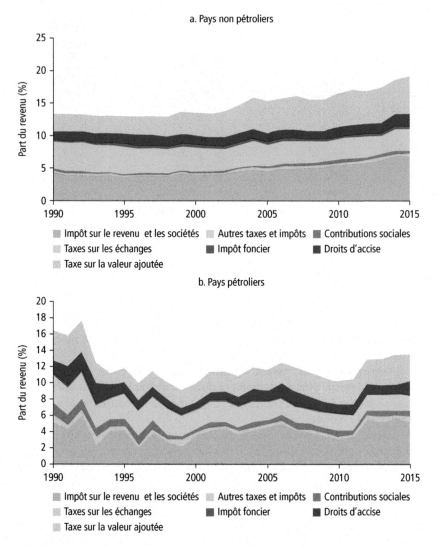

a. Pays non pétroliers

b. Pays pétroliers

Source : Calculs de la Banque mondiale à partir de données internes et de données de l'Institut mondial de l'université des Nations unies pour la recherche sur l'économie du développement.

Graphiques 4.15 **Efficacité fiscale et génération de recettes en Afrique subsaharienne et dans une sélection de pays**

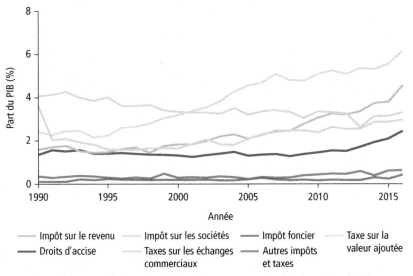

a. Efficacité de différents types d'impôts (Afrique)

— Impôt sur le revenu   — Impôt sur les sociétés   — Impôt foncier   Taxe sur la valeur ajoutée
— Droits d'accise   Taxes sur les échanges commerciaux   — Autres impôts et taxes

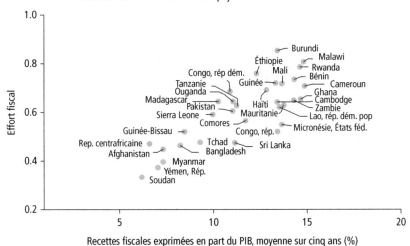

b. Recettes fiscales et effort fiscal des pays aux recettes fiscales < 15 % du PIB

Source : Calculs de la Banque mondiale à partir de données internes et de données de l'Institut mondial de l'université des Nations unies pour la recherche sur l'économie du développement.
Note : L'effort fiscal (graphique b) est défini comme un indice du ratio entre la part du recouvrement d'impôt réel dans le produit intérieur brut et la capacité d'imposition. La capacité d'imposition est déterminée en prédisant le ratio recettes fiscales/PIB par analyse de régression. Voir Le, Moreno-Dodson et Bayraktar (2012).

répercussions sur le plan de l'équité et de l'efficacité des régimes d'imposition. Au niveau national, on estime que les niches fiscales représentent environ 2 à 7 % du produit national[13]. En Mauritanie, les niches fiscales estimées s'élèvent à 4,9 % du PIB, soit 30 % du total des recettes fiscales non liées à l'extraction. Les exonérations fiscales représentent aussi une charge administrative[14] et, une fois accordées, sont difficiles à supprimer, car les bénéficiaires font pression pour qu'elles soient maintenues. Les recherches menées aux niveaux mondial et régional suggèrent néanmoins que, bien que la fiscalité revête une importance au regard de l'investissement, les effets ont tendance à être moindres dans les économies en développement[15]. Dans plusieurs économies subsahariennes, on a pu observer que les congés fiscaux n'avaient aucun effet positif sur l'investissement[16].

En deuxième lieu, les efforts de MRI en Afrique subsaharienne peuvent être entravés par les défis posés par la fiscalité internationale[17]. Plusieurs études ont conclu que les pays en développement sont relativement plus vulnérables aux transferts de bénéfices réalisés par des multinationales[18] dans un environnement où le recouvrement de l'impôt se concentre souvent sur un nombre limité d'entreprises[19]. En outre, les conventions fiscales qui concèdent des droits d'imposition entre pays peuvent constituer une source majeure de pertes de revenu pour les économies subsahariennes. Comme le montrent les graphiques 4.16, plusieurs pays ont conclu des conventions fiscales hautement déséquilibrées, dont certaines réduisent d'environ 15 % les recettes provenant de l'impôt sur les sociétés (Beer et Loeprick, 2018).

En troisième lieu, l'impôt indirect continue de représenter la plus grande part des recettes de la majorité des pays de la région. La taxe sur la valeur ajoutée (TVA) demeure le fer de lance de la MRI et a souvent permis d'augmenter le ratio recettes fiscales/PIB. Étant donné l'importance de la TVA dans le total des recettes, il est important de mener une politique efficace et administrable et de garantir une bonne capacité administrative. Les exonérations réduisent souvent l'assiette fiscale[20] et compliquent la gestion, mais elles peuvent quelquefois être nécessaires pour faire accepter la TVA. En république démocratique du Congo, par exemple, l'élargissement des exonérations et le manque de systèmes administratifs adaptés sapent l'efficacité de la TVA, introduite en 2012 (Banque mondiale, 2019a). Les restrictions sur les remboursements de TVA et les contraintes administratives sont aussi courantes et constituent le talon d'Achille du fonctionnement de la TVA. Le manque de ressources publiques peut empêcher d'avoir un système de remboursement fonctionnel, les États empruntant en réalité aux contribuables par l'entremise du système de remboursement, avec l'incapacité réelle ou perçue de se prémunir des fraudes au remboursement, une difficulté essentiellement administrative (voir Bird et Gendron, 2011).

Graphiques 4.16 Taux de retenue en Afrique subsaharienne, 2016

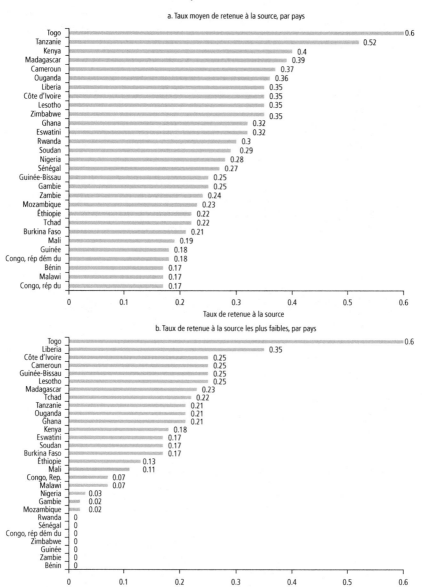

a. Taux moyen de retenue à la source, par pays

b. Taux de retenue à la source les plus faibles, par pays

Source : Calculs de la Banque mondiale d'après des données de Hearson (2016).
Note : Une valeur plus élevée indique une plus grande part des droits d'imposition pour le pays source. L'indice de taux de retenue à la source fournit un score linéaire moyen du taux de retenue sur les dividendes, intérêts et redevances. Le nom Swaziland a été officiellement remplacé par Eswatini en avril 2018.

En quatrième lieu, les pays sous-utilisent plusieurs instruments d'imposition, comme les droits d'accise, qui représentent souvent moins de 1 % du PIB malgré leur facilité d'administration en comparaison d'autres instruments, et l'impôt foncier, qui peut constituer une importante source de recettes locales et être équitable lorsqu'il est calculé sur la base de critères de richesse. L'impôt foncier peut être pertinent dans les pays exportateurs de ressources, où des effets de syndrome hollandais risqueraient de mener à un boom de l'immobilier.

Des conflits de priorité dans les investissements publics et les arbitrages politiques
Dans beaucoup de pays subsahariens, les investissements publics dans les systèmes de PSE peuvent pâtir de la concurrence entre les différentes priorités stratégiques. Nombre de pays sont aux prises avec une infrastructure de mauvaise qualité, des systèmes de santé inefficaces, de faibles niveaux d'éducation et des difficultés en matière de sécurité et d'environnement, autant de domaines qui exigent l'attention des pouvoirs publics. De récentes études estiment que les dépenses en infrastructures dans la région subsaharienne devraient se situer entre 130 et 170 milliards de dollars par an pour répondre aux besoins, avec un déficit financier de l'ordre de 68 à 108 milliards de dollars (BAfD, 2018). Dès lors, les dépenses en PSE tendent généralement à être nettement inférieures aux investissements publics dans d'autres secteurs, notamment les traitements des fonctionnaires et les dépenses d'investissement (graphique 4.17). En moyenne, l'Afrique subsaharienne consacre 4,6 % du total des dépenses publiques aux programmes de protection sociale (Beegle,

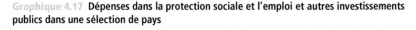

Graphique 4.17 Dépenses dans la protection sociale et l'emploi et autres investissements publics dans une sélection de pays

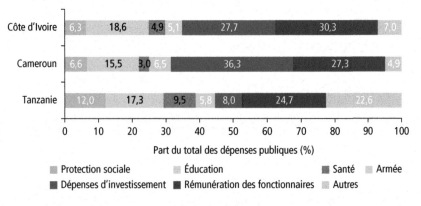

Source : Calculs de la Banque mondiale sur la base d'analyses des dépenses publiques.

Coudouel et Monsalve, 2018), ce qui est inférieur aux dépenses consacrées aux subventions énergétiques, aux soins de santé, à l'éducation et, dans certains cas, à l'armée. Dans de nombreux pays d'Afrique de l'Ouest et du Sahel, les niveaux de pauvreté et de vulnérabilité sont élevés et l'extrémisme violent fait peser de sérieuses menaces sur la sécurité. Pourtant, les dépenses consacrées aux subventions énergétiques – souvent présentées comme un moyen d'aider les ménages vulnérables mais considérablement régressives en pratique – sont supérieures aux dépenses consacrées aux programmes de protection sociale, et sont particulièrement élevées en Afrique centrale et en Afrique de l'Est comme dans les pays à faible revenu. Par conséquent, un rééquilibrage des ressources budgétaires disponibles en faveur des interventions de PSE est possible, même si les décisions ne seront pas faciles à prendre au vu des besoins en concurrence.

Certains facteurs d'économie politique sont aussi à prendre en compte, notamment la façon dont sont perçus les programmes de protection sociale et les attentes en matière d'investissements publics. Dans plusieurs pays africains, un certain nombre d'enquêtes montrent que la majorité de la population trouve humiliant de recevoir de l'argent sans avoir à travailler pour l'obtenir (graphique 4.18) (Beegle, Coudouel et Monsalve, 2018). Au sein de nombreux

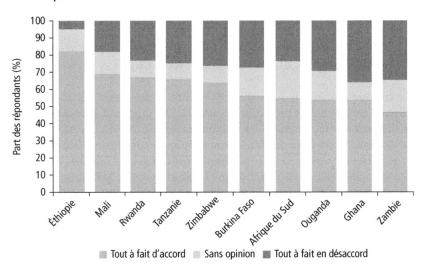

Graphique 4.18 **Les Africains considèrent qu'il est humiliant de recevoir de l'argent sans travailler pour l'obtenir**

Source : Beegle, Coudouel et Monsalve (2018) à partir de la base de données World Values Survey.
Note : Les répondants étaient invités à marquer leur accord ou leur désaccord avec l'affirmation selon laquelle il est humiliant de recevoir des transferts monétaires sans travailler.

ménages, la capacité de pourvoir aux besoins de sa famille est considérée comme relevant de la dignité humaine. Cette attitude reflète l'opinion, partagée dans beaucoup de pays, selon laquelle les bénéficiaires de programmes de protection sociale ne méritent pas d'être aidés et pourraient devenir dépendants des allocations – alors qu'investir dans le capital humain consiste à investir dans l'actif le plus précieux de la région.

Certains pensent également que les programmes de protection sociale n'ont pas d'effets productifs et par conséquent les perçoivent comme un gaspillage des ressources publiques. Selon une étude menée dans cinq pays sur les transferts monétaires, les bénéficiaires individuels voyaient peu sinon pas de lien entre le programme de transferts monétaires et les autres moyens de subsistance viables, et ils affirmaient que le programme pouvait augmenter la dépendance[21]. Bien qu'une minorité de bénéficiaires aient déclaré se sentir stigmatisés par les transferts monétaires et éprouver une perte de dignité, beaucoup ont affirmé que ces transferts avaient accru leur estime de soi et leur avaient permis d'avoir un plus grand contrôle de leur vie. Dans le même ordre d'idées, une étude récente révèle que les transferts monétaires ont des effets positifs sur différents indicateurs de développement, dont la pauvreté monétaire, l'éducation, la santé, l'épargne et les investissements, l'emploi et l'autonomisation ;

mais l'étude révèle également que ces effets dépendent de la conception du programme et de ses caractéristiques de mise en œuvre, notamment les mécanismes de paiement, les conditions d'octroi et les interventions complémentaires, ainsi que les services côté offre[22].

L'importance de la gestion des risques, de l'exploitation des opportunités et de l'optimisation des ressources

Ce chapitre prolonge les recommandations formulées dans le RDM 2019 en faveur d'un système de protection sociale qui soit progressif et bénéficie prioritairement aux plus vulnérables (Banque mondiale, 2019b). En Afrique subsaharienne, ces systèmes de PSE doivent viser à répondre directement aux chocs et aux risques provoqués par les transformations sur les marchés du travail (Banque mondiale, 2012). Étant donné le faible niveau de MRI dans la région, les systèmes de PSE doivent être viables sur le plan budgétaire et permettre d'équilibrer les arbitrages politiques. Les solutions de PSE prendront ainsi trois directions : la première consistera à renforcer les systèmes de protection sociale traditionnels afin de se concentrer sur les travailleurs en phase de transition, en particulier ceux du secteur informel ; la deuxième visera à exploiter de nouvelles solutions de protection sociale novatrices qui convertissent les risques en opportunités ; la troisième cherchera à surmonter les contraintes budgétaires et politiques en optimisant les ressources et en tenant compte de l'économie politique de l'élaboration des politiques publiques. Les technologies numériques peuvent se révéler utiles dans ces trois dimensions. Des exemples de solutions politiques sont mis en évidence dans les sous-parties suivantes (voir aussi annexe 4C)[23].

L'élargissement des programmes de PSE traditionnels aux travailleurs en phase de transition

Pour atténuer les bouleversements provoqués par la révolution technologique ainsi que les coûts d'ajustement de l'intégration commerciale, il faudra gérer l'incertitude liée aux mobilités d'emploi. Étant donné l'importance de l'économie informelle, comme cela a été exposé au chapitre 3, une priorité-clé pour que l'Afrique subsaharienne puisse faire face à ces mobilités consiste à élargir la couverture de la protection sociale au secteur informel, y compris aux personnes qui habitent les zones urbaines et évoluent dans l'économie des « petits boulots ».

Alors que de nombreuses régions d'Afrique s'urbanisent et que les travailleurs s'installent dans les villes, il est nécessaire de fournir une protection sociale à la main-d'œuvre urbaine, souvent active dans le secteur informel. Les programmes sociaux en Afrique, à l'exception des exonérations de frais et des pensions sociales universelles, ont généralement ciblé les zones et populations rurales (Beegle, Coudouel et Monsalve, 2018). Plusieurs programmes ont cependant été lancés récemment en zone urbaine, tels que le système de coupons au Burkina Faso, le programme d'accès gratuit à l'eau dans les zones urbaines de Madagascar, le programme urbain de travail rémunéré en espèces au Mali et le programme de transferts monétaires au Sénégal, dénommé Programme national de bourses de sécurité familiale (PNBSF). Les États envisagent à présent de procéder à des ajustements dans la conception et à des adaptations dans la mise en œuvre, afin d'identifier et de protéger plus efficacement les pauvres des villes. Il faudra pour cela relever un certain nombre de défis, notamment concernant l'identification et le ciblage des pauvres dans les agglomérations urbaines, les campagnes de communication et la forte mobilité de la population, qui pourraient se traduire par une faible adoption du programme et une faible participation – autant d'obstacles que les technologies numériques peuvent en principe contribuer à surmonter.

Une étude récente de la Banque mondiale propose une approche réaliste progressive afin de poser les bases d'un régime de pension pour le secteur informel qui pourrait éventuellement être transposé à grande échelle pour devenir un système universel obligatoire (Guven, 2019). Les décideurs africains doivent avant tout identifier et comprendre les caractéristiques du secteur informel de leurs pays respectifs afin de concevoir le régime approprié. Le schéma 4.1 présente les principales caractéristiques des travailleurs du secteur informel et résume la façon dont elles pourraient être abordées lors de l'élaboration et de la mise en œuvre d'un régime de pension approprié. Dans l'ensemble, trois principes doivent servir de guide, à savoir (voir aussi encadré 4.2) : (1) réduire

Schéma 4.1 Relever les défis du secteur informel

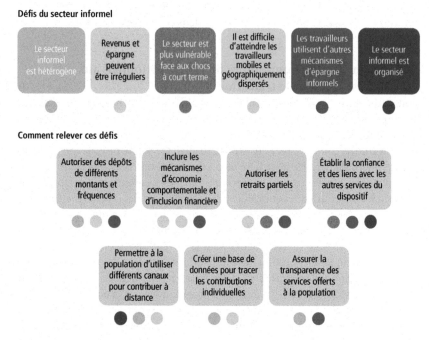

Défis du secteur informel

| Le secteur informel est hétérogène | Revenus et épargne peuvent être irréguliers | Le secteur est plus vulnérable face aux chocs à court terme | Il est difficile d'atteindre les travailleurs mobiles et géographiquement dispersés | Les travailleurs utilisent d'autres mécanismes d'épargne informels | Le secteur informel est organisé |

Comment relever ces défis

| Autoriser des dépôts de différents montants et fréquences | Inclure les mécanismes d'économie comportementale et d'inclusion financière | Autoriser les retraits partiels | Établir la confiance et des liens avec les autres services du dispositif |

| Permettre à la population d'utiliser différents canaux pour contribuer à distance | Créer une base de données pour tracer les contributions individuelles | Assurer la transparence des services offerts à la population |

Source : Guven, 2019.

ENCADRÉ 4.2

Principes directeurs pour l'élaboration de régimes de pension du secteur informel

Les grands principes qui peuvent guider les décideurs politiques dans l'élaboration de régimes de pension pour le secteur informel des pays africains sont les suivants.

- Les États africains peuvent tirer profit des technologies modernes pour améliorer la portée et réduire les coûts. Aujourd'hui, l'Afrique est le leader mondial de l'utilisation d'argent mobile. Les services de réseaux mobiles s'étendent rapidement sur le continent, ce qui offre la possibilité d'utiliser les opérateurs de réseaux mobiles pour recouvrer les contributions aux pensions auprès d'un secteur informel très dispersé. Le coût d'utilisation des téléphones mobiles dans le recouvrement des contributions, y compris dans les zones reculées, devrait diminuer en fonction de l'échelle.

- Une stratégie de communication doit être conçue et mise en œuvre afin d'éveiller les consciences et d'instaurer la confiance à l'égard des avantages des régimes de pension du secteur informel. Les États doivent rechercher la collaboration de

(suite page suivante)

partenaires potentiels, privés et publics – y compris des institutions microfinancières, des opérateurs de réseaux mobiles et des associations impliquées auprès des travailleurs du secteur informel – pour mettre en œuvre une stratégie de communication pertinente. Un programme de formation aux connaissances financières pendant la mise en œuvre de la stratégie pourrait aider les travailleurs du secteur informel à prendre des décisions éclairées.

- La conception de produits de pension proposés par un régime de pension du secteur informel doit refléter les caractéristiques du secteur informel. L'étude de ces caractéristiques indique qu'un régime contributif volontaire défini impliquant une combinaison de comptes d'épargne à court et à long terme pourrait être un produit possible. Les montants et la fréquence des contributions, les règles du régime de pension, les obligations de paiement et les synergies avec d'autres services tels que les soins de santé, la microfinance, la formation, etc. doivent être attentivement pris en considération lors de la conception des produits et communiqués dès le départ au public.

- Une plateforme administrative du régime doit être mise en place. Elle doit être en mesure de conserver les historiques des contributions, retraits et soldes de compte tout en minimisant les coûts administratifs. La création de cette plateforme nécessitera un financement qui fera partie des coûts de lancement. L'administration du régime de pension doit idéalement être liée au système national d'identification. Une administration centralisée du régime de pension du secteur informel peut aider à maîtriser les coûts. Les services de dépôt et de gestion des fonds peuvent aussi être réunis en un système central afin de réduire les coûts.

- Afin d'améliorer le succès du régime, les contributions doivent être investies par des professionnels pour maximiser les rendements et minimiser les coûts de gestion des actifs. Des réglementations adaptées doivent aussi être élaborées et mises en œuvre. L'identité de l'administrateur du régime de pension dépend du contexte national. Il peut s'agir de l'actuel administrateur des pensions du secteur formel, d'un opérateur du secteur privé ou de toute autre institution disposant des capacités appropriées. Pour bien fonctionner, ces régimes doivent s'appliquer à grande échelle tout en minimisant le coût de gestion des actifs et celui des opérations.

- Les différentes approches de mise en place d'un régime de pension doivent faire l'objet d'un essai pilote avant d'être transposées à l'échelle nationale afin d'en évaluer les méthodes et processus, notamment les incitations comportementales, le rôle des différentes parties prenantes, les synergies avec les autres produits, le montant des contributions, subventions, etc. Bien que plusieurs approches générales puissent fonctionner, les enseignements spécifiques aux pays tirés des essais pilotes devraient éclairer les adaptations au niveau national en matière d'élaboration et de mise en œuvre.

Source : Guven, 2019

au minimum les coûts administratifs en exploitant les technologies telles que les systèmes numériques de paiement ; (2) s'appuyer sur les différentes parties prenantes, comme les associations du secteur informel, les institutions micro-financières, etc., afin que la structure institutionnelle sur laquelle repose la gestion du régime puisse identifier les travailleurs du secteur informel en mesure d'épargner ;

et (3) mettre en place une gestion professionnelle de l'épargne des travailleurs du secteur informel afin d'optimiser les retours et de réduire au minimum les coûts de gestion des actifs. Bien que ces principes s'appliquent à tous les régimes de pension, ils sont tout particulièrement importants pour instaurer la confiance et encourager les personnes à contribuer dans le cas des régimes de pension volontaires du secteur informel. Une administration et un investissement efficaces éviteraient l'érosion des relativement petits montants d'épargne grâce à une maîtrise des coûts administratifs et de gestion des actifs. Pour ménager les espoirs, les programmes doivent communiquer clairement sur le montant des pensions que les gens peuvent espérer percevoir en fonction de leur contribution.

Malgré l'existence de plusieurs programmes dans la région, les pays africains (et le monde) n'ont qu'une expérience limitée en matière d'élargissement de la couverture des pensions au secteur informel. Les pouvoirs publics du Ghana et du Kenya ont été les premiers de la région à introduire des régimes spécifiques pour couvrir le secteur informel. Face à la faiblesse persistante de la couverture et à la prise de conscience que les régimes actuels ne répondent pas aux besoins du secteur informel, d'autres États engagent des initiatives, bien que la plupart de ces efforts n'en soient qu'à leurs débuts. Les pays concernés sont le Bénin, la Côte d'Ivoire, le Mali, le Nigeria, le Rwanda, le Sénégal, la Sierra Leone, l'Ouganda, la Zambie et le Zimbabwe.

Ces pays pionniers adoptent différentes approches. Au Rwanda, l'administrateur des pensions du secteur formel est aussi l'administrateur central du régime des pensions du secteur informel, et les contributions des pouvoirs publics sont de ce fait équivalentes. Le Kenya a lancé le premier programme d'argent mobile de la région en s'appuyant sur la National Federation of Jua Kali Associations, une association consacrée au secteur informel, avec la participation de la Retirement Benefits Authority, un puissant organisme de réglementation, mais il s'est révélé difficile de le transposer à grande échelle. Dans un premier temps, seuls 100 000 individus en ont bénéficié et les coûts administratifs sont devenus problématiques. L'État a l'intention de relancer le Mbao Pension Plan et de résoudre les difficultés administratives. En Ouganda, l'approche a reposé sur un programme de type microfinancier plus classique, mais son application à grande échelle a été laborieuse. L'État envisage une approche centralisée pour répondre aux difficultés de transposition à grande échelle. Au Ghana, les pouvoirs publics essaient une combinaison des approches susmentionnées. Le Social Security and National Insurance Trust et d'autres opérateurs commerciaux sont présents sur le marché, mais une application à grande échelle pourrait s'avérer difficile. Les exemples ne manquent pas. Certains pays d'Amérique latine ont élargi la couverture aux petites entreprises et aux indépendants au moyen d'une subvention combinée à un mécanisme de taxe simplifiée et de contribution à la Sécurité sociale appelé *mono-taxe* (Gentilini, 2018 ; Ortiz, 2018).

Face à ces difficultés, les États africains recherchent des solutions innovantes en matière de pensions qui répondent aux besoins spécifiques du secteur informel. Il n'existe pas un modèle de programme universel pouvant être mis en œuvre dans le secteur informel sur tout le continent africain. L'encadré 4.2 présente plusieurs principes généraux que pourraient envisager les décideurs politiques et les techniciens.

Exploiter des solutions novatrices en matière de protection sociale

À mesure que l'Afrique subit de profonds changements démographiques, les programmes de PSE doivent s'adapter et répondre aux besoins des personnes en phase de transition. À cet égard, deux solutions au moins méritent d'être mises en lumière. En premier lieu, les interventions qui combinent des programmes de filets sociaux à court terme avec des mesures complémentaires ciblant l'activité économique des jeunes sur les marchés du travail peuvent ouvrir la voie à de l'emploi productif (Newfarmer, Page et Finn 2018). Ce soutien vient à point nommé lorsque les jeunes terminent leurs études et intègrent le marché de l'emploi, ou qu'ils occupent des activités à faible productivité (Filmer et Fox, 2014). Les programmes de remédiation et de formation, qui visent à réduire l'écart de compétences diminuant les perspectives d'emploi des jeunes, combinent formations et stages en entreprise, apprentissages et autres programmes d'insertion sur le marché du travail (Arias, Evans et Santos, 2019, p. 315-321). Ces programmes tendent à avoir de faibles effets à moins d'être conçus et adaptés aux contextes locaux.

En second lieu, l'augmentation du phénomène migratoire offre l'opportunité de mieux tirer avantage des fonds envoyés par les migrants, au profit de la protection sociale. Les fonds envoyés par les migrants aident à lisser la consommation des ménages et font office d'assurance pour les ménages africains confrontés à des chocs causés par des catastrophes naturelles et affectant leurs revenus et moyens de subsistance (Mohapatra et Ratha, 2011). Au niveau mondial, ces envois de fonds semblent avoir plus d'effet sur la réduction de la pauvreté que les transferts monétaires publics. Des études menées en Moldavie et au Vietnam révèlent que les fonds envoyés par les migrants bénéficient à une plus grande part des ménages pauvres, ont une valeur souvent supérieure à celle des transferts monétaires et peuvent notamment servir à des investissements productifs[24]. Les ménages éthiopiens qui reçoivent des fonds de l'étranger sont moins susceptibles que les autres de vendre leurs actifs productifs, comme le

Graphique 4.19 **Fonds envoyés par les migrants et aide publique au développement dans une sélection de pays africains**

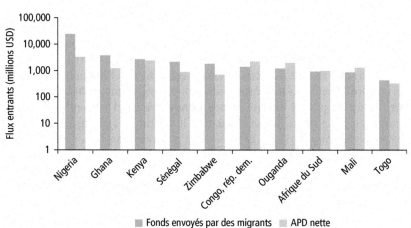

Fonds envoyés par des migrants   APD nette

Sources : Calculs de la Banque mondiale d'après des données des Indicateurs du développement dans le monde sur l'aide publique au développement (2017) et des bases de données sur les migrants et les envois de fonds (2018).
Note : APD = aide publique au développement ; USD = dollars américains.

bétail, pour faire face à des pénuries alimentaires (Ratha *et al.*, 2011). Ces envois de fonds représentent désormais, dans les pays à revenu faible et intermédiaire, la plus grande source de gains en devises – supérieure à l'aide publique au développement (APD) (Mohapatra et Ratha, 2011 ; Banque mondiale, 2019a). En Afrique subsaharienne, ils ont augmenté de 9,6 % entre 2017 et 2018, passant de 42 milliards de dollars à 46 milliards de dollars (Banque mondiale, 2018, ; 2019a).

Le Nigeria, qui reçoit le montant des fonds envoyés par les migrants le plus élevé de la région et le sixième plus haut montant parmi les pays à revenu intermédiaire de la tranche inférieure, a reçu officiellement plus de 24,3 milliards de dollars de fonds envoyés par les migrants en 2018 (graphique 4.19). De même, au Cap-Vert, aux Comores, au Lesotho, au Zimbabwe et dans d'autres pays, ces envois sont largement supérieurs aux montants d'APD reçus.

La réduction des coûts d'envoi des fonds peut permettre aux pays africains de mieux profiter des avantages de la migration en dirigeant les fonds reçus de la diaspora vers la protection sociale des ménages pauvres. En 2019, le coût moyen pour envoyer 200 dollars vers les pays subsahariens était de 9,3 %, le plus élevé du monde (graphiques 4.20). En dépit d'une tendance à la baisse, ce coût est supérieur à la moyenne de 7 % parmi les pays à revenu intermédiaire de la tranche inférieure, et plus du triple des 3 % visés par les Objectifs de développement durable pour 2030 (Banque mondiale, 2019a). Les coûts d'envoi de fonds

Graphiques 4.20 Coût de l'envoi de fonds et coût des couloirs en Afrique subsaharienne, 2018

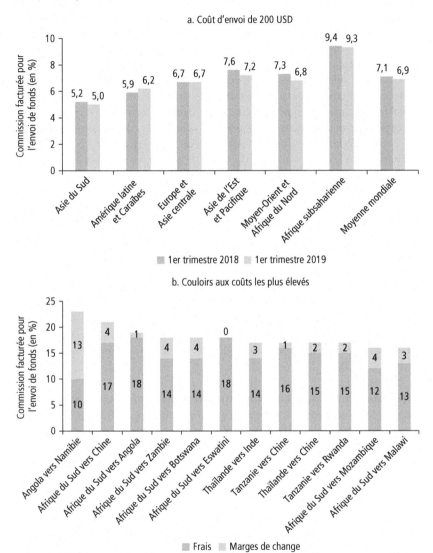

a. Coût d'envoi de 200 USD

b. Couloirs aux coûts les plus élevés

Source : Adaptation de Banque mondiale, 2019a.
Note : USD = dollars américains.

dans nombre de couloirs de transfert africains demeurent supérieurs à 10 %, les plus élevés à l'échelle mondiale (graphiques 4.20). En raison de l'incohérence des politiques publiques, les coûts d'envoi de fonds tendent à inclure une prime, ou majoration du coût, lorsque les services postaux nationaux ont des accords de partenariat exclusif avec un opérateur de transfert d'argent dominant. Les coûts élevés induits par les transferts d'argent dans de nombreux couloirs de transfert, en particulier pour les travailleurs pauvres qui ne disposent pas d'un accès adapté aux services bancaires, réduisent les avantages de la migration, surtout pour les ménages des pays d'origine. À l'échelle nationale, l'ouverture des services postaux nationaux, des banques et des entreprises de télécommunications à des partenariats avec d'autres opérateurs de transfert d'argent pourrait lever les barrières à l'entrée et accroître la concurrence sur les marchés des envois de fonds (Banque mondiale, 2019a).

Au niveau des politiques internationales, un examen des réglementations financières relatives aux mesures de lutte contre le blanchiment de capitaux (LBC) et le financement du terrorisme (FT) peut contribuer à réduire les coûts d'envoi des fonds. Ces mesures de LBC/FT ont joué un rôle important dans les stratégies de réduction des risques adoptées par les banques internationales, qui limitent les relations d'affaires avec des catégories entières de clients à haut risque (Banque mondiale, 2019a). Ces banques indiquent que les risques pour leur réputation en matière de LBC/FT et de sanctions possibles les dissuadent d'héberger des comptes Nostro ou Vostro pour des opérateurs de transferts d'argent. Les services d'argent mobile et les systèmes numériques de paiement peuvent aussi contribuer à accélérer les envois de fonds et potentiellement en réduire les coûts.

Optimiser les ressources pour investir dans la protection sociale

L'optimisation des ressources peut aider à surmonter les contraintes budgétaires et politiques pesant sur l'élargissement de la couverture de la protection sociale. Trois approches sont discutées dans cette partie : la mobilisation de ressources pérennes, l'augmentation de l'efficacité des dépenses actuellement consacrées à la protection sociale et la gestion des arbitrages politiques concernant l'affectation des investissements publics.

Mobiliser des ressources pérennes pour élargir la couverture de la protection sociale

La marge de manœuvre budgétaire des économies subsahariennes peut être élargie moyennant une réaffectation des dépenses publiques aux investissements sociaux (Ortiz, Cummins et Karunanethy, 2017). Il faudra pour ce faire procéder à une évaluation des affectations budgétaires actuelles, à travers un examen des dépenses publiques et d'autres types d'analyses budgétaires thématiques, et remplacer les coûteux investissements improductifs par d'autres ayant de plus forts impacts sur le plan socio-économique. Les impacts sociaux de certains projets infrastructurels de grande ampleur, tels les aéroports de villes

moyennes et les grands stades sportifs, et ceux des traitements des fonctionnaires tendent à être limités, mais ils engloutissent de grandes quantités de ressources publiques. Il convient aussi de reconsidérer les postes budgétaires ayant
des coûts récurrents élevés mais de faibles effets sur le plan social. Par exemple,
le Costa Rica et la Thaïlande ont réduit leurs dépenses militaires afin de financer des investissements sociaux nécessaires (Ortiz, Cummins et Karunanethy,
2017). Les politiques budgétaires anticycliques des économies riches en ressources dont les recettes publiques sont dépendantes des rentes pétrolières et
minérales peuvent aider à atténuer la volatilité de ces rentes et à prévenir une
interruption des dépenses sociales.

L'élimination des manques d'efficacité des dépenses et la lutte contre la
corruption peuvent aussi libérer l'espace budgétaire nécessaire à la protection
sociale. L'Union africaine estime que la corruption fait perdre chaque année aux
États africains 148 milliards de dollars, soit 25 % de leur PIB. Des programmes
mondiaux visant à restituer les ressources blanchies aux pays en développement, tels que l'Initiative pour le recouvrement des avoirs volés, doivent constituer une source de financement de la protection sociale.

Des réformes fiscales contribueraient également à générer des recettes supplémentaires à investir de façon durable dans la protection sociale. Selon certaines estimations, les réformes fiscales permettraient aux pays subsahariens de
récolter entre 3 % et 5 % de leur PIB (entre 50 et 80 milliards de dollars), c'est-à-
dire plus que les 36 milliards de dollars que reçoit annuellement la région par le
biais de l'aide internationale (FMI, 2018c). Au moins quatre solutions peuvent
contribuer à surmonter les difficultés de MRI en Afrique subsaharienne.
Premièrement, des recettes supplémentaires substantielles pourraient découler
de l'élimination ou de la réduction significative des incitations fiscales non rentables, au moyen d'une approche systématique et transparente[25]. Afin d'aider à
réduire les pressions de nivellement par le bas entre les pays, une coordination
au niveau infrarégional peut permettre d'instaurer des limites et de définir des
objectifs communs. En particulier, l'Union économique et monétaire ouest-afri-
caine (UEMOA), fournit à ses membres des fourchettes cibles en matière de
taux de TVA (15-20 %), d'impôt sur les sociétés (25-20 %) et de droits d'accise
(déterminés par produit) ; toutefois, les mesures *de jure* de l'UEMOA ont eu une
efficacité mitigée[26]. Deuxièmement, les règles fiscales internationales doivent
être plus simples et réactives afin de répondre aux besoins des pays en développement. Des mesures unilatérales ou régionales appropriées permettant de
protéger les assiettes fiscales sont une priorité. Il faut notamment résoudre les
problèmes d'asymétrie de l'information[27], revoir les traités fiscaux déséquili-
brés et élargir les mesures contre les abus[28]. Troisièmement, les pays doivent
rechercher d'autres opportunités en matière de politique fiscale, telles que
l'amélioration de l'efficacité de la TVA et le renforcement d'instruments sous-
utilisés. Les droits d'accise, qui ont tendance à être comparativement bas dans

la région, recèlent un grand potentiel en termes de revenu (graphique 4.21). Ils se composent de taxes socialement souhaitables : « taxes sur les péchés » (cigarettes, alcool, boissons sucrées), « écotaxes » (sur les combustibles fossiles et même les émissions carbonées) et taxes sur les produits de luxe consommés par les individus à revenu élevé, ainsi que d'autres formes d'imposition contribuant à l'objectif de progressivité et à la réduction des externalités négatives. L'augmentation des impôts fonciers peut aussi constituer une importante source de revenu (graphiques 4.22).

Quatrièmement, les technologies numériques représentent une opportunité immense de surmonter les difficultés techniques habituelles en matière d'administration des revenus. Il serait fructueux d'examiner les systèmes et processus actuels des technologies de l'information et de la communication afin de renforcer l'informatisation des opérations. D'importantes premières mesures de base pourraient consister à investir dans (1) le recueil des informations pertinentes disponibles et leur communication aux administrations fiscales et douanières, (2) la mise en place de meilleurs mécanismes permettant une communication efficace des informations entre les institutions et (3) le comblement des lacunes dans les fonctions centrales telles que l'analyse de données, la modélisation et la sélection des contrôles. La généralisation des possibilités de transmission de documents par voie électronique peut considérablement améliorer l'environnement des affaires et contribuer à générer des recettes[29] ; il en va de même pour

Graphique 4.21 Tendances des droits d'accise, Afrique subsaharienne vs le reste du monde

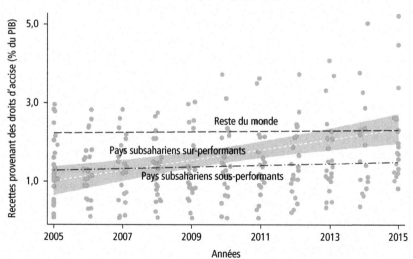

Source : Calculs de la Banque mondiale sur la base de données internes et de l'Institut mondial de l'université des Nations unies pour la recherche sur l'économie du développement.
Note : Chaque point représente un pays différent. La bande jaune révèle l'intervalle de confiance à 95 % autour de la moyenne. PIB = produit intérieur brut.

Graphiques 4.22 Recouvrement de l'impôt foncier en Afrique subsaharienne

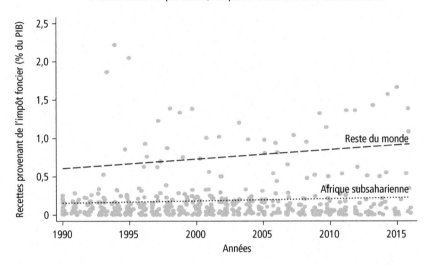

a. Tendances de l'impôt foncier, Afrique subsaharienne vs le reste du monde

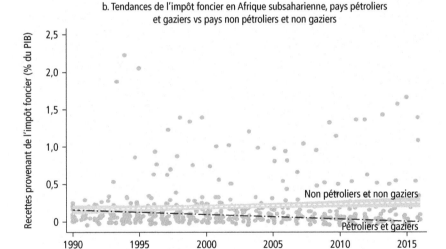

b. Tendances de l'impôt foncier en Afrique subsaharienne, pays pétroliers et gaziers vs pays non pétroliers et non gaziers

Source : Calculs de la Banque mondiale sur la base de données internes et de l'Institut mondial de l'université des Nations unies pour la recherche sur l'économie du développement.
Note : Chaque point représente un pays différent. La bande jaune révèle l'intervalle de confiance à 95 % autour de la moyenne. PIB = produit intérieur brut.

les caisses enregistreuses électroniques (voir Awasthi et Engelschalk, 2018). Une récente analyse par simulation suggère que la réduction de moitié de la distance à la frontière numérique peut augmenter de 1,7 % les recettes médianes provenant de la TVA (et de 0,5 % les recettes provenant des droits de douane) dans les pays en développement à faible revenu (FMI, 2018a).

Les *diaspora bonds*, ou « obligations de la diaspora », pourraient permettre d'utiliser directement les envois de fonds pour fournir une protection sociale. Ces obligations sont des titres d'emprunt émis par un État afin de lever des financements à l'étranger auprès de sa diaspora (Ketkar et Ratha 2004). Les investisseurs qui acquièrent ces titres sont habituellement motivés par le désir de contribuer au développement de leur pays natal (Beegle, Coudouel et Monsalve, 2018). L'Inde, Israël et le Nigeria ont émis ce type d'obligations avec succès. Grâce à elles, la State Bank of India avait levé plus de 11 milliards de dollars en 2007 ; le Niger a quant à lui émis des obligations de la diaspora à hauteur de 100 millions de dollars en 2013 (Ketkar et Ratha, 2004). Les obligations de la diaspora sont l'une des manières d'utiliser les obligations à impact sur le développement pour augmenter les investissements sociaux (Coleman, 2016).

Enfin, les États africains peuvent trouver des moyens innovants d'impliquer le secteur privé afin d'élargir la couverture de la protection sociale par la mobilisation de ressources pérennes. Certains États de la région et d'ailleurs ont fait de grands progrès dans l'utilisation des programmes de responsabilité sociale des entreprises (RSE) pour financer leurs axes de développement social prioritaires (Beegle, Coudouel et Monsalve, 2018). Au Salvador, des multinationales ont financé la création de deux fondations de premier plan actives dans le domaine éducatif et, plus largement, le développement socio-économique. À Maurice, le ministère des Finances a exigé que toutes les entreprises consacrent 2 % de leurs bénéfices à des activités de RSE approuvées par les pouvoirs publics ou transfèrent ces fonds à l'État afin qu'ils servent à des projets sociaux et environnementaux. Pour encourager le financement des filets sociaux par la RSE, plusieurs axes d'action peuvent être envisagés : mettre la protection sociale à l'ordre du jour mondial en matière de développement des affaires ; exploiter l'engagement des États à développer la RSE au niveau national ; veiller à ce que les activités de RSE soient en adéquation avec les objectifs de développement des programmes de protection sociale afin de maximiser les synergies ; et définir les éléments des programmes de protection sociale pour lesquels les activités et ressources de RSE peuvent être utilisées efficacement.

Augmenter l'efficacité des dépenses actuellement consacrées à la protection sociale
L'efficacité des programmes de PSE pourrait être renforcée par une meilleure coordination, notamment grâce à l'utilisation des technologies numériques. Les registres sociaux peuvent contribuer à réduire la redondance dans les efforts déployés en faveur de programmes de PSE qui font doublon. Grâce à des registres sociaux intégrés qui harmonisent différents programmes à l'aide

de passerelles d'affiliation et d'enregistrement communes, les citoyens peuvent bénéficier de l'accès à un large éventail d'avantages et de services moyennant des coûts de transaction nettement moindres (Leite *et al.*, 2017). Ces registres peuvent mettre les personnes en relation avec les services publics (inclusion sociale, sanitaire et financière) et prioriser les plus pauvres grâce à des plateformes de technologies numériques qui permettent d'économiser les millions de dollars de perte qu'occasionnaient les erreurs à l'ère pré-numérique (Georgieva, 2018). Le registre social du Pakistan inclut à présent 85 % de la population, sert à gérer 70 programmes différents et a permis d'économiser 248 millions de dollars. En Afrique du Sud, une harmonisation semblable de divers programmes de PSE a fait économiser 157 millions de dollars. Des efforts similaires visant à consolider et rationaliser les programmes sont à l'ordre du jour des politiques de nombreux pays (Beegle, Coudouel et Monsalve, 2018).

L'augmentation des dépenses de PSE et leur rééquilibrage entre les différents groupes démographiques et instruments peut avoir un impact plus durable sur la réduction de la pauvreté. Outre les enfants (29 %) et les ménages (plus de 30 % de couverture), sur lesquels les programmes de protection sociale sont déjà principalement orientés, il convient de couvrir aussi une plus grande part de la population active (actuellement 19 %), car celle-ci est fortement exposée aux risques dans le contexte de mutation que connait le monde du travail en Afrique subsaharienne. Dans la mesure où les dépenses de PSE tendent à se concentrer sur les pensions, il sera important d'accélérer les efforts visant à élargir ces régimes contributifs au secteur informel. Les interventions de PSE actuellement axées sur les transferts monétaires (41 % du budget des filets sociaux) doivent participer davantage à l'accroissement de la productivité. Divers instruments peuvent être mobilisés, notamment, sans caractère limitatif, les programmes d'inclusion économique qui combinent filets sociaux et éléments productifs (voir encadré 4.3, par exemple), les travaux publics d'infrastructure et les programmes de soins de santé destinés à développer le capital humain. Des États d'Asie de l'Est ont réussi à atténuer les effets de la crise financière asiatique de la fin des années 1990 à l'aide de programmes de travaux publics (Mitra et Ranjan, 2011). Actuellement, l'Asie du Sud est la région qui consacre la plus grande part de ses dépenses aux travaux publics : 25 % de son budget total consacré aux filets sociaux (Banque mondiale, 2018d). Des pays tels que le Bangladesh et l'Inde, qui disposent de grands programmes de travaux publics, ont aussi enregistré de formidables progrès en matière de réduction de la pauvreté.

Bien que les programmes de travaux publics améliorent la consommation, le revenu et les taux d'emploi à court terme, leur effet à long terme sur le bien-être économique est moins certain et dépend de la conception et de la mise en œuvre des programmes (Mvukiyehe, 2018 ; Subbarao *et al.*, 2013). Lors d'une récente enquête, la plupart des bénéficiaires de filets sociaux ont préféré les programmes de santé publique et alimentaires (86 %) aux transferts monétaires

---

ENCADRÉ 4.3

L'inclusion productive grâce au Programme de protection sociale adaptative au Sahel

Les programmes d'« inclusion économique » ou « inclusion productive » consistent en des interventions multisectorielles qui, tout en développant le capital humain et en favorisant l'inclusion sociale, viennent en aide aux ménages et leur permettent de disposer de moyens de subsistance viables ainsi que d'augmenter leurs revenus et leurs actifs. Le Programme de protection sociale adaptative au Sahel est un exemple de filet de sécurité régional disposant d'éléments productifs. Il couvre plusieurs pays du Sahel à très faible revenu et soumis aux aléas climatiques (Burkina Faso, Tchad, Mali, Mauritanie, Niger et Sénégal). Son objectif est de favoriser une productivité accrue des ménages très pauvres établis à leur compte, dans une activité agricole ou non, et ce, à travers un ensemble de mesures intégré de « type *progression* » destiné à les aider à gérer les risques et à augmenter leur résilience. Les bénéficiaires sélectionnés reçoivent un accompagnement et une formation de groupe de la part d'agents appartenant à la communauté, un accès à l'épargne (associations de crédit et d'épargne de village), une formation aux technologies, une subvention de 150 dollars en espèces et un soutien psychosocial (formation aux compétences de vie et aux compétences sociales et vidéo motivante). Plusieurs variantes sont testées dans les différents pays (différents profils de bénéficiaires des programmes, bénéficiaires de transferts conditionnels ou non, rural *versus* périurbain, choix du moment au début ou à la fin du cycle de transfert). Différentes modalités de mise en œuvre sont aussi mises à l'épreuve.

Source : Partnership for Economic Inclusion Trust Fund de la Banque mondiale.

(13 %), et les routes (plus de 63 %) aux transferts monétaires (35 %) (Khemani, Habyarimana et Nooruddin, 2019). Un tel rééquilibrage de la couverture des instruments de protection sociale, en fonction du contexte, du type de risques et de plus grands totaux cumulés grâce à une MRI améliorée, peut aider à faire face aux bouleversements que subissent les marchés africains du travail dans le monde du travail en mutation.

Enfin, une meilleure coordination entre les partenaires de développement est nécessaire. Cette coordination implique de disposer de systèmes d'établissement des rapports clairs et d'accorder une attention particulière aux avantages comparatifs respectifs des partenaires afin d'optimiser l'aide au développement pour les programmes de PSE. Plutôt que de consacrer des dépenses à des projets pilotes isolés, les organismes de développement doivent coordonner leurs ressources et conseils (voir encadré 4.4) pour éviter de contribuer à la fragmentation et pour aider à appliquer à grande échelle les programmes de PSE (Banque mondiale, 2012). Actuellement, les grands partenaires de développement tels que

La collaboration des bailleurs à travers le programme d'intervention dans le secteur de la protection sociale rapide

Le programme mutibailleur d'intervention dans le secteur de la protection sociale rapide a été créé en 2009, en partenariat avec la Banque mondiale, afin d'aider les pays les plus pauvres du monde à bâtir des systèmes de protection sociale efficaces. Ce programme bénéficie du soutien de l'Australie, de la Norvège, de la fédération de Russie, de la Suède et du Royaume-Uni. Au cours de sa phase 1 (2009-2012), il était orienté vers la réponse aux situations de crise. Il a aidé les pays à répondre à des besoins sociaux urgents causés par des crises et à bâtir la capacité et les institutions nécessaires pour mieux faire face aux crises futures. Lors de la phase 2 (à partir de 2012), le programme s'est réorienté vers l'objectif plus large de construire des systèmes de protection sociale et d'emploi (PSE). De par sa nature transsectorielle, il recouvre les domaines-clés de PSE ainsi que les problématiques prioritaires d'autres secteurs, dont le genre, la nutrition, l'emploi, le travail et – plus récemment – la prévention des risques de catastrophe. Depuis 2009, le programme a été en mesure de répondre à des objectifs croissants en matière de protection sociale en soutenant des programmes pilotes dans des pays sans expérience préalable de PSE, en permettant de nouveaux dialogues et partenariats et en favorisant les échanges de connaissances entre pays et à l'échelle mondiale. Parmi les interventions du programme, on peut citer en particulier la mise au point de nouvelles modalités de paiement, la création de nouveaux mécanismes de ciblage, le renforcement de systèmes d'information de gestion et la coordination avec les ministères, agences et pouvoirs publics infranationaux. En décembre 2016, quelque 131 millions de personnes à travers le monde bénéficiaient de programmes de PSE grâce au financement de ce programme. Son rôle, son importance et son engagement continuent d'évoluer au rythme des nouveaux défis en matière de protection sociale. À mesure que de nouvelles limites apparaissent sur la scène du développement, le rôle de la protection sociale croît, de même que l'espoir que le programme devienne plus innovant et collaboratif, avec de nouveaux dispositifs et systèmes qui seront à même de répondre non seulement aux chocs provenant des économies nationales, mais aussi aux chocs exogènes tels que le changement climatique, les catastrophes naturelles et les déplacements.

Source : Banque mondiale, 2018c.

l'Union européenne, la France et le Royaume-Uni ont tendance à apporter leur soutien à travers leurs propres programmes, tandis que ceux, comme l'Autriche et la Finlande, dont les programmes d'APD sont plus modestes, apportent leur soutien par l'intermédiaire d'organismes multilatéraux tels que l'Organisation internationale du travail, les agences des Nations unies, la Banque mondiale et des organisations non gouvernementales internationales (OCDE, 2012). Cette fragmentation se reflète aussi dans les différents mécanismes visant à apporter un soutien direct et indirect de la protection sociale à travers des programmes sectoriels. Afin de garantir l'harmonisation, les partenaires de développement doivent adapter leur façon d'établir leurs rapports et d'opérer le suivi des dépenses d'aide consacrées à la protection sociale (*Devex*, 2016).

Il serait par exemple souhaitable de doter expressément la protection sociale d'un code dans le Système de notification des pays créanciers de l'OCDE, d'instaurer un indicateur de la protection sociale comparable à l'outil de suivi sur les questions de genre et de changement climatique, et d'utiliser des termes tels que « transfert monétaire », « pension » et « assurance » dans les descriptions des projets de protection sociale. Enfin, une meilleure coordination est possible si les différents partenaires de développement engagés en Afrique concentrent leurs efforts sur leurs avantages comparatifs. Près de 40 % de l'aide au développement provenant du Comité d'aide au développement (CAD) de l'OCDE en 2016 a été consacrée aux secteurs sociaux (éducation, santé, eau, gouvernance, etc.) alors que les bailleurs hors OCDE tels que la Chine se sont davantage focalisés sur les secteurs économiques (énergie, transport, communications, bancaire et affaires) (graphique 4.23).

Gérer les arbitrages politiques
Afin de gérer les arbitrages politiques dans l'affectation des investissements publics, les politiques de PSE doivent être intégrées aux stratégies plus larges, nationales et régionales, des États africains. Les objectifs de résilience, d'équité

Graphique 4.23 **Comparaison entre l'aide bilatérale du CAD de l'OCDE et les prêts chinois à l'Afrique, 2016**

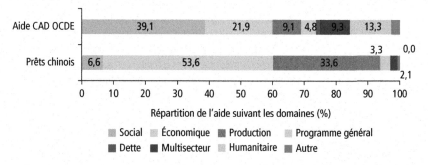

Sources : Calculs de la Banque mondiale d'après la base de données de la China-Africa Research Initiative de la University School of Advanced International Studies de l'université Johns Hopkins (http://www.sais-cari.org/data) et des Statistiques de l'OCDE, (https://www.oecd.org/dac/financing-sustainable-development/ development-finance-data/Africa-Development-Aid-at-a-Glance-2019.pdf) ; Atkins *et al.*, 2017 ; OCDE, 2018a.
Note : Les données du Comité d'aide au développement (CAD) de l'OCDE comprennent les données relatives aux bailleurs bilatéraux et à l'aide fournie par les institutions de l'Union européenne. Le domaine social comprend la santé, l'éducation, le soutien à la gouvernance et à la société civile, l'eau et la population. Le domaine économique comprend les communications, l'énergie, les affaires, les transports et le secteur bancaire. Le domaine de la production comprend l'agriculture, les forêts, l'industrie, l'exploitation minière et le commerce.

et d'opportunité visant à aider les travailleurs à s'adapter à l'évolution du travail et à en tirer profit ne peuvent être atteints par des programmes isolés qui concernent un seul secteur ou relèvent uniquement de l'intervention publique. Des cadres politiques, légaux et institutionnels appropriés sont nécessaires pour les atteindre, de même qu'un éventail d'instruments et de collaborations dans tous les secteurs économiques (Banque mondiale, 2012). La sortie des systèmes d'assurance sociale de l'ère industrielle doit idéalement être associée à de plus larges réformes de la fonction publique. Cette approche pourrait constituer un moyen politiquement réalisable de rééquilibrer les dépenses sociales qui favorisent actuellement les pensions dans nombre de pays. Avec l'entrée en vigueur de la ZLECAf, une discussion et un examen élargis des politiques de PSE aux niveaux national et régional sont nécessaires pour minimiser les effets négatifs de la libéralisation des échanges sur les différents groupes démographiques. Cette discussion et cet examen pourraient donner lieu à des interventions de PSE spécifiques ciblant d'importants couloirs régionaux du continent, particulièrement en Afrique de l'Est, de l'Ouest et centrale. L'augmentation des investissements publics dans la protection sociale peut s'intégrer à une stratégie plus vaste de fourniture de biens publics régionaux à une heure où l'intégration régionale s'intensifie. La gestion des arbitrages politiques pourrait exiger un renouvellement du contrat social sous-jacent entre l'État et les citoyens quant à où et comment affecter les ressources publiques afin d'obtenir les meilleurs effets en matière de bien-être dans un monde du travail en mutation.

Conclusion

Dans le prolongement des fondements jetés par le RDM 2019, différentes mesures de protection sociale visant à réduire et gérer les risques liés à l'évolution du travail en Afrique ont été examinées dans ce chapitre. Il conviendrait de mener des recherches complémentaires dans les domaines suivants, susceptibles d'apporter de précieux éclairages.

• Procéder à davantage d'évaluations sur l'efficacité des interventions émergentes de PSE qui visent à étendre la protection sociale au secteur informel et à l'économie dite des petits boulots. Certaines interventions ont été mises en lumière dans ce chapitre, notamment les tentatives récentes de fournir des pensions aux travailleurs informels en Inde et dans plusieurs pays africains. Évaluer l'impact de ces initiatives pourra aider à informer les décideurs politiques et leur permettre de savoir si elles obtiennent les résultats escomptés en matière d'épargne-retraite pour le groupe ciblé. D'autres recherches peuvent contribuer à identifier d'autres innovations émergentes pouvant être testées et appliquées à grande échelle.

- Identifier des moyens de collaborer avec le secteur privé, en particulier autour de mesures pour l'emploi qui visent à résorber les problèmes de pauvreté urbaine et de chômage des jeunes. Les discussions menées à l'échelle mondiale sur le rôle du secteur privé ont fortement souligné, à bon droit, qu'une taxation juste constitue un moyen de favoriser la mobilisation des recettes intérieures. En outre, davantage de recherches sont nécessaires sur la façon de faire contribuer le secteur privé à l'offre de protection sociale. La collaboration avec le secteur privé pourrait prendre la forme de dispositifs pour développer les compétences des pauvres et des personnes vulnérables, de stages, d'apprentissages sur le lieu de travail ou d'autres mesures similaires.

- Rechercher comment exploiter les transferts privés informels pour qu'ils assurent une fonction de partage des risques et de coassurance, en particulier dans les environnements fragiles. On a vu dans ce chapitre que les transferts informels tels que les envois de fonds ont crû si rapidement qu'ils surpassent à présent les flux nets d'APD dans plusieurs pays africains. L'importance des envois de fonds est encore plus saillante dans les pays ou régions en situation de conflit et de fragilité où les services publics s'effondrent ou sont absents. De nouvelles recherches peuvent aider à mettre en lumière des moyens d'exploiter davantage cette source croissante de flux financiers pour réduire les risques, particulièrement parmi les pauvres et les personnes vulnérables en situation de fragilité.

Annexe 4A. Classification ASPIRE des programmes de la Banque mondiale

DOMAINE DE PSE	CATÉGORIE DE PROGRAMMES	SOUS-CATÉGORIE DE PROGRAMMES
ASSURANCE SOCIALE	Pensions contributives	Pension de vieillesse (tous régimes, national, fonctionnaires, ancienscombattants, autres spéciaux)
		Pension de réversion (tous régimes, national, fonctionnaires, anciens combattants, autres spéciaux)
		Pension d'invalidité (tous régimes, national, fonctionnaires, anciens combattants, autres spéciaux)
	Autre assurance sociale	Allocation d'accident du travail
		Allocation de congé de maladie rémunéré
		Santé
		Allocations de maternité et de paternité
MARCHÉ DU TRAVAIL	Mesures stratégiques sur le marché du travail (programmes actifs du marché du travail)	Formations (professionnelles, aux compétences de vie, formations rémunérées en espèces)
		Incitations à l'emploi et subventions salariales
		Mesures d'aide à l'emploi pour les personnes handicapées
		Soutien à l'entrepreneuriat et incitations pour les start-ups (subventions en espèces et en nature, microcrédit)
		Soutien aux marchés du travail et intermédiation *via* les services publics d'emploi
		Autres programmes actifs du marché du travail
	Soutien stratégique sur le marché du travail (programmes passifs du marché du travail)	Maintien du revenu en cas de chômage (allocations de chômage, contributives)
		Maintien du revenu en cas de chômage (allocations de chômage, non contributives)
ASSISTANCE SOCIALE	Transferts monétaires inconditionnels	Programmes de transferts monétaires et de dernier ressort pour la lutte contre la pauvreté
		Allocations aux familles, enfants et orphelins (y compris allocations aux enfants orphelins et vulnérables)

(suite page suivan)

DOMAINE DE PSE	CATÉGORIE DE PROGRAMMES	SOUS-CATÉGORIE DE PROGRAMMES
		Indemnités pour frais d'obsèques et allocations d'inhumation non contributives
		Soutien monétaire d'urgence, y compris soutien aux réfugiés et migrants de retour
		Organismes publics de bienfaisance, y compris zakat
	Transferts monétaires conditionnels	Transferts monétaires conditionnels
	Pensions sociales (non contributives)	Pensions sociales de vieillesse
		Allocations d'invalidité et allocations afférentes non contributives aux victimes de la guerre
		Veuvage
	Transferts alimentaires et en nature	Coupons, rations et bons alimentaires
		Programmes de distribution de vivres
		Programmes de nutrition (alimentation complémentaire, thérapeutique, PVVIH)
		Aide en nature et non alimentaire (fournitures scolaires, textes gratuits, uniformes)
	Repas scolaires	Repas scolaires
	Travaux publics, assistance-travail et création directe d'emplois	Travail rémunéré en espèces
		Travail rémunéré en nourriture, y compris formation rémunérée en nourriture, assistance alimentaire contre biens communautaires, etc.
	Exonérations et subventions	Exemptions d'assurance maladie et frais médicaux réduits
		Exonérations de frais scolaires
		Subventions alimentaires
		Subventions et allocations (et « privilèges ») au logement
		Subventions et allocations aux services publics et à l'électricité
		Subventions aux intrants agricoles
	Autre assistance sociale	Allocations scolaires et éducatives
		Services d'assistance sociale et transferts pour les aidants
		Ce qui n'est pas inclus dans les catégories susmentionnées

(suite page suivan)

DOMAINE DE PSE	CATÉGORIE DE PROGRAMMES	SOUS-CATÉGORIE DE PROGRAMMES
TRANSFERTS PRIVÉS	Transferts privés nationaux	Transferts nationaux, cadeaux en nature et transferts monétaires interfamiliaux
		Pensions alimentaires (divorce, nourriture)
		Revenus et aide provenant d'organismes de bienfaisance et zakat privée, soutien aux églises et ONG[a]
	Transferts privés internationaux	Fonds reçus de l'étranger

Source : Base de données ASPIRE (Atlas de la protection sociale : indicateurs sur la résilience et l'équité) de la Banque mondiale, http://datatopics.worldbank.org/aspire/region/sub-saharan-africa.
Note : ONG = organisations non gouvernementales ; PVVIH = personnes vivant avec le VIH ; PSE = protection sociale et emploi.
a. En fonction des contextes nationaux et de la façon dont sont financées les ONG, les transferts provenant d'ONG peuvent être classés dans la catégorie assistance sociale.

Annexe 4B. Le RDM 2019 à propos de la protection sociale dans le monde du travail en mutation

Afin de pallier les risques associés aux marchés du travail actuel et futur, le *Rapport sur le développement dans le monde 2019* (RDM 2019) recommande que les États repensent les systèmes de protection sociale (Banque mondiale, 2019b). Le RDM accorde une place centrale aux risques générés par l'impact des technologies numériques sur les modèles économiques des entreprises, leurs processus de production et leurs besoins en compétences et donc en main-d'œuvre. Suivant le principe directeur de l'« universalisme progressif », le rapport recommande un élargissement de la couverture de la protection sociale en donnant la priorité aux personnes les plus pauvres. Cet élargissement du bas vers le haut peut s'opérer parallèlement à la gestion des arbitrages budgétaires, pratiques et politiques qu'entraînent les niveaux progressifs de couverture. L'universalisme progressif part d'un minimum social garanti et va en s'élargissant pour prendre finalement la forme d'un système complet qui fournit une assurance sociale et qui réforme les réglementations du marché du travail héritées de l'ère industrielle (schéma 4B.1).

Le RDM 2019 propose d'améliorer l'assistance sociale grâce à un minimum social garanti et à la réforme de l'assurance sociale et des réglementations du travail. Ce minimum social inclut des programmes d'assistance sociale qui apportent une aide financière à une part importante de la population. Cet ensemble de mesures vise à apporter une aide adéquate indépendamment de la situation d'emploi des individus et est complété par l'assurance indépendante des emplois rémunérés formels. Dans un monde du travail en mutation qui se caractérise par de nouvelles activités dans l'économie des « petits boulots », le modèle bismarckien typique des systèmes d'assurance sociale reposant sur

Schéma 4B.1 **Cadre de protection sociale et de réglementation du travail pour gérer les défis du marché du travail**

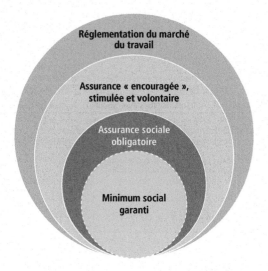

Source : Banque mondiale, 2019b.

une relation standard employeur-employé exclut beaucoup d'individus des marchés du travail[30]. Une assurance complémentaire s'appuyant sur des dispositifs d'épargne volontaire « encouragés » par l'État réduit le poids que fait peser la responsabilité de la gestion du risque sur la réglementation du travail. À mesure que les personnes sont mieux protégées grâce au renforcement de l'assistance sociale et des systèmes d'assurance sociale, il est possible d'assouplir la réglementation du travail afin de faciliter la mobilité entre les emplois. Un soutien complémentaire à l'acquisition de nouvelles compétences ainsi que de nouveaux dispositifs pour renforcer la voix des travailleurs deviennent encore plus importants. L'élargissement de la couverture de l'assistance sociale combiné à l'instauration d'une assurance sociale subventionnée impliquent une plus grande intervention de l'État.

Annexe 4C. Illustration des politiques de protection sociale visant à réduire les risques et à tirer profit des opportunités

	Risques liés à la numérisation et à l'intégration commerciale	Risques liés au changement et à la fragilité climatiques	Risques liés à la mobilité de la population
Assistance sociale	• Programmes de travaux publics (PTP) afin de gérer les mobilités et de générer un revenu pour les travailleurs déplacés (Mitra et Ranjan, 2011).	• Des filets sociaux souples et transposables à grande échelle peuvent aider les ménages à atténuer les chocs et leur permettre d'y répondre après leur survenue. (Banque mondiale, 2018d). Les registres sociaux reposant sur les technologies numériques peuvent aider à identifier et cibler les individus et ménages à risque (Leite *et al.*, 2017 ; Banque mondiale, 2018d). Les éléments d'« inclusion productive » peuvent aider à accroître la productivité.	• Les filets sociaux ciblant les pauvres des zones urbaines peuvent aider les populations actives en phase de mobilité.
	• Pour renforcer l'assistance sociale, les économies riches en minerais peuvent distribuer directement les revenus tirés des ressources aux communautés hôtes qui pourraient être affectées par l'automatisation des emplois miniers, et ce, par le biais de programmes de dividendes tirés des ressources (Moss, Lambert et Majerowicz, 2015). Les programmes infranationaux de dividendes des ressources en Alaska et au Canada constituent des exemples intéressants (Banque mondiale, 2019a).	• Les PTP peuvent renforcer la résilience des ménages et du climat, par exemple, les emplois dans la conservation et la gestion des sols et de l'eau, le développement de canaux d'irrigation, les installations de stockage alimentaire, la récupération de l'eau de pluie, les énergies renouvelables (OIT, 2017 ; Banque mondiale, 2018d) et les programmes d'intervention d'urgence de travail rémunéré en espèces (Bastagli, 2014 ; Marzo et Mori, 2012 ; McCord, 2013). • Les transferts privés et autres filets de sécurité informels peuvent être mis à profit afin de compléter les faibles systèmes formels de protection sociale dans les situations de fragilité. Cela inclut la zakat musulmane, des impôts ecclésiastiques et des associations d'épargne et de crédit au niveau des villages. Ils pourraient être renforcés par des solutions formelles de mutualisation des risques et de réassurance qui offrent une protection contre les risques covariables et de catastrophe.	• Safety Nets Plus complète les transferts monétaires aux pauvres des zones urbaines par des politiques actives du marché du travail (PAMT) telles que la mise en relation avec des services financiers, l'accès aux capitaux ou la formation pour acquérir diverses compétences telles que le développement de microentreprise et les compétences techniques et de vie (Filmer et Fox, 2014).

(continued next page)

	Risques liés à la numérisation et à l'intégration commerciale	Risques liés au changement et à la fragilité climatiques	Risques liés à la mobilité de la population
Assurance sociale	• Les réformes de l'assurance sociale doivent élargir sa couverture au-delà des contrats officiels employeur-employé, et surtout au secteur informel (Guven, 2019).	• Les États peuvent faciliter et renforcer les solutions du secteur privé en matière d'assurance et de partage des risques.	
Politiques du marché du travail	• Les PAMT peuvent faciliter • Les PAMT, les programmes • la mobilité vers de nouveaux emplois des travailleurs ayant été chassés de leur poste par la libéralisation du commerce ou l'automatisation et minimiser les coûts d'ajustement. Ces politiques incluent les programmes de formation et de recherche d'emploi, l'enseignement scolaire et professionnel ainsi que les programmes d'adéquation compétences-emploi (Abebe *et al.*, 2016 ; Banque mondiale, 2018a).		• Les PAMT, les programmes de formation de remédiation et l'aide à l'emploi, à l'entrepreneuriat et aux affaires, en collaboration avec le secteur privé, en particulier dans l'économie numérique. Des initiatives mises en œuvre sur le continent sont les pôles technologiques Microsoft pour les ingénieurs logiciels en Afrique de l'Est et de l'Ouest, et la formation aux affaires pour les entrepreneurs des technologies par Alibaba en collaboration avec l'État rwandais (Abayateye, 2018 ; Kirpop, 2017 ; Njanja, 2017 ; Shapshak, 2019) et par le programme d'entrepreneuriat de la fondation Tony Elumelu (*PM News*, 2019)a.
Autres	• Les investissements dans les biens publics régionaux, notamment des systèmes d'alerte précoce en cas de catastrophe naturelle et d'épidémie, des centres régionaux d'excellence de recherche et de formation, le déploiement de marchés privés pour le partage des risques (Beegle et Christiaensen, 2019 ; Beegle, Coudouel et Monsalve, 2018, p. 67), ainsi qu'une approche régionale pour réduire les coûts des envois de fonds.		

Note : PAMT = programmes actifs du marché du travail ; PTP = programmes de travaux publics.
a. Sur l'enseignement et la formation de remédiation, voir Arias, Evans et Santos (2019) ; sur la collaboration avec le secteur privé, voir Filmer et Fox (2014). Pour plus d'informations sur la fondation Tony Elumelu au Nigeria, voir https://tonyelumelufoundation.org/.

Notes

1. Le terme « chocs » employé ici fait référence aux chocs de type « covariable », qui affectent des communautés ou des sociétés entières, par contraste avec ceux de type « idiosyncratique », qui affectent des ménages individuels, tels les événements de la vie comme les naissances, les maladies ou les décès. Une discussion plus approfondie figure dans Bastagli (2014) et McCord (2013).

2. Cette définition est comparable à celles de l'Organisation internationale du travail (voir OIT, 2019) et de l'Organisation de coopération et de développement économiques (voir la page internet des indicateurs de dépenses sociales, https://www.oecd-ilibrary.org/fr/social-issues-migration-health/social-spending/indicator/french_50f3ba04-fr).

3. Ces tendances et éléments perturbateurs sont tirés d'OIT (2017), Packard *et al.* (2019) et FEM (2016).

4. Ces efforts incluent, entre autres, la Communauté de développement d'Afrique australe, la Communauté économique des États de l'Afrique de l'Ouest et le Marché commun de l'Afrique orientale et australe.

5. L'accord est entré en vigueur en mai 2019 après avoir été signé par 52 pays et ratifié par 22, le seuil minimal de ratifications requis.

6. Ce résultat découle d'une mobilité de l'emploi imparfaite et d'une baisse de la demande de main-d'œuvre. La mobilité fonctionnelle interrégionale a été lente parce que les entrepreneurs ont attendu une dépréciation complète de leurs investissements de capitaux avant de fermer leurs entreprises et parce que les effets d'agglomération régionaux négatifs ont amplifié la baisse des revenus du travail dans les régions négativement affectées par la concurrence des importations en comparaison des autres régions.

7. Données issues du portail opérationnel du Haut-Commissariat des Nations unies pour les réfugiés : Refugee Situations, https://data2.unhcr.org/fr/situations.

8. L'analyse exposée dans cette section est tirée largement, bien que non exclusivement, de Beegle, Coudouel et Monsalve (2018), Banque mondiale (2019b) et Banque mondiale (2018d).

9. D'autres options envisagées dans ce débat sont les programmes garantissant l'emploi ou « programmes de travaux publics ». Le rapport indique qu'un RMU pourrait être une alternative aux travaux publics lorsque leur fonction prédominante est une simple aide au revenu. Toutefois, quand une activité plus significative est envisagée, les travaux publics apparaissent comme un instrument complémentaire pour ceux qui sont en bonne santé et en mesure de travailler (Banque mondiale, 2019b).

10. Structurellement, l'agriculture demeure l'activité économique principale dans la région, le secteur fournissant généralement la majorité des opportunités d'emploi ; néanmoins, il a tendance à n'être que légèrement taxé, et le potentiel de recettes parmi les petits exploitants et dans l'agriculture de subsistance est limité. Les efforts de recouvrement risquent souvent de ne pas être rentables.

11. L'effort fiscal est défini comme un indice du ratio entre la part du recouvrement d'impôt réel dans le PIB et la capacité d'imposition. La capacité d'imposition est déterminée par la prévision du ratio recettes fiscales/PIB à l'aide d'une analyse de régression. Voir Le, Moreno-Dodson et Bayraktar (2012).

12. Pour une discussion de la littérature et des difficultés méthodologiques, voir LaPorte et de Quatrebarbes (2015).

13. Par exemple, les dépenses fiscales estimées représentent 4,5 % du PIB du Cap-Vert (Banque mondiale, 2018d), 7,8 % du PIB du Sénégal en 2014 (Sénégal, 2016) et 5,2% du PIB du Ghana (Banque mondiale, 2017).

14. Dans la région, l'éligibilité à des exemptions spéciales de taxes et de droits de douane relève souvent de processus de négociation et d'approbation discrétionnaires qui échappent parfois au cadre de supervision du corps législatif. Il n'est pas rare que des conventions personnalisées en fonction du contribuable soient négociées pour chaque projet individuellement, ce qui génère des coûts élevés de sélection *ex ante* et de contrôle *ex post*, tout en compromettant l'égalité des chances entre des projets en concurrence d'un même secteur. Le contrôle de l'utilisation des incitations et du risque d'abus afférent se traduit aussi par un effort administratif significatif. Par exemple, la planification fiscale visant à déplacer les profits des filiales plus imposées vers les moins imposées d'une même firme peut créer des complications difficiles à contrôler lors de l'examen des dispositifs de prix de transfert nationaux (voir Beer et Loeprick, 2018 ; Cooper *et al.*, 2016).

15. Des enquêtes suggèrent que les incitations fiscales ne figurent pas parmi les priorités des investisseurs des pays en développement (FMI *et al.*, 2015). De même, les données issues des enquêtes auprès des ménages révèlent souvent que les exonérations de TVA, en particulier concernant les aliments et les services publics, ne ciblent pas bien les ménages pauvres en Afrique (Harris *et al.*, 2018).

16. En Afrique francophone, Van Parys et James (2010) observent une absence de relation positive solide entre les congés fiscaux et l'investissement.

17. Les recettes en jeu peuvent en effet être substantielles mais dépendent des particularités des pays et ne sont pas toujours supérieures à d'autres priorités de MRI. En Afrique subsaharienne, l'impôt sur les sociétés tend à représenter une plus grande part des recettes, et les montants en jeu dans certaines situations impliquant une taxation internationale peuvent être élevés par rapport aux recettes globales.

18. Les estimations basées sur les microdonnées sont limitées concernant les pays en développement (Beer, De Mooji et Liu, 2018). En se fondant sur les informations disponibles au niveau des entreprises et relatives à 26 000 multinationales dans 94 pays à revenu faible et intermédiaire (dont seulement 170 entreprises d'Afrique subsaharienne), Johannessen, Tørsløv et Wier (2016) identifient une exposition au transfert de bénéfices relativement plus importante dans les pays en développement. De même, Beer et Loeprick (2015), estimant les transferts de bénéfices dans les secteurs pétrolier et gazier, concluent à une plus grande exposition des pays n'appartenant pas à l'OCDE. Dans le cadre d'une évaluation des données des contribuables d'Afrique du Sud, Reynolds et Wier (2016) observent une plus grande réponse de transfert des bénéfices parmi les filiales sud-africaines que dans les pays plus développés ; cependant, leurs résultats suggèrent que les sommes en jeu pourraient être modestes.

19. Au Togo, en 2016, les cinq plus grandes compagnies représentaient 66 % du total des recettes fiscales directes perçues auprès des entreprises, et quelque 50 compagnies en représentaient plus de 90 % (Banque mondiale, 2018d).

20. Une dimension essentielle du débat politique est l'application du régime de TVA au secteur agricole en Afrique subsaharienne, qui en est souvent exonéré. Les cultures et les élevages sont souvent exonérés de la TVA par souci d'équité. Ces exonérations générales ont tendance à exclure également de l'assiette fiscale les grands exploitants. En termes absolus, le niveau d'aide apporté à ces grands exploitants peut dépasser considérablement celui de l'aide apportée aux petits agriculteurs. Un seuil général raisonnable d'exonération de la TVA permettrait normalement à la majorité des petits agriculteurs de demeurer hors de la portée de la taxe.

21. Ces économies sont le Kenya, le Mozambique, l'Ouganda, la république du Yémen, et la Cisjordanie et Gaza (Jones, Samuels et Malachowska, 2013).

22. L'étude examine les données de 165 études couvrant 56 programmes et portant sur l'impact des transferts monétaires sur la pauvreté monétaire ; l'éducation ; la santé et la nutrition ; l'épargne, l'investissement et la production ; et l'emploi et l'autonomisation (Bastagli et al., 2016).

23. La discussion portant sur le ciblage, l'élaboration de programmes et les modalités de mise en œuvre, n'entre pas dans le cadre de ce chapitre. Sur ce sujet, on pourra lire del Ninno et Mills (2015).

24. Sur le Vietnam, voir Van den Berg et Cuong (2011) ; sur la Moldavie, voir Waidler et al. (2017). Pour une revue de la littérature relative au plus grand impact des envois de fonds sur la réduction de la pauvreté par rapport aux transferts monétaires, voir Hagen-Zanker et Himmelstine (2014).

25. Pour une synthèse détaillée et une orientation méthodologique, voir FMI et al. (2015).

26. Pour une discussion détaillée, notamment sur la façon dont les régimes dérogatoires laissent une place à la concurrence en dehors de la législation fiscale principale, voir Mansour et Rota-Graziosi (2013).

27. Pour une discussion détaillée, voir FMI et al. (2017).

28. Celles-ci comprennent des taxes minimales sur le rendement, déjà couramment utilisées dans quelque 20 pays africains (Durst, 2018 ; voir aussi Leigh Pemberton et Loeprick 2019 ; OCDE, 2019).

29. À partir des données transnationales des Enquêtes auprès des entreprises de la Banque mondiale, Kochanova, Hasnain et Larson (2018) révèlent que l'adoption de systèmes de transmission de documents par voie électronique réduit les coûts en matière de respect des obligations fiscales, la probabilité et la fréquence de visite des entreprises par des agents du fisc, ainsi que la perception selon laquelle l'administration fiscale est un obstacle à l'activité et à la croissance de l'entreprise. Parmi leur échantillon, la transmission de documents par voie électronique est aussi liée à une augmentation modérée du ratio recettes de l'impôt sur le revenu/PIB.

30. Le « modèle bismarckien » fait référence au système d'assurance sociale de l'ère industrielle qui fournit aux travailleurs du secteur formel des avantages financés par des impôts sur les salaires dédiés. Otto von Bismarck, chancelier allemand du xixᵉ siècle, est réputé pour être l'inventeur de ce modèle (Banque mondiale, 2019b).

Bibliographie

Abayateye, M. D. 2018. « Ghana: Huawei Launches ICT Training Centre ». *Allafrica*, 5 décembre. https://allafrica.com/stories/201812060479.html.

Abebe, G. *et al.* 2016. « Curse of Anonymity or Tyranny of Distance? The Impacts of Job-Search Support in Urban Ethiopia ». Document de travail n° 22409, Bureau national de la recherche économique (NBER), Cambridge, É.-U.

Alfani, F. *et al.* 2015. « Can We Measure Resilience? A Proposed Method and Evidence from Countries in the Sahel ». Document de travail de recherche sur les politiques n° 7170, Banque mondiale, Washington.

Arias, O., Evans, D. K. et Santos, I. 2019. *The Skills Balancing Act in Sub-Saharan Africa: Investing in Skills for Productivity, Inclusivity and Adaptability*. Série Forum pour le développement de l'Afrique. Washington : Banque mondiale.

Atkins, L. *et al.* 2017. « China-Africa Economic Challenges of and Opportunities from the Commodity Price Slump ». *Economic Bulletin* n° 01/2017, China Africa Research Initiative, Université Johns Hopkins, Washington.

Awasthi, R. et Engelschalk, M. 2018. « Taxation and the Shadow Economy: How the Tax System Can Stimulate and Enforce the Formalization of Business Activities ». Document de travail de recherche sur les politiques n° 8391, Banque mondiale, Washington.

BAfD (Banque africaine de développement). 2018. *African Economic Outlook 2018*. Abidjan : Banque africaine de développement.

Banque mondiale. 2012. « Resilience, Equity, and Opportunity: The World Bank's Social Protection and Labor Strategy 2012–2022 ». Banque mondiale, Washington.

———. 2016. « Africa Region—Accelerating Climate-Resilient and Low-Carbon Development: Progress Report on the Implementation of the Africa Climate Business Plan ». Banque mondiale, Washington.

———. 2018a. « Managing Coal Mine Closure: Achieving a Just Transition for All ». Banque mondiale, Washington.

———. 2018b. « The Market for Remittance Services in Southern Africa ». FCI Insight, Groupe Banque mondiale, Washington.

———. 2018c. « Rapid Social Response Program Progress Report 2016–17 ». Banque mondiale, Washington.

———. 2018d. *The State of Social Safety Nets 2018*. Washington : Banque mondiale.

———. 2019a. « Migration and Remittances: Recent Developments and Outlook ». *Migration and Development Brief* n° 31, Banque mondiale, Washington.

———. 2019b. *World Development Report 2019: The Changing Nature of Work*. Washington : Banque mondiale.

———. À paraître. *Democratic Republic of Congo Country Economic Update*. Washington : Banque mondiale.

Banque mondiale et Banque de développement de Chine. 2017. « Leapfrogging: The Key to Africa's Development? From Constraints to Investments in New Opportunities ». Banque mondiale, Washington.

Bastagli, F. 2014. « Responding to a Crisis: The Design and Delivery of Social Protection ». *Briefing paper* n° 90, Overseas Development Institute, Londres.

Bastagli, F. *et al.* 2016. « Cash Transfers: What Does the Evidence Say? ». Overseas Development Institute, London.

Beegle, K. et Christiaensen, L. (dir.) 2019. *Accelerating Poverty Reduction in Africa.* Washington : Banque mondiale.

Beegle, K., Coudouel, A. et Monsalve, E. (dir.) 2018. *Realizing the Full Potential of Social Safety Nets in Africa.* Série Forum pour le développement de l'Afrique. Washington : Banque mondiale.

Beer, S., De Mooji, R. A. et Liu, L. 2018. « International Corporate Tax Avoidance: A Review of the Channels, Magnitudes, and Blind Spots ». Document de travail n° 18/168, Fonds monétaire international, Washington.

Beer, S. et Loeprick, J. 2015. « Profit-Shifting: Drivers of Transfer (Mis)Pricing and the Potential of Countermeasures ». *International Tax and Public Finance* vol. 22, n° 3, p. 426–451.

———. 2018. « The Costs and Benefits of Tax Treaties with Investment Hubs: Findings from Sub-Saharan Africa ». Document de travail de recherche sur les politiques n° 8623, Banque mondiale, Washington.

Bird, R. M. et Gendron, P.-P. 2011. *The VAT in Developing and Transitional Countries.* New York : Cambridge University Press.

Brixiová, Z., Meng, Q. et Ncube, M. 2015. « Can Intra-Regional Trade Act as a Global Shock Absorber in Africa? ». *Discussion Paper* n° 9205, Institute of Labor Economics, Bonn.

Coleman, D. 2016. « Variations on the Impact Bond Concept: Remittances as a Funding Source for Impact Bonds in Low- and Middle-Income Countries ». *Education Plus Development* (blog), Brookings Institution, Washington. https://www.brookings.edu/blog/education-plus-development/2016/09/27/variations-on-the-impact-bond-concept-remittances-as-a-funding-source-for-impact-bonds-in-low-and-middle-income-countries/.

Cooper, J. *et al.* 2016. *Transfer Pricing and Developing Economies: A Handbook for Policy Makers and Practitioners.* Série Directions du développement. Washington : Banque mondiale.

del Ninno, C. et Mills, B. (dir.) 2015. *Safety Nets in Africa: Effective Mechanisms to Reach the Poor and Most Vulnerable.* Washington : Banque mondiale.

Devex (Ravelo, J. L.). 2016. « 3 Alternative Sources of Financing for Social Protection ». 22 août. https://www.devex.com/news/3-alternative-sources-of-financing-for-social-protection-88667.

DFID (Département britannique du développement international). 2011. « Defining Disaster Resilience: A DFID Approach Paper ». DFID, Londres.

Dix-Carneiro, R. 2014. « Trade Liberalization and Labor Market Dynamics ». *Econometrica* vol. 82, n° 3, p. 825–885.

Dix-Carneiro, R. et Kovak, B. K. 2017. « Trade Liberalization and Regional Dynamics ». *American Economic Review* vol. 107, n° 10, p. 2908–2946.

Durst, M. C. 2018. « A Corporate Tax Policy Agenda for Lower-Income Countries ». *Tax Notes International* vol. 91, n° 3, p. 255-275.

FEM (Forum économique mondial). 2016. « The Future of Jobs: Employment, Skills and Workforce Strategy for the Fourth Industrial Revolution ». Global Challenge Insight Report, FEM, Genève.

FEM et Accenture. 2017. « Digital Transformation Initiative: Mining and Metals Industry ». FEM et Accenture, Genève. http://reports.weforum.org/digital-transformation/wp-content/blogs.dir/94/mp/files/pages/files/wef-dti-mining-and-metals-white-paper.pdf.

Filmer, D. et Fox, L. 2014. *Youth Employment in Sub-Saharan Africa*. Série L'Afrique en développement. Washington : Banque mondiale.

FMI (Fonds monétaire international). 2017. « The Effects of Weather Shocks on Economic Activity: How Can Low Income Countries Cope? ». In *World Economic Outlook 2017— Seeking Sustainable Growth: Short-Term Recovery, Long-Term Challenges*. Washington : FMI, p. 117–183.

——. 2018a. *Fiscal Monitor: Capitalizing on Good Times*. Washington : FMI.

——. 2018b. *Regional Economic Outlook: Sub-Saharan Africa—Capital Flows and the Future of Work*. Washington : FMI.

——. 2018c. *Regional Economic Outlook: Sub-Saharan Africa—Domestic Revenue Mobilization and Private Investment*. Washington : FMI.

——. 2019. *Regional Economic Outlook: Sub-Saharan Africa—Recovery Amid Elevated Uncertainty*. Washington : FMI.

FMI, OCDE, ONU et GBM (Fonds monétaire international, Organisation de coopération et de développement économiques, Organisation des Nations unies et Groupe Banque mondiale). 2015. « Options for Low Income Countries' Effective and Efficient Use of Tax Incentives for Investment ». Rapport pour le Groupe de travail du G20 sur le développement. Banque mondiale, Washington.

——. 2016. « Enhancing the Effectiveness of External Support in Building Tax Capacity in Developing Countries ». Rapport à l'attention des ministres des finances du G20. Banque mondiale, Washington.

——. 2017. « A Toolkit for Addressing Difficulties in Accessing Comparable Data for Transfer Pricing Analyses ». Plateforme de collaboration sur les questions fiscales. Banque mondiale, Washington.

Francois, J., Jansen, M. et Peters, R. 2011. « Trade Adjustment Costs and Assistance: The Labour Market Dynamics ». *In* Jansen, M. (dir.), *Trade and Employment: From Myths to Facts*. Genève : Bureau de l'Organisation internationale du travail pour l'Union européenne, p. 213–252.

Gentilini, U. 2018. « What Lessons for Social Protection from Universal Health Coverage? ». *Let's Talk Development* (blog), 8 août. http://blogs.worldbank.org/developmenttalk/what-lessons-social-protection-universal-health-coverage.

Georgieva, K. 2018. « Technology Works for Getting Poor People's Problems Fixed— We Just Have to Get It Right ». *Voices* (blog), 27 juin. http://blogs.worldbank.org/voices/technology-works-for-getting-poor-people-s-problems-fixed-we-just-have-to-get-it-right.

Guven, M. 2019. « Extending Pension Coverage to the Informal Sector in Africa ». Travail et Protection sociale—*Discussion Paper* n° 1933, Banque mondiale, Washington.

Hagen-Zanker, J. et Himmelstine, C. L. 2014. « What Is the State of Evidence on the Impacts of Cash Transfers on Poverty, as Compared to Remittances? ». Document de travail, Overseas Development Institute, Londres.

Harris, T. *et al.* 2018. « Redistribution via VAT and Cash Transfers: An Assessment in Four Low and Middle Income Countries ». Document de travail n° W18/11, Institute for Fiscal Studies, Londres.

Hearson, M. 2016. Base de données d'ActionAid sur les conventions fiscales. Centre international pour la fiscalité et le développement, Institute of Development Studies, Brighton. http://ictd.ac/datasets/action-aid-tax-treaties-datasets.

Hommann, K. et Lall, S. 2019. *Which Way to Liveable and Productive Cities? A Road Map for Sub-Saharan Africa.* Série International Development in Focus. Washington : Banque mondiale.

Johannesen, N., Tørsløv, T. et Wier, L. 2016. « Are Less Developed Countries More Exposed to Multinational Tax Avoidance? Method and Evidence from Micro-Data ». Document de travail n° 2016/10, Institut mondial de recherche en économie du développement, Université des Nations Unies, Helsinki.

Jones, N., Samuels, F. et Malachowska, A. 2013. « Holding Cash Transfers to Account: Beneficiary and Community Perspectives ». Overseas Development Institute, Londres.

Ketkar, S. L. et Ratha, D. 2004. « Development Finance via Diaspora Bonds: Track Record and Potential ». Document de travail de recherche sur les politiques n° 4311, Banque mondiale, Washington.

Khemani, S., Habyarimana, J. et Nooruddin, I. 2019. « What Do Poor People Think about Cash Transfers? ». *Future Development* (blog), 8 avril. https://www.brookings.edu /blog/future-development/2019/04/08/what-do-poor-people-think-about-direct-cash -transfers/.

Kirpop, V. 2017. « 500 African Youth to Learn E-Commerce in China ». *East African*, 22 juillet. https://www.theeastafrican.co.ke/business/500-African-youth-to-learn -ecommerce-in-China/2560-4027810-1556amwz/index.html.

Kochanova, A., Hasnain, Z. et Larson, B. 2018. « Does E-Government Improve Government Capacity? Evidence from Tax Compliance Costs, Tax Revenue, and Public Procurement Competitiveness ». *World Bank Economic Review* vol. 34, n° 1, p. 101–120. https://academic.oup.com/wber/advance-article-abstract/doi/10.1093 /wber/lhx024/5025102?redirectedFrom=fulltext.

LaPorte, B. et de Quatrebarbes, C. 2015. « What Do We Know about the Sharing of Mineral Resource Rents in Africa? ». *Resources Policy* vol. 46 (Partie 2), p. 239–249.

Le, T. M., Moreno-Dodson, B. et Bayraktar, N. 2012. « Tax Capacity and Tax Effort: Extended Cross-Country Analysis from 1994 to 2009 ». Document de travail de recherche sur les politiques n° 6252, Banque mondiale, Washington.

Leigh Pemberton, J. et Loeprick, J. 2019. « Low Tax Jurisdictions and Preferential Regimes: Policy Gaps in Developing Economies ». Document de travail de recherche sur les politiques n° 8778, Banque mondiale, Washington.

Leite, P. G. *et al.* 2017. « Social Registries for Social Assistance and Beyond: A Guidance Note and Assessment Tool ». Travail et Protection sociale—*Discussion Paper* n° 1704, Banque mondiale, Washington.

Lundgren, C. J., Thomas, A. H. et York, R. C. 2013. *Boom, Bust or Prosperity? Managing Sub-Saharan Africa's Natural Resource Wealth*. Département Afrique. Washington : Fonds monétaire international.

Mansour, M. et Rota-Graziosi, G. 2013. « Tax Coordination, Tax Competition, and Revenue Mobilisation in the West African Economic and Monetary Union ». Document de travail n° 13/163, Fonds monétaire international, Washington.

Marzo, F. et Mori, H. 2012. « Crisis Response in Social Protection ». Travail et Protection sociale—*Discussion Paper* n° 1205, Banque mondiale, Washington.

McCord, A. 2013. « Shockwatch and Social Protection: Shock Response Readiness Appraisal Toolkit ». Overseas Development Institute, Londres.

Mitra, D. et Ranjan, P. 2011. « Social Protection in Labour Markets Exposed ». *In* Bacchetta, M. et Jansen, M. (dir.), *Making Globalization Socially Sustainable*. Genève : Organisation internationale du travail, p. 199–231.

Mohapatra, S. et Ratha, D. (dir.) 2011. *Remittance Markets in Africa*. Série Directions du développement. Washington : Banque mondiale.

Mo Ibrahim Foundation. 2019. « Africa's Youth: Jobs or Migration? 2019 Ibrahim Forum Report ». Mo Ibrahim Foundation, Londres. http://mo.ibrahim.foundation/forum/downloads/.

Moss, T., Lambert, C. et Majerowicz, S. 2015. *Oil to Cash: Fighting the Resource Curse through Cash Transfers*. Washington : Center for Global Development.

Mvukiyehe, E. 2018. « What Are We Learning about the Impacts of Public Works Programs on Employment and Violence? Early Findings from Ongoing Evaluations in Fragile States ». *Development Impact* (blog), 16 avril. https://blogs.worldbank.org/impactevaluations/what-are-we-learning-about-impacts-public-works-programs-employment-and-violence-early-findings.

Newfarmer, R. S., Page, J. et Finn, T. 2018. *Industries without Smokestacks: Industrialization in Africa Reconsidered*. Oxford : Oxford University Press.

Ng'weno, A. et Porteous, D. 2018. « Let's Be Real: The Informal Sector and the Gig Economy Are the Future, and the Present, of Work in Africa ». *CGD Note*, Center for Global Development, Washington. https://www.cgdev.org/publication/lets-be-real-in formal-sector-and-gig-economy-are-future-and-present-work-africa.

Njanja, A. 2017. « Huawei Opens Training Centre to Bridge Local ICT Skills Gap ». *Business Daily*, 7 décembre. https://www.businessdailyafrica.com/corporate/companies/Huawei-opens-training-centre-to-bridge-local-ICT-skills-gap/4003102-4219146-5dc8jpz/index.html.

OCDE (Organisation de coopération et de développement économiques). 2012. « Evolution of ODA for Social Protection ». OCDE, Paris.

———. 2018a. « Development Aid at a Glance: Statistics by Region—Africa, 2018 Edition ». OCDE, Paris.

———. 2018b. *States of Fragility 2018: Highlights*. Paris : Éditions de l'OCDE.

———. 2019. « Addressing the Tax Challenges of the Digitalization of the Economy: Policy Note ». Projet OCDE/G20 sur l'érosion de la base d'imposition et le transfert des bénéfices (BEPS). OCDE, Paris.

OIT (Organisation internationale du travail). 2017. *Inception Report for the Global Commission on the Future of Work*. Genève : OIT.

———. 2018. *World Employment and Social Outlook—Trends 2018*. Genève: OIT.

———. 2019. *World Social Protection Report: Universal Social Protection to Achieve the Sustainable Development Goals*. Genève : OIT.

ONU CEA (Nations unies – Commission économique pour l'Afrique), Union africaine et Banque africaine de développement. 2017. *Assessing Regional Integration in Africa VIII: Bringing the Continental Free Trade About*. Addis Abeba : ONU CEA, Union africaine et Banque africaine de développement.

ONU DAES (Nations unies – Département des affaires économiques et sociales). 2017. *World Population Prospects: The 2017 Revision*. New York : ONU DAES.

ONU et Banque mondiale. 2018. *Pathways for Peace: Inclusive Approaches to Preventing Violent Conflict*. Washington : Banque mondiale.

Ortiz, I. 2018. « The Case for Universal Social Protection: Everyone Faces Vulnerabilities in Their Lifetime ». *Finance & Development* vol. 55, n° 4, p. 32–34.

Ortiz, I., Cummins, M. et Karunanethy, K. 2017. « Fiscal Space for Social Protection and the SDGs: Options to Expand Social Investments in 187 Countries ». Document de travail ESS 048, Organisation internationale du travail, Genève.

Packard, T. et *al*. 2019. *Protecting All: Risk-Sharing for a Diverse and Diversifying World of Work*. Série Perspectives du développement humain. Washington : Banque mondiale.

PM News. 2019. « AfDB, Elumelu Foundation, Partner on Youth Entrepreneurship in Africa ». 26 mars. https://www.pmnewsnigeria.com/2019/03/26/afdb-elumelu -foundation-partner-on-youth-entrepreneurship-in-africa/.

Ratha, D. K. et *al*. 2011. *Leveraging Migration for Africa: Remittances, Skills, and Investments*. Washington : Banque mondiale.

Reynolds, H. et Wier, L. 2016. « Estimating Profit Shifting in South Africa Using Firm- Level Tax Returns ». Document de travail n° 2016/128, Institut mondial de recherche en économie du développement, Université des Nations Unies, Helsinki.

Sénégal, Ministère de l'Économie, des Finances et du Plan. 2016. « Rapport d'Évaluation des Dépenses Fiscales ». Ministère de l'Économie, des Finances et du Plan, Dakar. http://www.impotsetdomaines.gouv.sn/sites/default/files/Actualites/rapport_depenses _fiscales_2014.pdf.

Shapshak, T. 2019. « South Africa Is Now a Major Hub for Big Tech's Cloud Datacenters ». *Quartz Africa*, 20 mars. https://qz.com/africa/1576890/amazon-microsoft-huawei -building-south-africa-data-hubs/.

Subbarao, K. et *al*. 2013. *Public Works as a Safety Net: Design, Evidence and Implementation*. Série Directions du développement: Développement humain. Washington : Banque mondiale.

Usman, Z. et *al*. À paraître. « Digital Technologies and the Future of Work in Africa's Mining Sector ». Banque mondiale, Washington.

Van den Berg, M. et Cuong, N. V. 2011. « Impact of Public and Private Cash Transfers on Poverty and Inequality: Evidence from Vietnam ». *Development Policy Review* vol. 29, n° 6, p. 689–728.

Van Parys, J. et James, S. 2010. « The Effectiveness of Tax Incentives in Attracting Investment: Panel Data Evidence from the CFA Franc Zone ». *International Tax and Public Finance* vol. 17, n° 4, p. 400–429.

Waidler, J. *et al.* 2017. « Do Remittances and Social Assistance Have Different Impacts on Expenditure Patterns of Recipient Households? The Moldovan Case ». *Migration and Development* vol. 6, n° 3, p. 355–375.

Déclaration sur les avantages pour l'environnement

Le Groupe de la Banque mondiale s'est engagé à réduire son empreinte écologique. À l'appui de cet engagement, nous tirons parti des options de publication électronique et des technologies d'impression à la demande, accessibles dans les centres régionaux à travers le monde. Ces initiatives permettent conjointement de réduire les tirages et les distances d'expédition, ce qui entraîne une réduction de la consommation de papier, de l'utilisation de produits chimiques, des émissions de gaz à effet de serre et des déchets.

Nous suivons les normes recommandées par la Green Press Initiative concernant l'utilisation du papier. La majorité de nos ouvrages sont imprimés sur du papier certifié par le Forest Stewardship Council (FSC), contenant en grande majorité de 50 à 100 % de matériau recyclé. Les fibres recyclées composant le papier de nos ouvrages sont non blanchies ou blanchies à l'aide de procédés totalement sans chlore, de traitement sans chlore ou sans chlore élémentaire enrichi.

Vous trouverez de plus amples renseignements sur la philosophie environnementale de la Banque sur http://www.worldbank.org/corporateresponsibility.

L'Avenir du travail en Afrique se penche sur deux questions fondamentales : comment créer des emplois productifs et comment subvenir aux besoins des laissés-pour-compte. Le rapport met en lumière comment l'adoption des technologies numériques, conjuguée à d'autres phénomènes mondiaux, transforme la nature du travail en Afrique subsaharienne et pose un défi en même temps qu'elle crée de nouvelles possibilités. Les auteurs montrent que les nouvelles technologies ne sont pas simplement synonymes de destruction d'emplois, comme on le craint généralement, mais qu'elles peuvent permettre aux pays africains de construire un monde du travail inclusif et offrir des opportunités aux travailleurs les moins qualifiés. Pour exploiter ces opportunités, cependant, il est indispensable de mettre en place des politiques publiques et de réaliser des investissements productifs dans quatre domaines principaux. Il faudra notamment : promouvoir des technologies numériques inclusives ; développer le capital humain d'une main-d'œuvre jeune, globalement peu qualifiée et qui s'accroît rapidement ; augmenter la productivité des entreprises et des travailleurs du secteur informel ; élargir la couverture de la protection sociale pour atténuer les risques liés aux bouleversements du marché du travail. Le présent rapport, prolongement du *Rapport sur le développement dans le monde 2019* de la Banque mondiale, aborde en conclusion d'importants aspects de politique publique où de futurs travaux de recherche devraient permettre de guider les pays africains sur la voie d'une croissance plus inclusive.

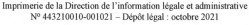

Imprimerie de la Direction de l'information légale et administrative
Nº 443210010-001021 – Dépôt légal : octobre 2021

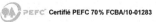 Certifié PEFC 70% FCBA/10-01283   IMPRIM'VERT®

L'avenir du travail en Afrique